Christian Innerhofer
Paul Innerhofer
Ewald Lang

Leadership Coaching

Christian Innerhofer
Paul Innerhofer
Ewald Lang

Leadership Coaching

Führen durch Informationsmanagement,
Aufgaben- und Ergebnisvereinbarung
und Coaching

2., neubearbeitete Auflage

Luchterhand

Die Deutsche Bibliothek – CIP-Einheitsaufnahme

Innerhofer, Christian:
Leadership Coaching: Führen durch Informationsmanagement, Aufgaben und Ergebnisvereinbarung und Coaching / Christian Innerhofer ; Paul Innerhofer ; Ewald Lang. – 2., neubearbeitete Aufl. – Neuwied ; Kriftel : Luchterhand, 2000
ISBN 3-472-04447-0

Umschlaggestaltung: Art + Work, Frankfurt am Main
Satz: Satz- und Verlags-Gesellschaft mbH, Darmstadt
Druck und Verarbeitung: Wilhelm & Adam, Heusenstamm
Printed in Germany, Oktober 2000

Gedruckt auf säurefreiem, alterungsbeständigem und chlorfreien Papier

Vorwort zur zweiten Auflage

Die Ideen von Leadership Coaching haben großen Anklang gefunden und wir möchten uns für das interessierte Feedback bedanken. Positiv wurde angemerkt, daß endlich Bewegung in den Begriff Coaching gekommen ist. Von vielen wurde begrüßt, daß der Coachingbegriff in Bezug zum Führungsbegriff geklärt und ihm ein präziserer Inhalt gegeben wurde. Gut aufgenommen wurde auch die Kernidee, die Information unter der Rücksicht von Führung zu betrachten und zu nutzen. Am meisten aber hat die Art und Weise überzeugt, wie bei Leadership Coaching der Anspruch der Unternehmen nach konsequenter Führung verbunden wurde mit dem Anspruch des Mitarbeiters nach Freiraum, Selbstverantwortung, Mitbestimmung und Fairneß.

Trotzdem haben wir uns zu einer größeren Neubearbeitung entschlossen, die primär die praktische Umsetzbarkeit in den Unternehmen betrifft. Die ehemalige Analyse wurde ersetzt durch das Informationsmanagement, womit wir noch stärker die Rolle von Informationen im Leadership Coaching betonen möchten. Das ehemalige Zielvereinbarungsgespräch wurde zur Aufgaben- und Ergebnisvereinbarung weiterentwickelt, die sich leichter mit bestehenden Zielvereinbarungssystemen in Unternehmen kombinieren läßt. Das genaue Durchdenken der Prozesse mit der Vereinbarung von Teilaufgaben, Teilergebnissen und konkreten Aktivitäten findet nun auch explizit im Coachinggespräch und nicht mehr nur einmalig im Zielvereinbarungsgespräch statt, um dem Anspruch von Leadership Coaching gerecht zu werden, kontinuierlich die Arbeit zu reflektieren, Wege zu erarbeiten und Maßnahmen zu vereinbaren.

Auch das Kapitel zur Einführung von Leadership Coaching reflektiert nun die vielfältigen Erfahrungen, die wir bei der Einführung von Leadership Coaching in Unternehmen sammeln konnten, und die uns in unserer Philosophie bestätigt haben. Leadership Coaching ist nicht mehr länger nur eine abstrakte Idee, die wir in einem Buch festgehalten haben, sondern ein lebendes System, das Führungskräfte in unterschiedlichen Unternehmen dabei unterstützt, den gestiegenen Anforderungen gerecht zu werden.

Ingolstadt, im August 2000

Vorwort zur ersten Auflage

Es war die Vision von einem Unternehmen, die für die Mitarbeiter Lebensraum und den Kunden Partner ist, das uns den Impuls gab, dieses Buch zu schreiben. Uns schwebte eine Form der Unternehmens- und Mitarbeiterführung vor, die den Mitarbeiter begeistert und zu selbstverantwortlichem Handeln führt und damit die überlegene Organisation schafft. Unser Anspruch war, aufzuzeigen, daß diese Vision im beruflichen Alltag umgesetzt werden kann, und einen Weg zu skizzieren, den Führungskräfte gehen können. So entstand dieses Buch.

Was dürfen Sie sich von diesem Buch erwarten? Was soll bewegt werden? Kann man mit einem Buch überhaupt etwas bewegen?

Führen und sich führen lassen sind Grundthemen der Unternehmen. Führung ist nie allein Thema der Unternehmensleitung, sondern immer das Thema von uns allen, von Führenden und Geführten. Man kann sich dem Thema Führung von der betrieblichen Seite nähern und fragen, was ein Betrieb an Leitung benötigt, um im Wettbewerb bestehen zu können; man kann sich ihm vom Individuum her nähern, und fragen, was der Mensch braucht, um über sich hinauswachsen zu können; oder man kann sich diesem Thema von der Gemeinschaft her nähern und fragen, was aus vielen Einzelmenschen eine Gemeinschaft macht, eine Familie, ein Team, ein Unternehmen, eine Gesellschaft. Wir werden letztlich immer auf das eine Grundthema kommen: Der Mensch, der nach Freiheit verlangt und Führung ablehnt, und der zugleich nach Führung ruft, weil er alleine nicht dahin gelangt, wohin er gelangen will.

Coaching als eine Antwort auf dieses Dilemma ist schon lange in aller Munde. Sich nur damit auseinandersetzen zu wollen, würde bedeuten, sich mit den Themen von Gestern zu beschäftigen. Unsere Frage aber lautete: Wo stehen wir heute, nach den vielen Erfahrungen mit Coaching im Führungsverständnis? Coaching hat ein neues Element in die Führungsarbeit gebracht. Was ist dieses Element? Und wo liegen die Grenzen dieses Ansatzes?

Es war für uns klar, daß Coaching zwar wichtige Elemente einer modernen Führungskultur beinhaltet, aber daß der Bogen viel weiter gespannt werden müßte, um diesen Ansatz zu einer Führungskultur weiterentwikkeln zu können. Es galt das zu erfassen, was viele Unternehmen zu dieser

Methode greifen läßt, ebenso wie das, was Unternehmen an der Methode zweifeln oder sie ganz ablehnen läßt. Es galt, den Kern herauszuarbeiten, und ihn mit den Ergänzungsstücken anzureichern, damit daraus ein konsistenter Führungsansatz werden würde. Es galt zu verstehen, was sich in den Mitarbeitern und in den Unternehmen verändert hat, daß die traditionellen Methoden des Führens nicht mehr effizient sind, und Mitarbeiter wie Führungskräfte ihnen nicht mehr vertrauen. Aus den sehr unterschiedlichen Antworten auf diese Fragen, schälten sich für uns zwei Aussagen heraus: 1. Coaching enthält wesentliche Elemente einer modernen Führungskultur. 2. Coaching hat es bislang nicht geschafft, die verschiedenartigen Elemente zu einer konsistenten, logisch überzeugenden Führungskultur werden zu lassen, die dem Unternehmen hilft, im Verdrängungswettbewerb zu bestehen. Es ist bei einer Summe von Einzelmaßnahmen geblieben, die jede coachende Führungskraft anders definiert und zusammenstellt und die sich nicht selten widersprechen. Nur so konnte es geschehen, daß heute Führungskräfte auf die Frage, was Coaching sei, antworten: Coaching, da hat jeder seine eigene Antwort.

Wir haben uns die Aufgabe gestellt, herauszufinden wo die Grenzen von Coaching liegen und einen Ansatz zu entwickeln, sie zu überwinden. Um eine Verwechslung zu vermeiden, haben wir unseren Ansatz »Leadership Coaching« genannt, also Führungscoaching. Damit soll ausgedrückt werden, daß wir uns der Coachingidee verpflichtet fühlen, aber sie aus dem therapeutischen Kontext gelöst und zu einem Führungsinstrument weiterentwickelt haben.

Was wir mit diesem Buch wollen ist also klar. Wir möchten die Grundlagen für eine neue Führungskultur schaffen, in der Coaching in einen größeren Zusammenhang von Führung gestellt und mit schon bestehenden Führungsinstrumenten sinnvoll verknüpft wird. Diese neue Führungskultur gibt der Führungskraft die Möglichkeit, den Mitarbeiter sparsam zu führen. Sie fördert die Selbständigkeit und läßt Unabhängigkeit zu, gibt aber auch Hilfe, wo der Mitarbeiter überfordert ist.

Zum Schaffen einer Führungskultur gehört sicherlich mehr, als sie theoretisch zu skizzieren. Ein Buch an sich kann gar nichts verändern. Es kann nur einen Anstoß geben, daß Menschen etwas verändern. Diesen Anstoß aber wollen wir geben.

Ingolstadt, Juni 1999

Christian Innerhofer
Paul Innerhofer
Ewald Lang

Inhaltsverzeichnis

1. Einführung

1.1 Die Herausforderung

Bevor wir uns dem Konzept von Leadership Coaching zuwenden, wollen wir den historischen Kontext betrachten, um ein besseres Verständnis dafür zu bekommen, warum gerade in unserer Zeit der Ruf nach Coaching ein vielfältiges Echo findet.

Entwicklung vollzieht sich in Sprüngen. Zeiten tiefgreifender Veränderungen und ruhige Perioden der Stabilisierung wechseln sich ab. Wir stehen heute in einer Periode der Veränderung. Ausgehend von strukturellen Problemen und beschleunigt durch die Öffnung der Märkte sehen sich viele Unternehmen gezwungen, den Verkauf und Vertrieb neu zu organisieren und dem Marketing größere Beachtung zu schenken. Im Zuge dieser Umstrukturierung verlieren viele ihren Arbeitsplatz oder sehen sich gezwungen, sich beruflich grundlegend zu verändern. Der Ort der Vermittlung zwischen diesen Brüchen ist die Führung. Für sie bedeuten all diese Veränderungen eine Herausforderung, angemessene Lösungen zu entwickeln und täglich durchzusetzen.

Die größte Veränderung entstand in der letzten Zeit aus dem Wegfall von Grenzen, rechtlich durch die verschiedenen Abkommen zum freien Warenverkehr, physisch durch die Fortschritte im Bereich Verkehr und Kommunikation. Wir sprechen vom Effekt der Globalisierung des Marktes, treffender charakterisiert als Verdrängungswettbewerb. Damit ist ein Bündel sehr heterogener Vorgänge gemeint: das Verlagern von Produktionsstätten aus Ländern mit hohen Lohnkosten in Länder mit niedrigen Lohnkosten, der Einkauf der Konzerne dort, wo der günstigste Preis geboten wird, die internationale Ausschreibung von Projekten. Damit treten nicht mehr einzelne Unternehmen miteinander in einen Wettstreit sondern Nationen mit ihren verschiedenen Rechtssystemen, Lohnniveaus, ökologischen Auflagen, usw. Damit kommen erstmals auch die national auftretenden Machtgrößen wie Gesetzgeber, Gewerkschaften, Verbände unter den Druck des freien Wettbewerbs.

Globalisierung ist zunächst ein supranationales Phänomen, das mit der Internationalisierung der Märkte zu tun hat. In vielen Fällen aber hat dieses Moment nur den Anstoß gegeben für Veränderung im nationalen Markt. Der Versuch z. B. eines Herstellers zu einer verstärkten Neukundengewinnung muß vom Mitbewerber um die Ecke mit den gleichen Anstrengungen beantwortet werden. Kunden werden mit Zusatzleistungen und Preisnachlässen verwöhnt. Dadurch geraten Preise unter Druck, was wiederum Reaktionen bei Mitbewerbern auslöst, und die Anforderungen wieder einen Schritt nach oben schraubt. Diese Entwicklung meinen wir, wenn wir vom Verdrängungswettbewerb sprechen.

Verdrängungswettbewerb bedeutet somit dreierlei:

1. Der eigene Kundenstamm wird systematischer als früher von Mitbewerbern beworben. Dabei wird der gesamte Vertrieb des Konkurrenzunternehmens genau beobachtet und analysiert. Stärken werden kopiert, Schwächen werden mitleidslos ausgenutzt.

2. Kunden werden zu einem Anspruchsdenken erzogen. Kunden lernen schnell, daß sie in diesem Spiel eine mächtige Position innehaben und erhöhen ihre Ansprüche.

3. Unternehmen geraten in einen bisher kaum erlebten Veränderungsdruck. Der Prozeß, Verbesserung des Angebotes und Wachsen der Ansprüche auf Seiten der Kunden setzt einen permanenten Lernprozeß in Gang.

Wir wollen nun versuchen, den Einfluß der eben skizzierten Veränderungen auf die tägliche Führungsarbeit herauszuarbeiten und zu verstehen. Die Führungskraft ist der Ort, wo der Druck von Seiten des Marktes und des Unternehmens und der Druck von Seiten der Mitarbeiter zusammenlaufen. Machen wir uns diesen Zusammenhang in einem Bild deutlich.

In früherer Zeit trug es sich zu, daß sich zwei Dorfgemeinschaften am Rhein ansiedelten, die einen auf der einen Seite, die anderen auf der anderen Seite des Flusses. Die einen nannten ihr Dorf Linksrheinisch, die anderen ihres Rechtsrheinisch. Da der Fluß zu reißend war, um ihn zu überqueren, entwickelten sich die beiden Dörfer vollkommen unabhängig voneinander. In jedem gab es einen Schuster, in Linksrheinisch Max und in Rechtsrheinisch Moritz. Wenn die Bewohner von Linksrheinisch neue Schuhe brauchten oder ihre alten reparieren lassen wollten, gingen sie zu Max. Die Bewohner von Rechtsrheinisch gingen allesamt zu Moritz. Max und Moritz hatten beide keinen Konkurrenten, weshalb sie streßfrei in den Tag leben konnten. Sie arbeiteten jeder nur genau so viel, daß sie ihren Lebensunterhalt bestreiten konnten.

Mit der Zeit bauten die Bewohner der beiden Dörfer eine Brücke, um die beiden Dörfer zu verbinden. Für unsere Schuster Max und Moritz hatte dies folgende Konsequenzen. Es war nun auf einmal möglich, daß ein Bewohner von Linksrheinisch seine kaputten Schuhe nicht wie bisher zu Max sondern zu Moritz trug oder umgekehrt. Auf einmal fingen deshalb die Kunden an, die

> Arbeit der beiden Schuster zu vergleichen und die Qualität zu bewerten. Da nun beide Schuster keinen festen Kundenstamm mehr hatten, begann ein unerbittlicher Konkurrenzkampf zwischen ihnen. Es war nun nicht mehr genug, einfach die Arbeit zu verrichten wie bisher. Sie waren beide gefordert, die Qualität ihrer Schuhe zu verbessern, sie billiger herzustellen, für sie zu werben, sie zu vermarkten, oder irgend etwas anderes zu tun, um bei den Kunden als der attraktivere Schuster dazustehen.
>
> Selbst wenn sie gewollt hätten, wäre es jetzt nicht mehr möglich gewesen, nur noch so viel zu arbeiten wie für den Lebensunterhalt nötig. Denn käme man erst einmal ins Hintertreffen, würden einem gleich alle Kunden davonlaufen, das war beiden klar. Die streßfreien Tage für unsere Schuster Max und Moritz waren vorbei.

In diesem Beispiel ist die heutige Situation der Unternehmen auf den Kern reduziert:

Durch den Verdrängungswettbewerb hat sich nicht nur eine neue Möglichkeit für die Expansion der Unternehmen aufgetan. Es besteht zugleich ein hoher Druck, diese Möglichkeit konsequent zu nutzen, will man nicht Gefahr laufen, seine alten Kunden an die neuen Mitbewerber zu verlieren. Das Unternehmen muß das Spiel des Konkurrenzkampfes mitspielen, es wird zur Expansion gezwungen.

Welchen Einfluß haben nun die skizzierten Veränderungen auf die tägliche Führungsarbeit?

Wir sehen im Verdrängungswettbewerb den wesentlichen Faktor der neueren Entwicklung und andere Faktoren, wie die Gleichheit der Technik, die rasche Entwicklung neuer Produkte und den gesättigten Markt als Folgen davon. Im Kampf um Marktanteile und um Kunden versuchen Unternehmen in immer kürzeren Zyklen ihre Produkte zu erneuern, neue Kunden, neue Zielgruppen und neue Territorien zu erobern, und den Kundenstamm auszuweiten und zu wachsen. Es entsteht eine Jagd, in der jeder Jäger sein will und stets befürchten muß, selbst zur Beute zu werden. Jagende und Gejagte vertauschen fortlaufend ihre Rollen.

Die Folgen für die Führungskräfte sind gestiegene Anforderungen an die Qualität und die Gestaltung der Produkte, an das Marketing und an den Vertrieb. Global aufzutreten bedeutet auch, sich in verschiedenen Sprachen verständigen zu können, verschiedene Kulturen zu verstehen, sich in verschiedenen Gesellschaftssystemen auszukennen, bedeutet physische, psychische und geistige Mobilität. Der Druck zur Kooperation wächst, weil die Arbeit immer komplexer und spezialisierter wird, und damit mehr Experten verlangt werden.

Von Kuenheim wird der Ausspruch zugeschrieben: »Nicht die Großen erdrücken die Kleinen, sondern die Schnellen fressen die Langsamen.« Modernes Unternehmertum ist durch rasches Handeln charakterisiert, es muß alles »schnell« gehen, – das Tempomanagement ist ein wesentlicher Erfolgsfaktor des modernen Unternehmens. Da Fehler das Image des Unternehmens schädigen und u. U. verheerende Auswirkungen haben können (siehe die aufwendigen und imageschädigenden Rückrufaktionen in der Automobilindustrie), wird trotz des hohen Tempos ein hoher Grad an Perfektion verlangt. Das erzeugt Streß und Streß erzeugt Intoleranz und Reaktionen, die das Klima belasten. Die Aufmerksamkeit ist dann nicht mehr auf den Kunden gerichtet sondern nach innen. Man redet dann mehr über sich und die eigenen Probleme als über die Kunden und ihre Anliegen.

Reflektieren wir die Auswirkungen dieser Entwicklung auf die Führung. Traditionelles Führen beinhaltet die Aufgaben: Ziele vorzugeben, Aufgaben zu delegieren, Ergebnisse zu kontrollieren, Mitarbeiter zu motivieren und zu organisieren, Rahmenbedingungen zu schaffen. Versuchen wir an unserem Beispiel, die zentralen Linien herauszuheben:

Nehmen wir an, es handelt sich bei unseren Schustern Max und Moritz um Unternehmer, die mehrere Angestellte haben.

Als es noch keine Brücke gab zwischen unseren Orten Linksrheinisch und Rechtsrheinisch, herrschte ein gutes und entspanntes Arbeitsklima in den Schusterbetrieben. Die Führungsaufgabe von Max und Moritz bestand darin, den Mitarbeitern die Arbeit zuzuteilen und die Ausführung zu kontrollieren. Wenn ein Mitarbeiter nicht wußte, wie er eine Aufgabe anpacken sollte, wendete er sich an seinen Chef um Rat. Das Vertrauen der Mitarbeiter war vorhanden und die gegenseitige Beziehung von Respekt und Offenheit getragen. Der Hauptgrund für das vertrauensvolle Verhältnis zwischen Mitarbeitern und Vorgesetzten war die insgesamt entspannte Situation. Fehler wurden gemacht, aber sie waren nicht existenzbedrohlich. Deshalb konnte man gelassen und besonnen darauf reagieren. Die Kunden kamen so oder so, da man der einzige Schusterbetrieb im Ort war.

Mit dem Brückenbau gab es nun Konkurrenz und damit Veränderungen, die wir bereits kennen: Steigende Anforderungen an die Qualität der Produkte und an die Kundenorientierung, Preiskampf, Streß usw. Mit diesen Veränderungen änderten sich auch die Arbeitsbedingungen und die Führungsverantwortung. Max und Moritz waren nun gefordert, klare Anforderungen an ihre Mitarbeiter zu formulieren, Fehler unbedingt zu vermeiden und Zielvereinbarungen konsequent durchzusetzen. Die Kontrolle der Einhaltung der Zielvereinbarung war nunmehr ein wesentlicher Teil der Führungsaufgabe.

Das wiederum hatte zur Folge, daß die Mitarbeiter in Distanz zur Führungskraft gingen. Sie versuchten, sich zu schützen, indem sie weniger offen waren,

Fehler zu vertuschen suchten und schwierige Arbeiten mieden. Dies wiederum erhöhte den Druck auf die Führungskraft, noch schärfer zu kontrollieren, noch mißtrauischer zu sein, noch mehr Druck zu machen. Damit änderte sich die Beziehung zwischen Führungskraft und Mitarbeiter. Die Distanz nahm zu, parallel dazu nahmen Respekt, Offenheit und gegenseitiges Vertrauen ab. Die Mitarbeiter fühlten sich nicht mehr von der Führungskraft verstanden, unterstützt, und mit Verständnis begleitet. Auf der anderen Seite vereinsamten die Führungskräfte Max und Moritz.

An diesem Paradigma sehen wir, wie der äußere, situative Druck das Verhalten der Führungskraft bestimmt, in dessen Folge sich vor allem die emotionale Beziehung des Mitarbeiters zum Unternehmen und zur Führungskraft verändert und dies wiederum die Rolle der Führungskraft insgesamt beeinflußt. Es ist nicht die Inkompetenz einer Person oder die Mutwilligkeit, es sind sachliche Wirkzusammenhänge, die bewährte alte Methoden untauglich machen. Der entscheidende Punkt ist, daß die Rolle der Führungskraft sich stark verengt auf die sachlichen Momente. Es gelingt ihr nicht mehr, die Anforderungen an ein emotional entspanntes Klima zu erfüllen. Damit entsteht ein Vakuum in diesem Bereich. Die neuen Probleme verlangen nach neuen Führungsmustern und Führungsinstrumenten.

Eine zweite große Veränderung ergab sich auch aus dem Wertewandel in der Gesellschaft. Jeder Mitarbeiter ist in seinem Privatleben selbst Kunde und erlebt als Kunde, wie sich Unternehmen um ihn bemühen. So entstehen Ansprüche, die man zuvor als überzogen wahrscheinlich abgelehnt hätte. Gewachsen ist daher die Bereitschaft, Leistungen zu hinterfragen und einzufordern, wenn nötig auch mit Rechtsmitteln. Gewachsen ist auch die Bereitschaft, zur Konkurrenz zu wechseln. Interessant ist wiederum, daß die Anbieter auf das veränderte Kundenverhalten mit einem ganzen Fächer an Maßnahmen zur Kundenorientierung reagieren, die über Angebote von Zusatzleistungen, Verbesserung des Kundendienstes bis hin zu drastischen Preisnachlässen reichen.

So ändern sich die Werte der Kunden und mit den Kunden ändern sich zugleich die Führungskräfte und ihre Mitarbeiter, denn sie werden täglich angehalten, diese Werte zu leben. Wir greifen aus den verschiedenen Veränderungen folgende vier auf, die in hohem Maße das Anforderungsprofil einer modernen Führungskraft bestimmen:

Neue Situationen, die Werte verändern:

→ Zunahme der Freizeit. Die Freizeit nimmt breiteren Raum ein als früher und damit verlagert sich die Möglichkeit zur Selbstverwirklichung von der Arbeit auf Freizeitaktivitäten. Als Folge verliert die Arbeit an Bedeutung für die Lebensgestaltung und der Beruf wird auf das Geldverdienen reduziert.

→ Größeres Angebot an Freizeit- und Lebensgestaltung. Die Freizeit wird verplant und vollgepackt mit Aktivitäten und Unternehmungen. Dieses Angebot fördert den Erlebnishunger und das Verlangen nach einem abwechslungsreichen Tag.

→ Steigende Lebenskosten aufgrund eines reicheren Angebotes. Die Freizeitgestaltung kostet viel Geld. Der Beruf wird zum Finanzier der Freizeitaktivitäten, die als Teil der Selbstverwirklichung verstanden werden.

→ Arbeitsplatzunsicherheit. Sie kontrastiert mit den gestiegenen Erwartungen an Erlebnisse, Lebensqualität, Abwechslung und sie zwingt den Mitarbeiter, Bedingungen zu akzeptieren, gegen die er innerlich vielleicht revoltiert.

Man kann diese Punkte zusammenfassen in dem Wunsch nach einem erfüllten, angenehmen Leben, nach mehr Unabhängigkeit und Sicherheit, nach Abwechslung und spontaner Triebbefriedigung.

Dieser Wandel in den Werten ist keine Zufallsentwicklung. Die Unternehmen selbst sprechen bei ihren Kunden mit den Themen: »freie Entscheidung«, »Kundenorientierung im Service«, »der Kunde im Mittelpunkt« diese Motive an und fördern sie über die Instrumente Ausbildung, Werbung, Angebote, Kundenbetreuung und Kundenbindung. Der Mitarbeiter, als Schnittstelle zum Kunden, ist dieser Beeinflussung in doppelter Weise ausgesetzt: als potentieller Kunde und als Dienstleister. Er lebt in zwei Bezugsgruppen, einmal in der Bezugsgruppe der Konsumenten, wenn er selber als Kunde auftritt, und dann in der Bezugsgruppe der Mitarbeiter, wenn er Kunden betreut. Die Anforderungen, die an ihn gestellt werden in Bezug auf Kundenorientierung, Verbindlichkeit und Zuverlässigkeit in der Kundenbetreuung, richten ihn geistig aus, als Kunde nun selber diese Anforderungen zu stellen. Er weiß ja, was von den Mitarbeitern verlangt wird, für die er jetzt Kunde ist. Daß er schließlich als Mitarbeiter seinen Vorgesetzten und seinem Beruf gegenüber mit denselben Erwartungen auftritt, ist die logische Folge.

Die starke Sensibilisierung, Kundenbedürfnisse zu erfassen und sie zu erfüllen, bereitet geistig den Boden, auch im eigenen Leben diese Bedürfnisse zu entwickeln und sie sowohl als Kunde als auch als Mitarbeiter einzufordern. Was im christlichen Weltbild als Egoismus abgewertet wurde, eigene Bedürfnisse wahrzunehmen und ihre Erfüllung von der Umgebung zu fordern, wird nun zu einer allseits akzeptierten neuen Norm. Der neue

Hedonismus, von dem man spricht, wird möglich gemacht durch den Kreislauf des Äußerns immer höherer Ansprüche auf Seiten des Kunden und des Erfüllens dieser Ansprüche auf Seiten des Unternehmens, um Geschäfte zu machen, Kunden zu binden, und den Umsatz zu erhöhen. Nichts anderes hat die Werbung im Sinn.

Arbeitslosigkeit oder drohender Arbeitsplatzverlust haben ebenfalls tiefe Spuren hinterlassen. Das gestiegene Anspruchsdenken wird hier überdeckt durch eine generelle Ängstlichkeit, und erzwingt ein punktuelles und zeitweises Zurückstellen von Ansprüchen, bei gleichzeitigem Fortbestehen derselben. So ist das Endergebnis häufig eine gedrückte, ängstliche Stimmung, die wie eine Lähmung über dem Unternehmen liegt.

Die Führungskraft steht in diesem Konfliktfeld zwischen überhöhten Ansprüchen der Kunden wie der Mitarbeiter und muß vermitteln. Diese Situation verlangt nach einer neuen Qualität des Führens, die mit dem alten Rollenverständnis von Führung und den alten Führungsinstrumenten nicht zu erreichen ist.

1.2 Was Führung notwendig macht

Machen wir uns nochmals klar, was Führung notwendig macht. Führung macht aus Vielem Eines: aus Mitarbeitern ein Team, aus Teilaufgaben eine Gesamtlösung, aus Einzelhandlungen eine Organisation und richtet alle auf ein Ziel aus. Erreicht wird dies durch die Vereinbarung eines Ziels, durch das Delegieren von Teilaufgaben, durch die kontinuierliche Kontrolle der Zielerreichung, durch die Koordination von Mitarbeitern und Partnern, durch das Herstellen eines Kommunikationssystems, durch das Motivieren der beteiligten Personen. Führung ist die Ausrichtung verschiedener Personen auf ein Ziel und die Steuerung der Prozesse, diese Ziele zu realisieren und die damit verbundenen Aufgaben effizient zu erledigen. Die Art und Weise, das Ergebnis zu sichern, reicht vom autoritären Erteilen von Befehlen bis zum bloßen Organisieren zuvor ausgehandelter Beiträge und Leistungen.

1.2.1 Die divergierenden Interessen von Führung und Mitarbeiter

Das Spezifische der Führungsanforderung in einem Unternehmen erwächst der Führungskraft aus den divergierenden Interessen und Zielen, die Mitarbeiter und Unternehmen beherrschen. Effizienz und Effektivität und die damit verbundenen Anforderungen an Unterordnung und Einsatzwillen können nicht als ein »Gemeinsames« vorausgesetzt werden, sondern müssen von Mal zu Mal durchgesetzt werden. Das macht es notwendig, daß mit Druck die Einhaltung von Standards und Vereinbarungen erzwungen wird und daß Ergebnisse kontrolliert werden. Aber Druck erzeugt auch Gegendruck und Führung wird dadurch selbst zur Kraft, die das Miteinander aufs Spiel setzt.

Das ist der sachliche Hintergrund, der jeder Generation aufzwingt, sich mit dem Thema Führung aufs Neue auseinanderzusetzen und konstruktive Lösungen zu suchen, die beide Seiten wieder einigen.

Der Mitarbeiter möchte seinen Aufwand niedrig halten, interessante Arbeiten verrichten und uninteressante Arbeiten anderen überlassen, eine Ordnung haben, die ihn möglichst wenig einengt. Zusammenfassend wird dieses Bündel an Eigeninteressen als Streben nach »Selbstverwirklichung« bezeichnet. Das Unternehmen hingegen hat das Bestreben, Kosten zu reduzieren, Ergebnisse zu verbessern, fehlerfrei zu arbeiten, Kunden zufriedenzustellen, Gewinne zu erwirtschaften. Auch dieses Bündel an zusammenhängenden Motiven findet mit »Gewinnstreben« einen plakativen Namen. In diesem Konflikt steckt Dynamik. Diese Dynamik kann ein Unternehmen blockieren, aber sie läßt sich auch positiv für die Entwicklung nutzen, wenn der Konflikt konstruktiv gelöst wird.

Natürlicher Interessensgegensatz zwischen Unternehmen und Mitarbeitern

Unternehmen und Mitarbeiter haben gemeinsame und gegensätzliche Interessen und Ziele.

Interessen des Unternehmens	Interessen des Mitarbeiters
→ Hohe Gewinne	→ Ein gutes und gesichertes Gehalt
→ Minimierung der Kosten und des Aufwandes für das Unternehmen (Rationalisierungen, Fließbandarbeit, etc.)	→ Gestaltung der Arbeit in einer Weise, daß sie Ausdruckswert gewinnt und angenehm ist
→ Zurückstellung persönlicher Ziele der Mitarbeiter, wenn sie mit den Unternehmenszielen kollidieren	→ Zurückstellung der Unternehmensziele, wenn sie mit persönlichen Zielen kollidieren (Krankheit eines Familienmitgliedes, etc.)
→ Mitarbeiter arbeiten so viel wie möglich	→ Nur soviel arbeiten wie nötig
→ Mitarbeiter stehen immer zur Verfügung (an Abenden, Feiertagen etc.)	→ Dem Unternehmen nur für eine festgelegte Zeit pro Woche zur Verfügung stehen

Interessen des Unternehmens	Interessen des Mitarbeiters
→ Priorität haben die Unternehmensanliegen	→ Priorität haben persönliche Anliegen
→ Kundenorientierung der Mitarbeiter	→ Ehrliche Beziehungen
→ Mitarbeiter sagen nur, was Akzeptanz findet, auch wenn es nicht die eigene Meinung ist	→ Intellektuelle Ehrlichkeit
→ Mitarbeiter halten Informationen zurück, wenn sie z. B. der Konkurrenz dienen oder dem Image des Unternehmens schaden könnten	→ Ehrliche Meinungsäußerung
→ Mitarbeiter gehen Kontakte nach der Wichtigkeit für das Unternehmen ein	→ Kontakte nach der Wichtigkeit für den Mitarbeiter eingehen
→ Ausrichten des Unternehmens samt seiner Mitarbeiter an CI-Standards	→ In Kleidung, Wohnung, etc. sich an den persönlichen Werten ausrichten

Es wurde in der Vergangenheit auf verschiedene Weise versucht, mit diesen Interessensgegensätzen konstruktiv umzugehen. Es entstand eine hohe Sensibilität gegenüber der Schmerzgrenze der jeweils anderen Seite und die Bereitschaft, Forderungen nicht zu überziehen und die Situation auch mit den Augen des Konfliktpartners zu betrachten und einzuschätzen. In diesem Prozeß wurden Arbeitsabläufe menschenfreundlicher gestaltet und verschiedene Modelle entwickelt, den Mitarbeiter am Erfolg des Unternehmens zu beteiligen. Oft wurde die Spannung nach außen getragen und es wurden dann Energien freigesetzt, den Markt zu erobern, mit der Konkurrenz gleichzuziehen oder sie sogar zu überflügeln. Aggressionen wurden auf die Mitbewerber gelenkt, so daß der Schulterschluß nach innen noch enger wurde.

Die Veränderungen der letzten Jahre jedoch verlangen von den Unternehmen in größerem Ausmaß ein Umdenken und eine Neuorientierung, ein Prozeß ist in Gang gekommen, in dem zunächst einmal das Gewohnte und das Etablierte in Frage gestellt wird. Der Veränderungsdruck geht – wie wir gesehen haben – vom Markt aus, aber zugleich werden auch die alten Interessensgegensätze wieder neu aufgeworfen und verlangen nach neuen Lösungen.

Auch dadurch steigen die Anforderungen an die Führungskraft, komplexe Situationen zu analysieren, verschiedene Gruppen zu verstehen und zusammenzubringen und mit Konflikten konstruktiv umzugehen. Es wächst also nicht nur die Quantität der Arbeit, die durch Einstellen zusätzlicher Mitarbeiter bewältigt werden könnte, sondern auch die Komplexität und damit die Anforderungen an die Kompetenz, Leistungsfähigkeit und die Belastbarkeit einer Führungskraft.

Der äußere, situative Druck verändert das Verhalten der Führungskraft, in dessen Folge sich vor allem die emotionale Beziehung des Mitarbeiters zum Unternehmen und zur Führungskraft verändert und dies wiederum beeinflußt die Rolle der Führungskraft insgesamt. Der entscheidende Punkt ist, daß die Rolle der Führungskraft sich stark verengt auf die sachlichen Momente. Es gelingt ihr nicht mehr, die Anforderungen an ein emotional entspanntes Klima zu erfüllen. Damit entsteht ein Vakuum in diesem Bereich. Die neuen Probleme verlangen nach neuen Führungsmustern und Führungsinstrumenten.

1.2.2 Die gestiegenen Anforderungen an die Führung eines Vertriebs: Informationsmanagement, Verständnis, Offenheit, Systematik

Die Führung eines modernen Vertriebs setzt neue Maßstäbe in Bezug auf: Informationsmanagement; Sachverständnis der Aufgaben und Prozesse; Offenheit im Ansprechen von Problemen; Systematik. Wir möchten auf diese vierfache Herausforderung, der sich die Führungskraft im modernen Vertrieb gegenüber sieht, etwas näher eingehen.

Die Rolle der Information im Führungsprozeß.

Führung im Vertrieb erfordert einen kompetenten Umgang mit Informationen (zu informieren, und sich Informationen zu beschaffen).

Die Führung von Verkäufern, Filialleitern, Projektteams ist von Informationen abhängig. Was damit gemeint ist, soll folgendes Beispiel zeigen.

> Wenn die Führungskraft die Arbeit seines Fliesenlegers am Abend kontrollieren will, schaut sie sich die Arbeit einfach an. Hier kann keiner dem anderen etwas vormachen.
>
> Wenn sie die Arbeit eines Filialleiters oder eines Kundenberaters beurteilen will, ist sie weitgehend auf Informationen angewiesen, die der Mitarbeiter ihr liefert.

Der entscheidende Unterschied zwischen diesen beiden Beispielen liegt im Zugang zu den Informationen. Wenn Sie als Führungskraft am Ort, wo die Leistung erbracht wird, nicht anwesend sind, sind Sie darauf angewiesen, daß der Mitarbeiter Sie richtig informiert. Das Besondere an dieser Situation: Der Mitarbeiter kann mit seinen Informationen die Führungskraft steuern. Sie, als Führungskraft, müssen sich daher die Frage stellen: Wird der Mitarbeiter mich richtig informieren? Was kann er mit einer bestimmten Information bezwecken?

Die Folge dieser Situation ist das Entstehen von Mißtrauen und das Entstehen von Hilflosigkeit. Mißtrauen, weil Sie befürchten, daß Sie nicht wahrheitsgemäß informiert werden, und Hilflosigkeit, weil Sie ohne Informationen nicht führen können. Die Führungskraft, die keine Informationen hat, ist hilflos. Daher kann der Mitarbeiter die Führungskraft durch die Verweigerung von Informationen hilflos machen.

Mißtrauen entsteht um so leichter, je weniger die Führungskraft die Aufgaben kennt und je weniger Einblick sie in die Aufgaben und Prozesse hat. Das Mißtrauen blockiert sie in ihren Entscheidungen, denn die Grundlage von Entscheidungen sind Informationen.

Die Rolle von Verständnis und Wissen im Führungsprozeß

Der Vertrieb braucht heute den »selbständig und unternehmerisch denkenden Mitarbeiter«. Die Führungskraft sieht sich hier oft in einem Dilemma. Wir möchten es so charakterisieren:

Da die Führungskraft z. B. bei der Verhandlung des Mitarbeiters mit einem Kunden nicht anwesend ist, braucht sie den Mitarbeiter, der im Sinne der Führungskraft unternehmerisch auftritt. Er soll so unternehmerisch selbständig denken und handeln, wie die Führungskraft in dieser Situation denken und handeln würde. Viele Mitarbeiter sind zu diesem besonderen Engagement nur fähig, wenn sie straff geführt werden. Der Mitarbeiter aber, der straff geführt wird, wird gerade dadurch nicht zum unternehmerisch denkenden Mitarbeiter erzogen, er wird – eben durch die straffe Führung – zum Ausführungsorgan. So stellt sich die Frage: Wie kann man Mitarbeiter straff führen und ihnen zugleich eine unternehmerische Einstellung vermitteln?

> Nehmen wir wiederum ein Beispiel. Die Ergebnisse eines Kundenberaters liegen – in Bezug auf Abschlüsse – im unteren Drittel verglichen mit Kollegen. Er wird das Jahresziel nicht erreichen.
>
> Die Führungskraft wird versuchen, ihn mit diesen Ergebnissen zu konfrontieren und der Mitarbeiter wird der Führungskraft sagen, daß mehr eben nicht möglich war und er ist sicherlich auch davon überzeugt, die Verkaufsmöglichkeiten richtig einzuschätzen.
>
> Was also tun, wenn die Zielvereinbarung nicht eingehalten wird und der Mitarbeiter keine Möglichkeit sieht, die Leistung zu verbessern. Nehmen wir das Heft wieder stärker selber in die Hand? Hilft gutes Zureden?

Auch der Mitarbeiter, der viel Führung braucht, hat häufig ein starkes Bedürfnis nach Freiheit in der Gestaltung seiner Arbeit und ist zugleich unfähig, seine Arbeit zu organisieren. D. h. die Fähigkeit selbständig zu arbeiten entspricht nicht dem Anspruch dazu. Das Dilemma der Führungskraft erfährt in diesem Falle eine Verschärfung, einerseits soll sie dem Mitarbeiter Freiheit gewähren, andererseits muß er geführt werden, weil er die Arbeit sonst nicht in die Reihe bekommt.

Schauen wir uns z. B. den Prozeß der Neukundengewinnung an, so stehen wir zunächst vor folgenden Fragen: Wie komme ich an die Adresse? Wie weiß ich, wer der richtige Ansprechpartner ist? Wie komme ich zu ihm? Wie spreche ich ihn an? Usw. Je komplexer Aufgaben sind und je stärker Systematik gefordert ist, desto hilfloser sind Mitarbeiter. Was kann die Führungskraft tun? Sie geht mit ihm den Prozeß durch, d. h.

1. sie teilt die Gesamtaufgabe in Teilschritte
2. sie überlegt sich, wie die Teilschritte sinnvoll anzuordnen sind
3. dann überlegt sie sich eine Lösung für jeden Teilschritt

Zumindest im Kopf ist für den Mitarbeiter, mit dem die Führungskraft diesen Weg in Gedanken durchgeht, nun klar, was zu tun ist.

Das »Verständnis«, das hier von der Führungskraft verlangt wird, bedeutet in diesem Zusammenhang:

1. zu wissen, wie man den Prozeß der Aufgabe aufgliedern kann, um Schwierigkeiten einzugrenzen und sichtbar zu machen
2. die Möglichkeiten des Mitarbeiters richtig einzuschätzen, Grenzen zu erkennen und Chancen, an denen er arbeiten kann
3. Ideen zu haben, Kunden zu gewinnen oder Cross selling zu betreiben
4. die Fertigkeit zu besitzen, die Aufmerksamkeit des Mitarbeiters so zu lenken, daß er im Sinne der Führungskraft zu denken beginnt

Der Umgang mit verletzenden Informationen

Ein weiteres Dilemma ergibt sich aus den sozialen Regeln, Menschen nicht zu verletzen. Nun gibt es aber Informationen, die verletzend sind. Was macht die Führungskraft mit diesen Informationen?

Wiederum soll ein Beispiel Anschaulichkeit bringen.

> Sie beobachten bei einer Mitarbeiterin, daß sie viel privat telefoniert. Sie haben oft den Eindruck, daß sie mit ihren Gedanken nicht bei der Arbeit ist. Objektive Daten bestätigen ihren Eindruck.
>
> Sie sehen es und sagen doch nichts, oder sie deuten eine Kritik an. Ändern wird sich nichts.

Warum sagen wir, es ist alles o.k., auch dann, wenn wir es gar nicht o.k. finden? Warum loben wir, wo wir eigentlich tadeln möchten? Warum vermeiden wir es, ein ernstes Problem anzusprechen und reden lieber über irrelevante Dinge?

Es gibt einen Grund: Der Anspruch sozial zu sein, unter dem die Führungskraft steht, die sozialen Regeln im Widerspruch zu den Führungsanforderungen. Führungskräfte sind ausgestattet mit einer hohen sozialen Intelligenz und diese Intelligenz beinhaltet auch ein feines Gespür für das »sozial Schickliche«. Führungskräfte sind es auch gewohnt, Normen sorgfältiger zu beachten als Mitarbeiter und durch das gute Beispiel zu wirken. Diese Bindung an Normen gilt natürlich auch für die sozialen Normen. So erklärt sich die mangelnde Offenheit und Direktheit, die den Umgang im Führungsprozeß heute stark charakterisiert. Das Ergebnis ist im negativen Fall Unaufrichtigkeit, wir sagen auch »man macht sich gegenseitig etwas vor«. Eine klare, direkte Sprache aber ist das Fundament allen Führens, die Orientierung an den Tatsachen.

Verbindlichkeit durch Konsequenz

Mit der Arbeitsteilung haben Menschen begonnen, sich auf andere zu verlassen. Das bindende Glied ist die »Verbindlichkeit«. Wenn die Entwicklungsabteilung ein Produkt entwickelt, ist sie darauf angewiesen, daß der Vertrieb es vertreibt. Wenn der Vorstand eine Weisung ausgibt, muß sie beim einzelnen Mitarbeiter an der Peripherie ankommen und umgesetzt werden. Dasselbe gilt in jeder Niederlassung, in jeder Filiale, in jedem Team und in jeder Mitarbeiter – Kundenbeziehung.

Die Natur lehrt uns, daß Verbindlichkeit das Ergebnis von Konsequenz ist. Den Naturgesetzen unterwirft sich jeder, der durch Intelligenz gesteuert wird. Warum? Eben darum, weil jedes Zuwiderhandeln von der Natur konsequent, unerbittlich und emotionslos bestraft wird. Es nützt nichts, sich gegen die Naturgesetze aufzulehnen und ihnen zuwider zu handeln. So erzieht uns die Natur, den Mantel anzuziehen, wenn es draußen kalt ist oder den Schirm aufzuspannen, wenn es regnet.

Wie aber schafft es eine Führungskraft, Verbindlichkeit in die Vereinbarungen zu bringen? Je mehr Mitarbeiter eine Führungskraft hat und je selbständiger sie arbeiten und je komplexer die Aufgaben sind, desto schwieriger wird es, Verbindlichkeit herzustellen. Was tun, wenn der Mitarbeiter die Ziele nicht erreicht? Gründe gibt es natürlich, sonst hätte er sie ja erreicht.

1.3 Lösungsansätze

Wir haben in verschiedenen Unternehmen verschiedene Lösungsstrategien und Lösungsmuster beobachten und analysieren können. Die verschiedenen Bemühungen lassen sich auf fünf Ansätze zurückführen: auf Formen des Management by Objectives (Führen durch Zielvereinbarung); auf flexible Entlohnungsmodelle; auf ein umfassendes und konsequent durchgesetztes Qualitätsmanagement; auf Führen durch den Einsatz von Sachzwängen; und auf verschiedene Formen des Coachings. Eher selten werden die verschiedenen Bemühungen zusammengehalten durch ein übergreifendes Konzept, das die verschiedenen Teile widerspruchsfrei aufeinander abstimmt. Es handelt sich meist mehr um Einzelmaßnahmen, die mehr oder weniger spontan aufgegriffen und eingesetzt werden. Damit passiert es nur allzu oft, daß eine neu eingeführte Maßnahme in Konkurrenz zu einer anderen tritt und sie sich gegenseitig blockieren.

Zielvereinbarung und Coaching schätzen wir als die zwei wichtigsten Instrumente für die moderne Führung ein, weil sie das Konzept darstellen, die Selbstverantwortung des Mitarbeiters zu fördern und dem Mitarbeiter einen Freiraum zu geben ohne ihn zu überfordern. Das Verständnis bei Führungskräften für die Anforderungen und Möglichkeiten dieser beiden Instrumente ist jedoch eher gering. Nicht selten wird unter Zielvereinbarung das Stück Papier verstanden, auf dem die Führungskraft dem Mitarbeiter die Ziele vorgibt, die sie gerne erreichen möchte oder erreichen muß. Und Coaching wird als eine Art Überredungskunst verstanden, die zur Selbsteinsicht des Mitarbeiters führen soll, aber es fehlen die Mittel, diese Einsicht über Führungsverhalten herbeizuführen.

Erfolgreich sind die Instrumente Zielvereinbarung, Coaching, Qualitätsmanagement usw. nur dort, wo sie als eine umfassende Maßnahme des Führens aufgefaßt und als neue Führungskultur konzipiert und durchgesetzt werden. Das ist das Anliegen von Leadership Coaching.

1.3.1 Management by Objectives: Führen durch Zielvereinbarung

Der Begriff »Management by Objectives« (MbO) wurde von Peter Drukker 1954 in seinem Buch *The Practice of Management* eingeführt. MbO sieht, wie der Name schon sagt, vor, daß mit Mitarbeitern Ziele vereinbart und Mitarbeiter durch diese Ziele geführt werden. In einem Gespräch zwischen Führungskraft und Mitarbeiter wird besprochen, welche Ziele sich der Mitarbeiter für die nächste Periode setzen will. Diese Ziele werden dann auf die Unternehmensziele abgestimmt. Zum Abschluß werden die Ziele, der Weg, diese zu erreichen, die Mechanismen, die Erreichung zu kontrollieren, und die Unterstützungsmaßnahmen durch die Führungskraft verbindlich vereinbart. An definierten Kontrolltagen wird jeweils der Grad der Zielerreichung erhoben und werden eventuelle Anpassungen an den Zielen bzw. am Weg dahin vorgenommen.

In den 60- und 70er-Jahren wurde MbO von vielen Unternehmen begeistert begrüßt und war damals der angesagte Management-Ansatz. Die meisten Unternehmen übernahmen die eine oder andere Form von MbO. Es ist aber auch Kritik an MbO laut geworden. Allerlei Probleme haben die Unternehmen an dem ursprünglichen Konzept zweifeln lassen. MbO schien seine Effektivität verloren zu haben. Ziele wurden nur noch pro forma vereinbart, um der Methode zu genügen, oder wurden mißbraucht, um die Mitarbeiter zu schikanieren oder einen Grund zu bekommen, sie zu entlassen.

Es ist sicher, daß die Probleme mit MbO nicht auf die Methode an sich zurückzuführen sind, sondern auf einen unprofessionellen Einsatz der Methode. MbO ist immer noch eine der wirksamsten Management-Methoden. MbO ist aber kein Allheilmittel und kann nicht den ganzen Führungsauftrag abdecken. Eine Führungskraft, die nur mit Zielen führt, wird zwar eine hohe Transparenz in den Erwartungen an die Mitarbeiter schaffen, die Mitarbeiter werden aber kaum in der Lage sein, diesen Erwartungen an sie gerecht zu werden. MbO braucht ein ausgleichendes Stück, das wir in Coaching sehen.

Bei Leadership Coaching, das beide Instrumente verbindet, wird sichergestellt, daß nicht nur Ziele vereinbart werden, sondern daß der Mitarbeiter von der Führungskraft auch informiert, unterstützt, beraten und motiviert wird, und daß auftretende Konflikte und Probleme partnerschaftlich gelöst werden. In dieser Kombination findet MbO seinen Platz, wo es seine Kraft voll entfalten kann.

1.3.2 Coaching: Konturen einer Entwicklung

Der Begriff »Coaching« kommt aus dem Englischen. Im Oxford Duden German Dictionary wird »Coaching« mit »Privatunterricht« übersetzt. Für das dazugehörende englische Verb bietet das Wörterbuch ein weiteres Wort mit englischem Ursprung an: »trainieren«. So ist auch der »Coach« zu deutsch der »Trainer«, »Privatlehrer«, »Nachhilfelehrer« oder bleibt schlicht der »Coach«.

Im deutschen Sprachgebrauch hat das Wort über den Sport Einzug gehalten. Im Sportbereich versteht man unter einem Coach den Betreuer eines

Sportlers oder einer Mannschaft. Die Rolle des Coachs umreißt dort die Aufgaben jener Person, die einen Sportler auf Wettkämpfe vorbereitet, aber auch das Lebensumfeld des Sportlers im Auge behält, um vom gecoachten Sportler alles fernzuhalten, was die Leistung des Sportlers mindern könnte. Der Coach ist nicht nur jemand, der seine eigenen Fertigkeiten und sein eigenes Wissen an den Sportler weitergibt, sondern jemand, der den Sportler dazu bringt, seine eigenen Anlagen und Fähigkeiten bis zum letzten auszureizen. Der Sportcoach muß nicht alles besser können als sein Schützling. Im Gegenteil: Es ist viel wichtiger, daß er den Sportler dazu bringen kann, sich selbst zu verbessern, als ihn direkt anzuleiten.

Vom Sport wurde der Begriff »Coaching« ins Wirtschaftsvokabular übernommen. In den USA übernahm der Coach die Rolle des psychologischen (teilweise auch fachlichen) Beraters von Personen in besonders belastenden Positionen.

Heute wird Coaching meist als eine Unterstützung von Führungskräften und Mitarbeitern in exponierten Stellungen angeboten. Die ersten Erfahrungen wurden mit externen Coachs gemacht. Trainer, die in einem bestimmten Aufgabengebiet über viel Erfahrung verfügten, mit einer psychologischen Ausbildung in Diagnostik und Menschenführung, boten eine persönliche Unterstützung an, die in der Regel stundenweise durchgeführt wurde in Analogie zur Rechtsberatung oder zur Psychotherapie.

Inzwischen ist der Begriff Coaching dabei, seinen Inhalt erneut zu verändern. Die positiven Erfahrungen, die mit externem Coaching von Führungskräften gemacht werden, ermunterten Lernpsychologen, auch Führungskräften Techniken und Methoden des Coachings im Umgang mit ihren Mitarbeitern zu vermitteln und die Mitarbeiter in Analogie zum Coach zu führen. Verkaufsleiter coachen nun ihre Verkäufer und Führungskräfte ihre Mitarbeiter. In vielen Assessment-Centers, wo Führungskräfte ausgesucht werden und Coaching stets eine Testübung ist, konnten wir sehen, was diese Führungskräfte tun, wenn sie meinen zu coachen. Es hat in der Regel mehr Ähnlichkeit mit einem penetranten Versuch, dem Mitarbeiter seine Fehler vorzuhalten und ihm die Lösung, die sich die Führungskraft vorstellt, aufzuschwätzen. Inzwischen sind wir uns nicht mehr sicher, ob wenigstens die vielen Trainer, die den Führungskräften Coaching beibringen wollen, es besser verstehen.

Wir sehen, daß heute mit dem Begriff Coaching sehr verschiedene Inhalte verbunden werden. Der Begriff hat in seiner Entwicklung eine gewisse Beliebigkeit angenommen. Oft ist er nicht mehr als ein neuer Name für das, was man immer schon getan hat. Andere wiederum versuchen sein modernes Image zu nutzen, um ein anderes Anliegen zu transportieren.

Uns hat diese Begriffsverwirrung dazu veranlaßt, einen neuen Begriff zu verwenden – Leadership Coaching –, und das Anliegen und die Inhalte, die wir damit verbinden, neu zu definieren.

1.4 Leadership Coaching: Führen mit den Mitteln der Information

Leadership Coaching versteht sich als eine moderne Form der Mitarbeiterführung, die dem Bedürfnis des Mitarbeiters nach Selbstbestimmung ebenso Rechnung trägt, wie auch den gestiegenen Anforderungen nach Leistung und Qualität. Leadership Coaching ist Führen mit den Mitteln der Information.

Betrachten wir die verschiedenen Führungsaufgaben unter der Berücksichtigung der Emotionalität, so schälen sich zwei konträre Formen heraus:

1. Aufgaben, die Durchsetzungsvermögen und Härte verlangen, und
2. Aufgaben, die Einfühlungsvermögen und Nähe erfordern.

Wir haben ein Modell des dualen Führens entwickelt, in dem diese konträren und schwer miteinander zu vereinbarenden Aufgaben auf zwei Personen aufgeteilt werden, so daß eine Person (die klassische Führungskraft) die Aufgaben der ersten Art übernimmt und eine zweite Person (die coachende Führungskraft) die Aufgaben der zweiten Art. Auf diese Weise werden die Forderungen nach Druck und Offenheit, nach Vertrauen und Kontrolle, die die Führungskraft zu widersprüchlichem Verhalten zwingen, handhabbar ohne daß sie sich gegenseitig blockieren.

In der Praxis gibt es jedoch oft nicht die Moglichkeit, zwei Personen als Führungskräfte einzusetzen. Wir haben daher das Modell des dualen Führungsprinzips weiterentwickelt. In dieser Weiterentwicklung wird angestrebt, das Gros der Kontrollaufgaben über eingesetzte Sachzwänge, über ein konsequentes Qualitätsmanagement und vor allem über eine klare Zielvereinbarung wahrzunehmen, so daß der Führungskraft primär die Aufgaben zufallen, den Mitarbeiter zu öffnen, zu motivieren, sein Vertrauen in das Unternehmen zu stärken und beratend und unterstützend zur Seite zu stehen. Vor allem aber wollen wir die Möglichkeit der Steuerung nutzen, die in einer gemeinsamen Analyse der Prozesse liegt. Das Endergebnis ist die Führungskraft, die ihre Mitarbeiter coacht. Hierzu liefert Leadership Coaching das Modell.

Dieser Anspruch verlangt eine Antworten auf die Frage: Wie bringt die Führungskraft ihre Mitarbeiter dazu, ohne Druck den Mitarbeiter zu einem Engagement zu bringen, das Qualität und Effizienz garantiert? Auf diese Frage wollen wir Antwort geben.

Definition von Leadership Coaching

Aufbauend auf der Einsicht, die wir aus der Analyse verschiedenster Unternehmen gewonnen haben, haben wir deshalb für Leadership Coaching folgende Definition aufgestellt:

Leadership Coaching ist Führen mit den Mitteln der Information.

Führen mit den Mitteln der Information bedeutet hierbei dreierlei:

1. Genaue Informationen über die Arbeit des Mitarbeiters und über die Prozesse zu gewinnen und sich damit das Verständnis von den Prozessen, den Chancen und Aufgaben zu erarbeiten
   (= Informationsmanagement)
2. Gemeinsam mit dem Mitarbeiter Aufgaben und angestrebte Ergebnisse zu vereinbaren, um ihm einerseits die Anforderungen, die an ihn gestellt werden, transparent zu machen, und ihm andererseits die Möglichkeit zu geben, seine eigenen Anliegen einzubringen
   (= Aufgaben- und Ergebnisvereinbarung)
3. Mit dem Mitarbeiter die Aufgaben in Teilaufgaben zu zerlegen und dazu Aktivitäten zu planen, den Ergebniserreichungsgrad zu diskutieren, Feedback zu geben, auf Handlungsmöglichkeiten aufmerksam zu machen, wenn nötig Hilfsmaßnahmen zu definieren, Konflikte zu lösen, zu beraten, zu motivieren, etc.
   (= Coaching)

1.5 Hintergrund und Philosophie von Leadership Coaching

1.5.1 Führen mit den Mitteln der Information

Mit Informationen machen Zeitungen Geschäfte, Parteien Politik, Unternehmen Abschlüsse. Aber auch in den Betrieben, Abteilungen und Arbeitsteams greifen Menschen mittels Informationen in die Arbeitsabläufe ein und beeinflussen Entscheidungen. Mit Informationen versuchen Menschen auf Prozesse und Personen – bewußt oder unbewußt – Einfluß zu nehmen.

Die Medien demonstrieren uns am eindrucksvollsten, was man mit Informationen machen kann: da steigen durchschnittliche Menschen zu Helden auf, Produkte gewinnen eine marktbeherrschende Stellung, und Ereignisse kommen zu Weltgeltung. Informationen haben Macht und steuern Menschen und Prozesse.

Macht liegt in den Händen von Personen, die eine Führungsrolle einnehmen, Vorstände, Manager, Leitungspersonen, Politiker. Das Besondere an der Information liegt darin, daß sie an keine dieser formalen Rollen und Positionen geknüpft ist. Man muß weder Kanzler sein, noch Präsident oder Vorstand um mit Hilfe von Informationen Einfluß zu gewinnen und zu steuern. Information ist das bevorzugte, vielleicht auch das einzige Machtinstrument von Personen, die nicht autorisiert sind, Macht auszuüben. Information ist der Dietrich, der dem, der damit umgehen kann, viele Türen öffnet und dem Wege verbaut, der damit nicht umgehen kann. Sie ist das Werkzeug, Prozesse und Menschen zu beeinflussen und zu führen.

Nehmen wir uns einen Moment Zeit, um den Stellenwert von Informationen in unserer Gesellschaft zu vertiefen. Wir alle nehmen an einem Prozeß teil, der uns in seinem Umfang, seiner Bedeutung und Brisanz wohl bewußt ist, aber den wir wahrscheinlich viel zu selbstverständlich und unreflektiert hinnehmen.

1.5.2 Entwicklung von Leadership Coaching

Es ist sicherlich nichts Neues zu sagen, daß mit Informationen Einfluß ausgeübt wird. Aber noch nie wurde versucht, daraus einen Führungsstil zu entwickeln. Die jahrelange Beschäftigung mit Lernprozessen und sozialen Systemen hat uns auf die Idee gebracht, das Informationsmanagement systematisch für die Wahrnehmung von Führungsverantwortung zu nutzen. Das war die Geburtsstunde von Leadership Coaching, einem Führungsstil, in dem der Umgang mit Informationen zum Kernstück gehört.

Man kann das, was Leadership Coaching ist, in folgendem Bild konkret werden lassen:

> Als ich vor Jahren dabei war, ein Haus zu bauen, beschlich mich Unsicherheit. Ich suchte daher einen befreundeten Architekten auf. Er ließ sich informieren, genau und im Detail mußte ich ihm meine Absicht, die Pläne und die Vorverträge schildern. Er stellte Fragen und diese Fragen zwangen mich, die unsicheren Punkte anzuschauen und Antworten zu geben und mit den Antworten fielen Entscheidungen. Gefahren wurden deutlich und Grenzen, was zu tun war, ordneten sich zu Abläufen und Prozessen. Was ich mir zum Schluß noch schriftlich festhielt, war ein Aktivitätenplan. Darüber hinaus war ich nun »klar im Kopf« und das gab mir Kraft.

Dieser befreundete Architekt hat in diesem Gespräch die Rolle der Führungskraft im Sinne von Leadership Coaching wahrgenommen.

Dem Steuerungsprozeß durch Informationen liegt ein einfaches Handlungsschema zugrunde, wie sich an einem Beispiel aufzeigen läßt.

In einer Abteilung wurde ein Experte für Informatik benötigt und eine entsprechende Stelle wurde eingerichtet. Wer aber sollte die Stelle besetzen?

Ein Mitarbeiter der Abteilung sah die Möglichkeit gegeben, einen Freund in die Abteilung zu holen. Er war nun bestrebt, die Entscheidung in seinem Sinne zu beeinflussen, und er machte dies mit Hilfe von Informationen, da er keine autorisierte Entscheidungsbefugnis hatte.

Die Aufgabe »Einstellung eines Mitarbeiters« gliedert sich in die Schritte: Definition eines Anforderungsprofils (1), Stellenausschreibung (2), Auswahl (3), Einstellung (4).

Er versuchte schon bei der Definition des Anforderungsprofils mitzuarbeiten und die Anforderungen so zu definieren, daß sie auf seinen Freund paßten und möglichst nur auf ihn.

Die zweite Möglichkeit sah er bei der Kandidatensuche. Er machte den Abteilungsleiter auf jene Person aufmerksam und er informierte so, daß sie als der gesuchte Bewerber erschien.

Schauen wir uns den Prozeß der Einstellung noch etwas detaillierter an. Das Handlungsschema sieht so aus:

Handlungsschema

Situations- und Aufgabenverständnis	Entscheidung und Delegation	Umsetzung der Entscheidung

Für die Führung sind die Schritte »Entscheidung« und »Delegation« reserviert. Aber entscheidend ist der erste Schritt, das Situations- und Aufgabenverständnis. Aus ihm folgt die Entscheidung fast zwangsläufig. Auf dieses Verständnis versuchen nun all jene Einfluß zu gewinnen, die nicht direkt in der Führungsverantwortung stehen und daher nicht autorisiert sind, die Entscheidung zu fällen. Sie gewinnen Einfluß auf eben diese Entscheidung mit Hilfe von Informationen.

Leadership Coaching systematisiert diesen Prozeß. Die Arbeit der Führungskraft im Rahmen von Leadership Coaching gliedert sich danach in die Schritte: Informationsmanagement, Aufgaben- und Ergebnisvereinbarung und Coaching. Am Anfang steht das Informationsmanagement. Es gibt der Führungskraft den Einblick in die Prozesse und in die größeren Zusammenhänge. Das Informationsmanagement bildet auch die Grundlage für die individuelle Aufgaben- und Ergebnisvereinbarung mit den Mitarbeitern, die ebenso nur einmal pro Jahr oder Periode geführt werden. Das regelmäßige Coachinggespräch sichert die Umsetzung.

1.5.3 Die Führungskraft als Informationsmanager

Im tieferen Verstehen einer Aufgabe und der Prozesse liegt Kraft. Zu wissen, wie der Erfolg erreicht werden kann, wie man Hindernisse überwinden kann, welche Hilfen genutzt werden können, bedeutet Sicherheit und Kompetenz. Darin liegen besondere Möglichkeiten für die Führung. Es bleibt die Frage, wie diese Möglichkeiten genutzt werden können.

Ein erster Schritt ist, den Mitarbeiter so zu informieren, daß er selbständig arbeiten kann. Ein zweiter Schritt ist, sich so vom Mitarbeiter informieren zu lassen, daß dieser nicht nur den Eindruck gewinnt, man interessiere sich für seine Arbeit, sondern daß er auch sieht, er wird verstanden, die Führungskraft sieht sein Bemühen, aber auch seine Fehler, und sie hat Verständnis. Ein dritter Schritt besteht darin, durch die Auseinandersetzungen eine tiefere Sicht von den Aufgaben und Prozessen zu gewinnen und den Durchblick zu haben. Der letzte Schritt aber besteht darin, die Aufmerksamkeit des Mitarbeiters so zu lenken, daß er die Dinge mit den Augen der Führungskraft zu sehen beginnt. Das ist das eigentliche Ziel. Betrachtet der Mitarbeiter seine Aufgaben mit den Augen der Führungskraft, so besteht ein absolutes Verständnis.

Um es noch einmal zu sagen, die eigentliche Kraft liegt im Lenken der Aufmerksamkeit und der Gedanken des Mitarbeiters, so daß bei ihm jenes Aufgaben- und Handlungsverständnis entsteht, daß er im Sinne der Führungskraft die Aufgaben zu betrachten und wahrzunehmen beginnt. Darin liegt die Kraft des Führens mit den Mitteln der Information. Die coachende Führungskraft, die die Aufgaben und Prozesse wirklich versteht, die den Mitarbeiter versteht, kann auch bei ihm dieses Verständnis wecken und ihm damit die Kompetenz geben, die er benötigt, um zum Erfolg zu kommen. Daraus bekommt die Beziehung zwischen Führungskraft und Mitarbeiter die Nähe und Sicherheit, die Begeisterung auslöst.

Die Herausforderung dieses neuen Führungsansatzes besteht nicht darin, Managern die Notwendigkeit und die Sinnhaftigkeit eines gutes Informationsmanagements zu vermitteln, sondern in der Frage: Wie kommt die Führungskraft dahin? Wie muß der Führungsprozeß gestaltet werden, daß die Führungskraft die Aufmerksamkeit des Mitarbeiters lenkt und sie nicht aneinander vorbeireden, streiten, kritisieren oder in Sprachlosigkeit verfallen?

Der Mensch ist informationsgesteuert. Es sind Informationen, die die Wahl einer Handlung und die die Wahl der Mittel bestimmen. Die Kompetenz zu führen wird zum Informationsmanagement, zur Kompetenz Informationen zu beschaffen, Informationen weiterzugeben, und die richtige Auswahl zu treffen.

1.5.4 Mittels Informationen werden auch Führungskräfte gesteuert

Führen mit den Mitteln der Information hat für die Führungskraft aber noch eine andere Dimension: Informationsmanagement ist auch der Hebel für den Mitarbeiter, Einfluß auf die Führungskraft zu gewinnen. Wir sagten ja, um mit Informationen zu führen bedarf es keiner autorisierten Macht, keiner besonderen Position und keiner offiziellen Führungsfunktion. Es bedarf nur der sozialen Kompetenz und die ist eine allgemeine menschliche Fähigkeit.

Was es bedeutet, mit den Mitteln der Information Menschen zu steuern, zeigt sich eindrücklich beim Mitarbeiter, der keine andere Möglichkeit hat, um die Dinge in die von ihm gewünschte Richtung zu lenken. Die Sekretärin, die beim Geschäftsführer die Bemerkung fallen läßt, »Der Verkaufsleiter NN hat eine gute Beziehung zum Gesellschafter, er möchte wohl einmal selbst Geschäftsführer werden« greift mit dieser Bemerkung in die Beziehung des Geschäftsführers zu seinem Verkaufsleiter ein. Oder der Außendienstmitarbeiter, der beim Verkaufsleiter so ganz nebenbei erwähnt, daß sein Kollege gelegentlich über den Bedarf seinen Durst stillt, hat damit den Samen von Mißtrauen gesät, der zu einer Kündigung führen kann. Das Gefährliche an diesen Prozessen ist, daß sie ohne Kontrolle ablaufen. Sie sind deswegen weder vorhersehbar, noch, wenn sie einmal entstanden sind, leicht zu unterbinden.

Mit solchen Informationen greifen Mitarbeiter steuernd in Bereiche ein, in die sie offiziell nicht eingreifen könnten. Das geschieht zumeist über informelle Informationskanäle, bei denen jeder mitmischen kann, der Zuhörer findet, der Chauffeur ebenso wie die Putzfrau, der Abteilungsleiter, wie der einfache Mitarbeiter. Nicht immer ist klar, was mit einer bestimmten Information bezweckt wird, und nicht immer wird bewußt etwas bezweckt. Viele Informationen werden aus purem Spaß am »Weitererzählen« übermittelt und dienen der Befriedigung von Aufmerksamkeit und Neugier. Information ist selbst zu einem der begehrtesten Konsumartikel geworden.

Eine besondere Note erhält diese Informationsverbreitung dadurch, daß zutreffende Informationen genauso leicht verbreitet werden können wie falsche, Tatsachen wie Vermutungen, Wahrheiten und Lügen. Häufig werden auch inoffizielle Informationen ganz gezielt verzerrt ausgestreut, um Entscheidungen zu beeinflussen, auf die man eigentlich keinen Einfluß nehmen kann.

Hier ist auch die Presse einzuordnen, die immer mehr Einfluß gewinnt und die, weil sie scheinbar unbeteiligt neutral ist, einen Einfluß ausübt, gegen den man schwer ankommt. Aber auch hier gilt, wer die Mechanismen kennt, kann sich auch vor der Presse schützen oder sie zu seinen Gunsten nutzen.

Aber nicht nur durch ein gezieltes Informieren versucht der Mitarbeiter Entscheidungen zu beeinflussen, er kann dies ebenso durch ein Zurückhalten von Informationen. Es gehört daher zum Standardrepertoire eines jeden Mitarbeiters, Informationen, die ihn belasten könnten, zurückzuhalten oder sie so zu verzerren, daß die brisante Information harmlos wird. Hierzu gehören auch Fehlinformationen, die die Aufmerksamkeit der Führungskraft in eine falsche Richtung lenken. Mit seinem Verhalten kann sich ein Untergebener nur bedingt einer Führungskraft entziehen, wohl aber mit seinem Informationsverhalten. In der Handhabung von Informationen gewinnt der Untergebene die Möglichkeit, auf die Führungskraft Einfluß zu nehmen, sich ihr zu entziehen und sie damit zu führen.

Halten wir fest: Die Führungskraft wird über Informationen von Mitarbeitern, Kunden und Vorgesetzten genauso gesteuert, wie sie selbst zu steuern versucht. Und das ist das ganz Besondere am Steuerungsinstrument Information. Es gibt hier im strengen Sinne kein Oben oder Unten, kein Innen und Außen, jeder kann grundsätzlich auf jeden Einfluß nehmen. Die Lösung für die Führungskraft kann nur sein, im gesamten gruppendynamischen Prozeß stets die Initiative zu ergreifen, ihre Mitarbeiter offen zu informieren und herumschwirrende Informationen aufzugreifen und zu thematisieren. Das setzt eine kontinuierliche Auseinandersetzung der Führungskraft mit den Informationserwartungen der Mitarbeiter voraus, und das erfordert auch eine entsprechende Kompetenz.

Unwissenheit ist das Fundament der Macht all derer, die über Informationen steuern. Es gibt daher kaum eine bessere Möglichkeit, sich vor Gerüchten, Halbwahrheiten und Falschmeldungen zu schützen als sich selbst umfassend zu informieren und selber kompetent andere zu informieren. Je informierter ein Mitarbeiter ist, desto weniger empfänglich ist er für Gerüchte. Das gilt natürlich auch für die Führungskraft. Je genauer und umfassender ihr Einblick in die Arbeit des Mitarbeiters ist, desto weniger läßt sie sich von Bemerkungen anderer leiten. Die Möglichkeit über Informationen indirekt zu steuern nimmt mit dem Grad des Informationsstandes der gesamten Belegschaft ab. Informiert die Führungskraft alle Mitarbeiter und haben alle Einblick in die Arbeitsabläufe und in die Entscheidungshintergründe, so gibt es für den Einzelnen weniger Möglichkeiten, mit Informationen steuernd einzugreifen.

Eines ist aber immer vorausgesetzt, wenn jemand mit den Mitteln der Information führen will: er muß informiert sein und er muß den Durchblick haben. Deshalb stellen wir das Thema »Gewinnen von Informationen«, »Filtern von Informationen«, Analysieren und Diagnostizieren an den Anfang des Führungsprozesses.

Das eigentliche Führen geschieht bei Leadership Coaching in den Coachinggesprächen. Hier führt die Führungskraft mit den Mitteln der Information. Auch hierzu liefert das Informationsmanagement die Grundlage.

1.5.5 Der Führungsprozeß

Um Leadership Coaching einordnen zu können, ist es sinnvoll, sich den gesamten Führungsprozeß und die Zuordnung von Verantwortung anzuschauen. Verantwortung kann nicht nur die Führungskraft, auch der Mitarbeiter kann Verantwortung übernehmen.

Der Führungsprozeß und die Verteilung der Verantwortung

Schritte des Führungsprozesses	Führung	Mitarbeiter
1. Informieren		
2. Analysieren		
3. Entscheiden		
4. Planen		
5. Umsetzen		
6. Motivieren		
7. Kontrollieren		

Die sieben Schritte können sehr verschieden organisiert werden und die Verantwortung kann auf verschiedene Personen oder Teams verteilt werden. Oft fehlen auch Schritte und wir haben dann nur einen Rumpf des Führungsprozesses wie in der einfachsten Form von Führung, die wir dort wahrscheinlich antreffen, wo Führung noch wenig reflektiert wahrgenommen wird.

Eine auf zwei Schritte reduzierte Form von Führung

Schritte des Führungsprozesses	Führungskraft	Mitarbeiter
→ Entscheiden	XXX	
→ Umsetzen		XXX

In einem einfachen Führungsmodell reduziert sich der Führungsprozeß auf die zwei Schritte »Entscheiden durch die Führungskraft« und »Umsetzen durch den Mitarbeiter«. Hier liegt die Verantwortung allein bei der Führungskraft.

Am häufigsten treffen wir auf ein Führungsmodell, in dem Sichinformieren und Analysieren keine reflektierten Schritte sind und die Verantwortung der weitere Schritte wie folgt verteilt wird:

Die häufigste Form von Führung

Schritte des Führungsprozesses	Führungskraft	Mitarbeiter
3. Entscheiden	XXX	
4. Planen	XXX	
5. Umsetzen		XXX
6. Motivieren	XXX	
7. Kontrollieren	XXX	

Die Führungskraft trifft ohne reflektierte Form des Sichinformierens und ohne explizite Analyse die Entscheidungen, führt die Planung durch, delegiert an ihre Mitarbeiter, motiviert sie und kontrolliert die geleistete Arbeit. Der Mitarbeiter führt nur die Anweisungen der Führungskraft aus. Wiederum liegt der Großteil der Verantwortung beim unmittelbar Vorgesetzten. Daß bei komplexeren Aufgaben hier jede Führungskraft überfordert ist, liegt auf der Hand.

Versuche, die Führungskraft zu entlasten

Überlastung der Führungskräfte ist ein großes Problem, das heute gegen viele Veränderungsvorschläge vorgebracht wird. Die Frage, wie Führungskräfte entlastet werden können, bekommt zentrale Bedeutung. Schauen wir uns die Führungsstruktur auf oberster Ebene im Unternehmen an, dann sehen wir, daß dort die verschiedenen Führungsaufgaben aufgeteilt werden. Das folgende Schema stellt die Verteilung der Führungsaufgaben dar:

Schritte des Führungsprozesses	Verantwortung
1. Informieren	Informationen werden über Studien, Agenturen und Berichte von Mitarbeitern eingeholt
2. Analysieren	Analysen werden von internen Abteilungen, von Agenturen oder von Beratern erstellt
3. Entscheiden	Der Vorstand entscheidet
4. Planen	Die Planung wird an eine Fachabteilung delegiert
5. Umsetzen	Abteilungsleiter, Projektleiter setzen die Pläne mit den Mitarbeitern um
6. Motivieren	Die Motivierung geschieht primär über ein leistungsbezogenes Entlohnungssystem
7. Kontrollieren	Die Kontrolle erfolgt durch eine Fachabteilung

Diese Struktur hat sich auf der obersten Führungsebene bewährt, aber sie läßt sich nur bedingt auf die unteren Führungsebenen übertragen. Betrachten wir die Führungsverantwortung eines Niederlassungsleiters. Er hat keinen vollen Stab zur Verfügung an den er delegieren könnte. Auf dieser Ebene ist die Führungskraft für den gesamten Prozeß verantwortlich.

Leadership Coaching greift den Gedanken der Verteilung der Verantwortung auf, geht aber bei der Umsetzung der Idee einen anderen Weg. Die Rolle der Führungskraft wird bei Leadership Coaching neu definiert und die Führungsinstrumente so konstruiert, daß Verantwortung an den Mitarbeiter delegiert wird wie auch durch Sachzwänge.

Verteilung der Verantwortung bei Leadership Coaching

<table>
<tr><th>Schritte des Führungsprozesses</th><th>Führungskraft</th><th>Mitarbeiter</th></tr>
<tr><td>1. Informieren</td><td colspan="2">Führungskraft und Mitarbeiter informieren sich gegenseitig</td></tr>
<tr><td>2. Entscheiden</td><td>fordert die Entscheidung ein und unterstützt</td><td>entscheidet selbständig</td></tr>
<tr><td>3. Planen</td><td>unterstützt die Planung mit Fragen</td><td>plant seine Arbeit selbständig</td></tr>
<tr><td>4. Motivieren</td><td>motiviert</td><td></td></tr>
</table>

Schritte des Führungsprozesses	Führungskraft	Mitarbeiter
5. Umsetzen	begleitet	setzt selbständig um oder delegiert
6. Kontrollieren	Führungskraft und Mitarbeiter besprechen den Status gemeinsam	

In diesem Führungssystem wird versucht, möglichst viel Verantwortung beim Mitarbeiter zu belassen. Der Druck, der die Motivation bringen soll, wird über Sachzwänge aufgebaut (vor allem durch ein kontinuierliches Offenlegen von Ergebnissen) und die Führungskraft ist frei, Informationsaufgaben wahrzunehmen, den Fortgang der Arbeit zu beobachten, die Rahmenbedingungen zu schaffen und den Mitarbeiter mit regelmäßigem Coaching zu begleiten.

Die Führungskraft wird entlastet und frei, sich auf die wesentlichsten Aufgaben zu konzentrieren: sie informiert, sie begeistert und sie sorgt dafür, daß Entscheidungen getroffen werden, daß die Arbeit geplant wird und daß eine kontinuierliche Kontrolle der Zielvereinbarung erfolgt.

2. Das Informationsmanagement

Leadership Coaching beginnt damit, daß die Führungskraft sich informiert, die Informationen analysiert und sich ein Verständnis von den Aufgaben und Prozessen erarbeitet. Das Informationsmanagement bereitet den weiteren Führungsprozeß mit Aufgaben- und Ergebnisvereinbarung und Coachinggesprächen vor bzw. liefert die Grundlage dafür.

Wer diesem Kapitel mit dem Vorurteil begegnet, Informationsmanagement sei etwas für Theoretiker, dem möchten wir zu bedenken geben, daß es Wissen und Verstehen ist und nicht Muskelkraft und Aktivität, was die Führungskraft vom Antreiber unterscheidet. Wissen und Verstehen sind die Grundlagen für jede außerordentliche Unternehmensleistung. Wissen und Verstehen aber sind nicht angeboren, die Führungskraft muß sie sich erarbeiten. Und da wir in einer Welt der raschen Veränderungen leben, ist jeder von uns gezwungen, sich dieses Wissen und Verständnis immer wieder neu zu erwerben. Dieses Wissen und Verständnis erlangt die coachende Führungskraft nicht allein durch ihre Erfahrung, sie muß beides mit Hilfe eines systematischen und objektiven Informationsmanagements vertiefen und ergänzen.

Die Philosophie, die dem zugrunde liegt, lautet: Als erstes hinschauen, dann versuchen, die Fakten zu verstehen und erst aufgrund eines umfassenden Verständnisses Entscheidungen treffen und steuernd eingreifen. Das Verständnis der Prozesse und der Mitarbeiter ist in jedem Führungsstil eine Voraussetzung für erfolgreiches Führen, bei Leadership Coaching ist es jedoch eine Notwendigkeit. Wer mit seinem Mitarbeiter angestrebte Ergebnisse vereinbart und ihn dann, basierend auf der schrittweisen Erreichung dieser Ergebnisse, coacht, der braucht ein ganz differenziertes Verständnis, nicht nur von den Aufgaben, ihren Teilen, den Bedingungen, Chancen und Risiken, sondern auch von den Anforderungen an den Mitarbeiter, und von seinen individuellen Fähigkeiten und Möglichkeiten.

Das Informationsmanagement im Rahmen von Leadership Coaching beschreibt einen Prozeß, der mit der Entwicklung von Fragen beginnt, an welche sich das Sammeln von Informationen anschließt, die danach analysiert und interpretiert werden. Mit der Bewertung der Situation und der Ergebnisse findet der Prozeß seinen Abschluß. Für das Informationsmanagement kann kein allgemeinverbindliches Schema vorgegeben werden, zu unterschiedlich sind die spezifischen Anforderungen in den Unternehmen oder Abteilungen. Unser Anliegen in diesem Kapitel ist es, ein Verständnis zu wecken für die Bedeutung des Informationsmanagements und für seinen Stellenwert im Leadership Coachingprozeß. Wer das verstanden hat, für den ist es auch keine Frage mehr, welche Informationen eingeholt werden müssen und auf welche Weise. Anregungen und Denkanstöße hierzu finden sich am Ende des Kapitels.

In den folgenden Abschnitten werden wir uns im Detail mit den Grundlagen des Informationsmanagements auseinandersetzen. Das Kapitel gliedert sich in 3 Abschnitte:

1. Worüber braucht die coachende Führungskraft Informationen?
2. Was macht die coachende Führungskraft mit den Informationen?
3. Wie kommt die coachende Führungskraft zu den Informationen?

Ein paar ausgewählte Techniken und Instrumente zum Informationsmanagement finden sich im Anhang.

2.1 Worüber braucht die coachende Führungskraft Informationen?

Für die Informationsgewinnung unterscheiden wir vier Arten von Informationen:

1. Informationen über den Markt (Wettbewerber, Kunden, Produkte)
2. Informationen über das eigene Unternehmen
3. Informationen über die Aufgaben und Prozesse im eigenen Bereich
4. Informationen über die Mitarbeiter im eigenen Bereich

Die coachende Führungskraft wird sich laufend mit dem Markt, den Mitbewerbern, den Kunden und den Produkten auseinandersetzen, um Veränderungen und Entwicklungen nicht zu verschlafen. Dies ist jedoch nicht eine Besonderheit von Leadership Coaching, sondern gilt für jede Führungskraft. Mehr jedoch ist von ihr gefordert in Bezug auf das Verständnis der Aufgaben und Prozesse und an Kompetenz, das Potential von Mitarbeitern richtig einzuschätzen. Auf diese Punkte werden wir uns konzentrieren.

2.1.1 Die Aufgaben verstehen

Wer einem erfahrenen Programmierer bei seiner Arbeit zuschaut, dem fällt auf, daß er die Arbeit mit ungewöhnlichen Fragen beginnt, dann macht er sich Skizzen und es ist schon viel Zeit vergangen, bis er die ersten Befehle programmiert. Vom Programmierer wollen wir eines lernen: Hier ist jemand am Werk, der sich zuerst ein differenziertes Aufgabenverständnis erarbeitet bevor er an die Ausführung geht. Das Bild soll uns eine Vorstellung davon geben, was Führungskräfte zu erledigen haben, bevor sie in die Aufgaben- und Ergebnisvereinbarung oder ein Coachinggespräch gehen. Sie müssen sich von den Aufgaben, ihren Anforderungen, ihren Chancen und Risiken ein genaues Bild erarbeiten. Erst dann kann das angestrebte Ergebnis und der Weg dahin festgelegt werden.

Informationen zur Aufgabe

- → Ergebnis: Welche Leistung (quantitativ und qualitativ) wird erwartet?
- → Zeitplan: Welche zeitlichen Vorgaben sind gegeben und sind auch einzuhalten?
- → Verfügbare Mittel: Wie ist der finanzielle Rahmen?
- → Organisation: In welche Schritte kann die Aufgabe gegliedert werden?
- → Barrieren: Mit welchen Hindernissen muß gerechnet werden?
- → Hilfen: Welche Hilfsmittel/Unterstützung sind verfügbar?
- → Risiken: Mit welchen Risiken/Fehlentwicklungen muß gerechnet werden?
- → Wertigkeit: Wie bedeutsam ist das Ergebnis, was ist der Gewinn? Was sind die Folgen eines Scheiterns?
- → Prozesse: Welche Prozesse führen zum Erfolg? Wo liegen die Risiken? Wo können sie vom Mitarbeiter optimiert werden? Wie kann er unterstützt werden?

2.1.2 Den Mitarbeiter verstehen

Die Aufgabe ist der eine Teil, der ausführende Mitarbeiter der andere, den es zu verstehen gilt. Die coachende Führungskraft muß beim Informationsmanagement die Mitarbeiter hinsichtlich ihrer Eignung für die Aufgabe einschätzen, sie muß Personen beurteilen. Sie muß sich darüber klar werden, ob ein Mitarbeiter am richtigen Platz ist, ob sie ihm eine Aufgabe übertragen kann, und womit sie rechnen muß. Sie muß den verstehen, den sie coachen will. Dabei sind die Bedingungen nicht günstig: die Beurteilung muß rasch erfolgen und es stehen hierfür keine elaborierten Instrumente zur Verfügung.

Die Beurteilung ist sicherer und objektiver, wenn sie systematisch erfolgt, d. h. nach einem festgelegten Schema, weil Systematik Zeitersparnis und Vergleichbarkeit bringt. In der allgemeinsten Form sind folgende Fragen zu beantworten:

Informationen zum Mitarbeiter

→ Image: Hat er eine gewinnende Ausstrahlung? Bekommt er die Akzeptanz?
→ Bildung: Reicht sein Wissen aus?
→ Fertigkeiten: Hat er das Können und die Fertigkeiten, um die kritischen Situationen zu meistern?
→ Erfahrung: Bringt er die nötige Erfahrung mit?
→ Motivation: Ist er motiviert? Bringt er die Energie auf? Hat er die richtige Einstellung zur Aufgabe?
→ Stabilität: Ist er für die Aufgabe genügend belastbar?
→ Integrität: Steht er loyal zur Aufgabe und zum Auftraggeber?
→ Rahmenbedingungen: Stimmen seine persönlichen Rahmenbedingungen? Hat er den Kopf frei für die Arbeit?
→ Entwicklungsfähigkeit: Kann er in die Aufgabe hineinwachsen? Ist er offen für ein ehrliches Feedback? Ist er bereit, an sich zu arbeiten?
→ Risikobeurteilung: Mit welchen Fehlleistungen/Risiken muß gerechnet werden?
→ Ist das Verständnis für die Prozesse vorhanden? Wo muß es vertieft werden?
→ Ist ein Verständnis von den eigenen Möglichkeiten und Grenzen vorhanden? Neigt er dazu, sich zu überschätzen? Oder zu unterschätzen?
→ Arbeitsstil: Paßt sein Arbeitsstil zur Aufgabe? Hinsichtlich Sorgfalt? Feingefühl? Flexibilität? Zuverlässigkeit?

Mit der richtigen Einschätzung der Aufgabe und des ausführenden Mitarbeiters sind zwei Vorbedingungen für die effektive Aufgaben- und Ergebnisvereinbarung und die Coachinggespräche erfüllt.

2.2 Was macht die coachende Führungskraft mit den Informationen?

Die formale Festlegung eines angestrebten Ergebnisses und die formelle Vereinbarung als Eingehen einer Verbindlichkeit ist ein wichtiger Schritt auf dem Weg zum Erfolg. Aber viele Menschen setzen sich Ziele und erreichen sie nie. Was gibt der Zielvereinbarung die Kraft, das Ziel auch zu erreichen?

Gehen wir von einem Beispiel aus. Ein Verkäufer vereinbart mit seinem Verkaufsleiter, im kommenden Jahr 10% mehr Umsatz zu machen. An dieses Ziel knüpfen sich nun für den erfahrenen Verkaufsleiter eine Reihe an Fragen:

→ Wo gibt es das Potential für 10% mehr Umsatz?
→ Was muß getan werden, um dieses Potential zu realisieren?
→ Wie sind die einzelnen Schritte dahin zu planen?

→ Ist der Verkäufer in der Lage, die Aufgaben, die dahin führen, auszuführen, hinsichtlich seiner Kompetenz, seiner zeitlichen Belastung, seiner Motivation?
→ Welche Unterstützung an Fortbildung, an Freistellung von anderen Aufgaben, etc. benötigt er?
→ Was ist sofort zu tun und was in den nächsten Wochen und Monaten?

Das sind viele Fragen und auf jede muß eine richtige Antwort gefunden werden. Schon die erste Frage »Wo gibt es das Potential für 10% mehr Umsatz?« verlangt eine genaue Kenntnis des Marktes und der Chancen für die eigenen Produkte. Das Wissen und Verständnis des Marktes, der Kunden, der Produkte, der Prozesse und des Mitarbeiters benötigt die coachende Führungskraft, um das richtige Ziel festlegen zu können und um den Weg dahin im Detail mit dem Mitarbeiter erarbeiten zu können. Am Ende des Gespräches hat der Mitarbeiter nicht nur ein klares Ziel, sondern er weiß genau, was er tun muß, um dieses Ziel erreichen zu können. Diese Klarheit gibt ihm die Sicherheit und die Kraft, sich auf den Weg zu machen und auch am Ziel anzukommen.

Nehmen wir an, wir befinden uns in einem laufenden Coachingprozeß. Es kommt zu einem Coachinggespräch. Der Verkaufsleiter steht nun vor einer Reihe von Fragen:

→ Wurden die vereinbarten Ergebnisse seit dem letzten Coachinggespräch erreicht? Was wurde nicht erreicht?
→ Wurden die vereinbarten Schritte ausgeführt? Und wenn nicht, warum nicht?
→ Wurde die vereinbarte Hilfestellung gegeben? Und wenn nicht, warum nicht?
→ Hat sich am Markt eine Veränderung ergeben, die eine Korrektur der angestrebten Ergebnisse notwendig macht?
→ Liegen wir mit der Ergebnisvereinbarung richtig?
→ Welche zusätzlichen Informationen benötige ich noch für das Gespräch?
→ Was kann getan werden, damit das vereinbarte Ergebnis auf jeden Fall erreicht wird?
→ Ist dem Mitarbeiter bewußt, daß das Ergebnis auf jeden Fall erreicht werden muß?

Und wiederum ist klar, daß der Verkaufsleiter viel Verständnis für die Aufgaben und Prozesse, sowie für den Mitarbeiter benötigt, um das Gespräch so führen zu können, daß der Verkäufer am Ende mit mehr Klarheit das Gespräch verläßt und mit dem Bewußtsein, im Verkaufsleiter den Partner zu haben, der das Geschäft versteht, der Verständnis für die

Situation des Verkäufers hat, und der in der Lage ist, ihn auf den richtigen Weg zu führen.

2.3 Wie kommt die coachende Führungskraft zu den Informationen?

2.3.1 Die Vorgehensweise der Informationserhebung

Wir haben in den vorangegangenen Abschnitten die Informationen grob skizziert, die die coachende Führungskraft im Rahmen von Leadership Coaching braucht und warum sie diese Informationen braucht. In diesem Abschnitt wollen wir uns jetzt der Frage zuwenden, wie sie zu diesen Informationen kommt.

Viele Führungskräfte gehen völlig unsystematisch an die Informationssammlung heran. So stehen sie dann vor einem Meer von Einzelinformationen und da sie nicht auf alle eingehen können, werden eher willkürlich einzelne ausgewählt. Demgegenüber betonen wir, daß die Informationssammlung systematisch und vom Generellen zum Spezifischeren erfolgen muß. Bewährt hat sich folgender Top-down-Ansatz:

1. **Die Aufgabe und angestrebten Ergebnisse des Bereichs**
   Im ersten Schritt wird der der Führungskraft unterstehende Bereich als Ganzes betrachtet und die Aufgaben des Bereichs im Unternehmen werden definiert. Die Aufgaben werden aufgelistet, um zu einer Gesamtsicht zu gelangen und den Überblick behalten zu können.

2. **Die Aufgaben und angestrebten Ergebnisse der Mitarbeiter**
   Im zweiten Schritt werden diese Aufgaben in Sub-Aufgaben unterteilt, für die die Mitarbeiter verantwortlich sind.

3. **Die Prozesse**
   Im dritten Schritt werden die Aufgaben der einzelnen Mitarbeiter in Prozessen dargestellt. Diese Darstellung erst ergibt den tieferen Einblick in die Arbeit.

4. **Anforderungen an die Mitarbeiter**
   Im vierten Schritt schließlich betrachten wir die Prozesse als Anforderungen an die Mitarbeiter und die Kompetenz und Motivation der Mitarbeiter, diesen Anforderungen zu genügen.

5. **Aufgaben und Prozesse der Untergebenen der Mitarbeiter**
   Ein fünfter Schritt wäre die Definition der Aufgaben und Prozesse der Untergebenen der Mitarbeiter. Darüber sollte die Führungskraft zwar

Informationen haben, dieser Schritt soll dennoch kein integraler Bestandteil des Informationsmanagements sein, weil das Informationsmanagement als Gesamtes sonst zu aufwendig werden könnte.

Ferner sind noch Informationen zu sammeln, die Veränderungen im Unternehmen, Veränderungen bei den Mitbewerbern und Veränderungen bei den Kunden betreffen.

Bevor wir uns der Methodologie im Detail zuwenden, wollen wir das Vorgehen am Beispiel eines Autohauses erläutern:

Ausschnitt aus der Vorbereitung eines Coachinggespräches in einem Autohaus

Auf Unternehmensebene wurde beschlossen:

1. die Rendite von 1,5% auf 2% zu erhöhen
2. den Umsatz um 10% zu steigern

Der Verkaufsleiter hat das Ziel bekommen, für die Umsatzsteigerung zu sorgen. Um den Umsatz zu steigern überlegt er sich ein Bündel von Maßnahmen, wobei ihm die systematische Gebietsbearbeitung als das erfolgversprechendste Instrument erscheint.

Nun bereitet er die Gespräche mit seinen Verkäufern vor. Die Verkäufer sind verschieden erfolgreich in Abhängigkeit von der Güte ihres Verkaufsgebietes, ihrer Erfahrung und ihres Einsatzes. Deshalb plant er für jeden individuell eine Steigerung der Absatzzahlen.

Er schaut sich die Prozesse an, die Kundengespräche, Kundenbesuche, die Systematik in der Gebietsbearbeitung, die Vorbereitung der Kundenbesuche etc. Dabei geht er Aufgabe um Aufgabe im Detail durch: Kundendatei, Dokumentation der Kundenbesuche, Kundenstruktur, Besuchspläne, Verkaufsgespräche, Kundenbesuche, Probefahrten, etc. etc. Er macht sich bei jedem Verkäufer Gedanken darüber, wo noch Potential vorhanden ist, das noch nicht genutzt wird, und er überlegt sich, was zu tun wäre, um das Potential zu gewinnen. (Wie viele Einheiten jeder einzelne letztes Jahr gemacht hat, weiß er aus dem Verkaufssteuerungsprogramm). Wie ist sein Produktwissen? Schöpft er mit seinem Auftritt seine Möglichkeiten aus? Wo könnte er sich verbessern und wie könnte er ihn dabei unterstützen? Hat er seine Leistungsgrenze erreicht? Wie könnte er seine Wirksamkeit erhöhen? Er fragt sich aber auch, warum das Potential noch nicht genutzt wurde, welche Hindernisse dem entgegenstehen werden, welche Hilfen notwendig sein werden. Schließlich formuliert er für jeden Verkäufer einen Vorschlag, wie das Potential noch besser ausgeschöpft werden könnte. Dieser Vorschlag wird dann mit dem Verkäufer besprochen.

Die Schritte der Vorbereitung

Schritt 1: Die Aufgabe und die angestrebten Ergebnisse des Bereichs

Im ersten Schritt betrachtet die Führungskraft ihren Bereich als Gesamtes. Definiert werden soll hier die Funktion des Bereichs im Unternehmen und die Aufgaben, die nötig sind, um diese Funktion zu erfüllen.

Folgende Fragen sind in diesem Zusammenhang zu stellen:

→ Welche Ziele sind mir vom Unternehmen vorgegeben?
→ Welchen Stellenwert hat meine Arbeit im Unternehmen?
→ Welche Aufgaben müssen wahrgenommen werden, um diese Funktion zu erfüllen?
→ Bei welchen Aufgaben treten Probleme auf? Was für Probleme treten auf? Wer profitiert von den Problemen und blockiert ihre Beseitigung?
→ Wie habe ich versucht, die Ziele zu erreichen? Warum ist dies nur zum Teil gelungen?
→ Welche Hilfe habe ich in Anspruch genommen? Welche weiteren Hilfen hätte ich gerne in Anspruch genommen? Warum kam es nicht dazu?
→ Wo will ich Veränderungen herbeiführen? Was erwarte ich mir davon? Wie kann ich sie durchsetzen? Wer kann mir dabei helfen?

Schritt 2: Die Aufgaben und angestrebten Ergebnisse der Mitarbeiter

Die Aufgaben- und Ergebnisvereinbarung umfaßt alle Aufgaben des Mitarbeiters. Um möglichst viel vom Aufgabenbereich des Mitarbeiters zu erfassen und die einzelnen Ergebnisse in einer Zusammenschau sämtlicher Aufgaben beurteilen zu können ist es sinnvoll, sie zunächst alle aufzulisten um die Veränderung eines angestrebten Ergebnisses mit den anderen abstimmen zu können.

Zu fragen ist:

→ Welche Aufgaben und Ergebnisse sind in der Verantwortung des Mitarbeiters?
→ Welche Aufgaben und Ergebnisse stehen vom Unternehmen aus gesehen fest und können nicht verändert werden?
→ Gibt es dabei Unklarheiten, d. h. gibt es Aufgaben, die nicht klar zugeordnet sind? Mit welchen Aufgaben bin ich nicht zufrieden? Wo müssen Veränderungen geplant werden?

→ Gibt es Aufgaben, für die der Mitarbeiter herangezogen wird, ohne daß es je beschlossen wurde?
→ Welche dieser Aufgaben und Ergebnisse sollen oder können verändert werden?
→ Sind die Aufgaben gut aufeinander abgestimmt? Stimmt die Aufteilung?
→ Stimmen die Rahmenbedingungen: Ist genügend Zeit vorhanden für die Erledigung der Aufgaben? Sind die Mitarbeiter hinreichend qualifiziert? Stehen genügend Mittel zur Verfügung? Haben sie die richtigen Instrumente und Hilfsmittel? Wo sind Verbesserungen möglich?

Schritt 3: Die Prozesse

Jede Aufgabe hat einen bestimmten Ablauf und ergibt einen Prozeß, den wir laufend optimieren wollen. Wird eine Aufgabe zum ersten Mal gemacht, so wird ein großer Aufwand nicht gescheut, Hauptsache das Ergebnis wird erreicht. In der Folge aber muß der Prozeß der Optimierung einsetzen: Wo sind Einsparungen an Zeit und Mittel möglich? Wie kann das Ergebnis verbessert werden? Je genauer die Führungskraft diese Prozesse kennt, sie versteht und im Ablauf beherrscht, desto kompetenter kann sie im Gespräch mit dem Mitarbeiter Fragen stellen, um damit dem Mitarbeiter zu helfen, im Gespräch mit seinem Coach die Prozesse zu reflektieren, Chancen und Versäumnisse zu erkennen, Veränderungen zu planen und Möglichkeiten der Optimierung zu realisieren.

Zu fragen ist:

→ Wie werden die Aufgaben wahrgenommen (Zeitpläne, Personen, Schritte, Instrumente, Hilfen)?
→ Wenn ich mir die Prozesse anschaue, wo zeigen sich Hindernisse? Wo zeigen sich ungenutzte Möglichkeiten? Wo sind Verbesserungen schnell zu erzielen?
→ Wie und von wem könnten sie optimiert werden? Was müßte geschehen, damit sie optimiert werden?
→ Wer würde davon profitieren? Wer würde davon einen Nachteil haben?
→ Wie werden diese Aufgaben bei den Mitbewerbern wahrgenommen? Wer ist dabei im Vorteil?
→ etc.

Schritt 4: Anforderungen an die Mitarbeiter

Den Anforderungen der Aufgaben muß das Potential des Mitarbeiters entsprechen. Eine Führungskraft kann nur soweit erfolgreich sein, als sie den Mitarbeitern Aufgaben übergibt, die diese auch erfüllen können. Die Einschätzung der Mitarbeiter hat die Funktion, ihr tatsächliches Potential, die Aufgaben zu erfüllen, einzuschätzen, den Qualifikationsbedarf festzustellen und den Bedarf an Hilfe zu definieren.

Dazu müssen verschiedene Fragen beantwortet werden:

→ Habe ich die richtigen Mitarbeiter?
→ Sind die Mitarbeiter optimal eingesetzt?
→ Findet eine Zusammenarbeit statt? Warum nicht? Könnte die Leistung durch eine Verbesserung der Zusammenarbeit erhöht werden?
→ Kennen die Mitarbeiter ihre Aufgaben im Detail?
→ Verstehen die Mitarbeiter ihre Aufgaben? Wo kann das Verständnis vertieft werden? Würde die Leistung dadurch verbessert?
→ Stimmt die Qualifikation? Könnten Qualifikationsmaßnahmen die Leistung signifikant verbessern? Was würde dabei gewonnen? Was würde es kosten?
→ etc.

2.3.2 Die Informationsquellen

Die coachende Führungskraft wird möglichst viele Informationsquellen nutzen, um sich ein ausgewogenes Bild machen zu können. Ihre Hauptinformationsquellen sind: Sie selbst, der Vorgesetzte, die Mitarbeiter und schriftliche Unterlagen.

2.3.2.1 Die Mitarbeiter

Die Mitarbeiter sind die erste und unersetzbare Informationsquelle, wenn es um Informationen zu den Prozeßabläufen, Erwartungen, Zielen und Anliegen, Interessen und Werten, zur Arbeitszufriedenheit, zum subjektiven Problemverständnis, zu wahrgenommenen Veränderungsmöglichkeiten und Betriebschancen geht. Hierzu können teilweise nur sie authentisch Auskunft geben, weil es sich um Tatsachen handelt, die auch durch die subjektive Wahrnehmung und durch Empfindungen gemacht werden.

Die Mitarbeiter können auch Auskunft geben über die Situation des Unternehmens, über Kollegen und Vorgesetzte, über Risiken und Chancen.

Daß hierbei die subjektive Sicht den Gegenstand einseitig und verzerrt darstellt, gleichsam durch eine Brille, grenzt die Gültigkeit ein und um zu einer objektiven Sicht gelangen zu können, wird es notwendig sein, noch andere Personen zu befragen. Dabei ist es wichtig, unseren Umgang mit

Informationen nicht zu verschleiern, offen damit umzugehen, und die Frage der Gültigkeit der Informationen, die er uns gibt, direkt anzusprechen. Emotional bedeutsame Informationen werden in der Regel entsprechend dem Anliegen verzerrt. Die Verzerrung liegt zum einen in einer Übertreibung oder einer Untertreibung (solche Floskeln sind: »Wir haben alles versucht.« »Wir strampeln uns Tag und Nacht ab.« »Die Maßnahme bringt absolut nichts.«). Eine besonders beliebte Form, Informationen zu verschleiern, ist die Verwendung von Bildern, Vergleichen, Allegorien. Es ist hier die Aufgabe der coachenden Führungskraft, die Fragen so konkret zu stellen, daß der Informant dazu geführt wird, seine Aussagen zu überprüfen und präzise zu antworten. Für die Qualität der Antworten trägt die coachende Führungskraft, die die Fragen stellt, im hohen Maße die Verantwortung.

Der Mitarbeiter ist keine neutrale Informationsquelle. Er wird versuchen, die Situation so darzustellen, wie er möchte, daß sie von der Führungskraft gesehen wird. Der Mitarbeiter wird versuchen, durch Informationen die coachende Führungskraft in seinem Sinne zu steuern, damit muß die coachende Führungskraft rechnen. Es ist ihre Aufgabe, abzuschätzen, wie genau und zuverlässig eine Information ist, und weshalb sie gegeben wird, oder was damit beabsichtigt sein könnte. Die coachende Führungskraft muß sich trauen, die klärenden Fragen zu stellen, auch wenn sie sozial unerwünschte Themen berühren. Die Offenheit, die im Coachingprozeß vom Gecoachten verlangt wird, muß die coachende Führungskraft in ihren Fragen vorleben.

2.3.2.2 Der Vorgesetzte

Eine weitere wichtige Informationsquelle sind die Vorgesetzten der coachenden Führungskraft. Sie können sagen, was langfristig geplant ist, wie die Zielsetzung lautet, welche Probleme aus ihrer Sicht aufgetreten sind und was an Veränderungen bei den Rahmenbedingungen geplant ist. Vor allem aber ist es auch wichtig, im Detail das Verständnis des Vorgesetzten von den Prozeßabläufen zu erfragen, auch wenn es u. U. weniger in Sachwissen als in Vorurteilen bestehen sollte.

Jeder Mensch betrachtet Sachverhalte aus einem subjektiven Blickwinkel heraus. Dieser Blickwinkel wird nach der Zielsetzung gewählt. Die Zielsetzung des Vorgesetzten ist das übergeordnete Ziel des Unternehmens und die Ziele, die ihm selbst vorgegeben sind. Auf die Beurteilung der Mitarbeiter bezogen bedeutet dies: die Leistung des Mitarbeiters für das Unternehmen; Probleme des Mitarbeiters, die außerhalb der Abteilung bekannt werden und auf den Vorgesetzten zurückwirken.

Die coachende Führungskraft wird von ihm vor allem darüber Aufschluß bekommen, wie die Zielerreichung des Gecoachten ist; wie sein Image bei den Vorgesetzten ist; welche Probleme dort gesehen werden; wie das Verhältnis zum Vorgesetzten ist und wie man dort die Chancen und Risiken einschätzt. Das sind zentrale Teile im Informationspuzzle.

2.3.2.3 Schriftliche Unterlagen, Eckzahlen, etc.

Eine unentbehrliche Informationsquelle stellen schriftliche Unterlagen dar. Geschäftsberichte, Zielvereinbarungen, Stellenbeschreibungen, Einsatzpläne, Unternehmensleitlinien, Eckzahlen, das alles sind wichtige Informationen, die es der coachenden Führungskraft ermöglichen, Erwartungen, ungeschriebene Gesetze und Entwicklungen besser zu verstehen.

Es wird in der Regel so viel Papier produziert, daß kaum eine Führungskraft zeitlich in der Lage ist, all die Unterlagen gleich durchzuarbeiten, die täglich auf den Tisch kommen. Empfehlenswert ist daher, solche Unterlagen zu sammeln und zu ordnen, damit man sie verfügbar hat, sobald man sie braucht.

2.3.2.4 Berichte von Kunden, Reklamationen, usw.

Für Abteilungen mit direktem oder indirektem Kundenkontakt ist die Meinung von Kunden zum Unternehmen, seinen Produkten und Dienstleistungen, wie auch seinen Mitarbeitern eine der wichtigsten Informationsquellen. Vor allem die Reklamationen geben Aufschluß, wie die Kunden die Qualität der Produkte und Dienstleistungen einschätzen. Viele Unternehmen erheben regelmäßig über »Kundenreports« diese Informationen und machen sie zur Grundlage für Verbesserungen.

Diese Berichte sind aber teilweise schwer in praktisches Handeln umzusetzen. Oft basieren sie auch auf Stichproben, die für die Führungskraft nicht überprüfbar sind. Berichte dieser Art werden in ihrer Bedeutung meinst überschätzt. Relevantere Informationen liefern uns Auswertungen von Reklamationen und Gespräche mit Kunden, die zur Konkurrenz abgewandert sind. Als Ergänzung zu den Kundenreports sollte die Führungskraft daher möglichst den direkten Kundenkontakt suchen und dabei ein guter Zuhörer sein. Auf diese Weise erfährt sie oft mehr als über formelle Berichte.

2.3.2.5 Arbeitsproben

Wenn es darum geht, die Leistung von Mitarbeitern einzuschätzen, die nicht ein meßbares Produkt herstellen sondern im Dienstleistungssektor tätig sind, so sind Arbeits- und Leistungsproben eine unverzichtbare Informationsquelle. Solche Arbeitsproben sind aber oft – wie bei Außendienstmitarbeitern – schwer zu bekommen und sind zudem nicht leicht zu interpretieren. Man hat zwar das Verhalten des Mitarbeiters gesehen, aber man weiß nicht, wie andere Mitarbeiter diese Arbeiten verrichten. Es empfiehlt sich, einfach selber eine Arbeit einmal auszuführen, dann weiß man eher, wie schwer sie ist, was sie dem Mitarbeiter abverlangt, wo man sie verbessern könnte und was sie an Zeit benötigt. Im Zusammenhang von Qualifikationsworkshops, wo wir solche Arbeitsproben zusammen mit den Führungskräften ausgewertet haben, konnten wir immer wieder feststellen, daß Führungskräfte unrealistische Qualitätserwartungen an die Tätigkeiten ihrer Mitarbeiter haben.

2.3.2.6 Die coachende Führungskraft

Die einfachste Informationsquelle ist die coachende Führungskraft selbst. Ihr Wissen, ihre Erfahrungen und Eindrücke, ihr Einblick in Prozesse und Abläufe bieten einen umfangreichen Fundus an Informationen. Diese Informationen gilt es beim Informationsmanagement festzuhalten, zu reflektieren und in Bezug zu bringen zu anderen Informationen. Es steckt etwas Paradoxes darin, sich selbst als Informationsquelle zu nutzen. Unsere Erfahrungen haben aber gezeigt, daß Führungskräfte sich oft zu wenig Zeit nehmen, die Informationen, die sie schon haben, kritisch zu reflektieren, in gesicherte Informationen und vermutete zu unterteilen und die gesicherten Informationen dann festzuhalten.

2.3.3 Die Forderung nach Offenheit und das Bedürfnis nach Sicherheit

Im Zusammenhang der Informationsgewinnung möchten wir noch auf das Problem der Einflußnahme allein durch das Stellen von Fragen eingehen, das sich mehr oder weniger einstellen wird. Schon in einem der ersten systematischen Organisationsentwicklungsprojekte der Haw-Thornstudie, wurde festgestellt, daß der Prozeß der Informationsgewinnung auf der Seite des Befragten und auf der Seite dessen, über den man sich informieren läßt, Kräfte in Gang setzt, die schon für sich alleine Veränderungen bewirken.

Führen greift in die persönliche Sphäre des Geführten ein. Leadership Coaching tut dies mit den Mitteln der Information. Dabei ist die coachende Führungskraft vom Mitarbeiter abhängig. Der Mitarbeiter muß sich öffnen und die gewünschten Informationen liefern. Damit hat der Mitarbeiter in diesem Spiel einen starken Trumpf in der Hand: sein Wissen und seine Informationen. Entspinnt sich ein Machtkampf zwischen der coachenden Führungskraft und ihrem Untergebenen, so wird er genau diesen Trumpf ausspielen. Der Untergebene kann sich der coachenden Führungskraft entziehen und diese ins Leere laufen lassen, ohne daß er sich dazu exponieren muß.

Diese Abhängigkeit des Leadership Coachings von Informationen des Mitarbeiters kann sich auch positiv auswirken, dann nämlich, wenn die coachende Führungskraft um diese Verwundbarkeit weiß und sie als berechtigten Anspruch des Untergebenen nach persönlichem Schutz versteht, und entsprechend behutsam fragt. Das gibt dem Mitarbeiter Sicherheit und ermöglicht Vertrauen zum Vorgesetzten, was die Wurzel des Erfolges eines jeden Coaches ist.

Leadership Coaching ist Führen mit den Mitteln der Information. Diese Form der Einflußnahme auf Prozesse und Menschen ist nicht allein der coachenden Führungskraft vorbehalten. Mehr oder weniger reflektiert versucht dies jedermann, die coachende Führungskraft macht es nur professionell. Das »Informieren« zählt für Personen, die keinen offiziellen Führungsauftrag haben, zu den effizientesten Mitteln, trotzdem Einfluß auszuüben.

Es kommt im Laufe eines Arbeitsjahres manches vor, von dem man nicht will, daß es weitererzählt wird. Persönliche Schwächen, Ängste, Mißerfolg und vieles andere, das als beschämend empfunden wird, fällt unter diese Verschwiegenheitsklausel. Es gehört daher zum Standardrepertoire eines jeden Menschen, Informationen, die ihn belasten können, zurückzuhalten oder sie so zu verzerren, daß die brisante Information harmlos wird. Hierzu gehören auch Fehlinformationen, die die Aufmerksamkeit dessen, der informiert wird, in eine falsche Richtung lenken. Mit seinem Verhalten kann sich ein Untergebener nur bedingt einer Führungskraft entziehen, wohl aber mit seinen Gedanken und Informationen. In seinen Gedanken hat der Untergebene ein Stück Freiheit und Unabhängigkeit gegenüber der Führungskraft, die er nur dann aufgeben wird, wenn er einen erlebbaren Gegenwert bekommt. Der coachenden Führungskraft wirklich Einblick in die Arbeitssituation zu geben, bedeutet diese Unabhängigkeit ein Stück weit aufzugeben.

Den Kern des Konfliktes sehen wir in dem Umstand, daß im Coachingprozeß die coachende Führungskraft einen differenzierten Einblick in die Arbeitsprozesse des Mitarbeiters gewinnen muß, damit Leadership Coaching gelingen kann. Leadership Coaching berührt nicht anders als jede Form des Führens die Machtsphäre. Der Mitarbeiter, der diesen Zusammenhang durchschaut, wird daher von Anfang an versucht sein, die Kontrolle über den Coachingprozeß zu gewinnen. Das Kontrollbedürfnis steigt mit der Verwundbarkeit, die ein Mitarbeiter oder eine Führungskraft spürt. Diese Kontrolle kann der Mitarbeiter noch ausbauen, indem er seinerseits dazu übergeht, mit Informationen zu steuern.

Solange der Mitarbeiter bestimmen kann, welche Information die coachende Führungskraft bekommt und in welcher Weise sie sie bekommt, ist das Risiko, die Kontrolle über den Prozeß zu verlieren, für ihn noch einschätzbar. Beginnt die coachende Führungskraft jedoch, selbständig Informationen zu sammeln, wird sie nicht nur in einem wesentlichen Bereich vom Mitarbeiter unabhängig, sie gewinnt auch Informationen, die ihr u.U. Macht über den Mitarbeiter geben. Die coachende Führungskraft, die gut informiert ist, läßt sich weniger leicht steuern. Ihre Schritte sind nicht mehr so sicher vorhersehbar, ihr Einfluß schlechter einzugrenzen.

Es ist dies ein Problem, das auch im Therapieprozeß eine Rolle spielt und in diesem Zusammenhang schon oft diskutiert worden ist. Während jedoch im Therapieprozeß der Klient jederzeit die theoretische Möglichkeit hat, mit einer Beendigung der Therapie das Verhältnis zum Therapeuten zu beenden, ist dies im Coachingprozeß anders. Der Coach, der zugleich der Vorgesetzte des Mitarbeiters ist, kann nicht ausgetauscht werden, der Coachingprozeß geht weiter mit oder ohne Zustimmung des Mitarbeiters. Dieser besondere Charakterzug vom Leadership Coaching sollte auf keinen Fall unbeachtet bleiben.

Das Einholen von Informationen ist daher in der Praxis der Ort, wo es zum Konflikt zwischen der coachenden Führungskraft und dem Mitarbeiter kommen kann. Es kann in dessen Folge Mißtrauen entstehen und Coaching unwirksam machen. Führen ist eine Form der Machtausübung. Auch Leadership Coaching ist es. Und wo immer Macht auftritt, entstehen auch Barrieren zum Selbstschutz. Damit sind wir wieder bei der Grundproblematik, von der wir ausgegangen sind, und die mit Leadership Coaching überwunden werden sollte: Die Resistenz des Mitarbeiters gegenüber den Steuerungsversuchen der Führung, das ineffiziente Führen.

Wir kennen für diese Gefahr keine Patentlösung. Aber wir können einige Richtlinien geben, die eine gewisse Orientierung bieten und die helfen können, die Gefahr zu vermeiden.

Die stärkste Hilfe erwächst der coachenden Führungskraft aus der Sache selbst, wenn sie mit ihr gut umzugehen versteht. Die Effizienz des Verschweigens nämlich und der Informationsverzerrung wird meist überschätzt. Beispiele gibt es viele dafür: Die Unsicherheit des Chefs und seine Machtgesten, die die Mitarbeiter schnell durchschauen; die anerkennenden Worte des Verkäufers für die Lebensweise des Kunden, der kaufen soll; usw. Es sind diese zur Schau getragenen und demonstrativen Gesten, die auch von einfachen Menschen als Hinweise auf die wahre Absicht erkannt werden.

Viele Führungskräfte, die sich intellektuell den einfachen Mitarbeitern überlegen fühlen, unterschätzen den Scharfblick von Mitarbeitern, die es gewohnt sind, sich nach den Plänen anderer zu richten, und die daher ein feines Gespür für solche Strategien entwickelt haben. Sie haben viel Zeit, ihre Führungskräfte zu beobachten, sie erleben die Führungskräfte in verschiedenen Situationen, sie stellen Vergleiche an und es gibt viele Gelegenheiten, sich in den Arbeitspausen mit Kollegen darüber auszutauschen und sein Wissen über den Chef, über den zu reden für Mitarbeiter immer faszinierend ist, zu verfeinern. Charakteristisch für den Untergebenen ist, daß er mit der Führungskraft über dieses Wissen nie reden wird, und sollte er es doch einmal tun, so legt er seine Worte in den Mund von Kollegen (»Man sagt, Sie seien . . .«).

Die erste Sicherheitsregel für die coachende Führungskraft lautet daher:

→ Praktizieren Sie Offenheit, verschweigen Sie nicht, was Sie über den Mitarbeiter wissen und trauen Sie sich, auch Inhalte anzusprechen, die u. U. beschämend für den zu Coachenden sein mögen.
→ Gleich wichtig ist aber auch, dem Mitarbeiter zu zeigen, daß Sie ihn verstehen und akzeptieren und daß Sie gewillt sind, mit Ihren Informationen und Ihrem Wissen verschwiegen umzugehen.
→ Sie werden, um dem Untergebenen Sicherheit zu geben, viel über Ihre Arbeitsweise sagen müssen und sie mit ihm im Detail besprechen. Sie werden auch bereit sein, in besonders heiklen Fragen eine Vereinbarung einzugehen.

Es hat sich bewährt, über das Thema »Information und Steuerung mit Hilfe von Informationen« offen zu reden und mit dem Mitarbeiter eine Absprache zu treffen. Der Inhalt dieser Absprache kann sein:

→ Die Führungskraft verpflichtet sich, den Mitarbeiter darüber zu informieren, von wem Informationen eingeholt werden. Er kann dagegen Einspruch erheben.
→ Die Informationen werden mit dem Mitarbeiter offen besprochen, er kann dazu Stellung nehmen.

→ Auch die Informationsnutzung wird mit ihm im Detail besprochen und er allein kann darüber bestimmen, ob Informationen weitergegeben werden oder nicht.
→ Im Gegenzug verpflichtet sich auch der Mitarbeiter zur Offenheit.

Trotz solcher Regelungen ist das Einholen von Informationen im Rahmen eines Coachingprozesses stets eine schwierige Aufgabe, die viel Feingefühl verlangt und die vor allem erfordert, daß sich die coachende Führungskraft über die möglichen Auswirkungen schon im Vorhinein Gedanken macht und versucht, Risiken einzuschätzen. Eine feine Wahrnehmung von Spannungen und die Erfahrung im Umgang mit Spannungssituationen können ihr die Aufgabe wesentlich erleichtern.

Nach unserer Erfahrung gehen Coaches eher großzügig mit dem Versprechen um, Informationen nicht weiterzugeben und können es dann häufig nicht einhalten. Das mag der Grund sein, weshalb Mitarbeiter wenig Vertrauen in die Zusicherung der Verschwiegenheit ihres Coaches haben. Es ist für einen Coach immer schwierig, Informationen zu verweigern, wenn sein Vorgesetzter sie einfordert. Es bedarf einer starken Persönlichkeit, der Versuchung zu widerstehen, durch Willfährigkeit sich möglicherweise einen Vorteil zu sichern, bzw. durch die Verweigerung denselben zu verlieren. Wir möchten auf diese Gefahren hinweisen und auch jedem Coach vor Augen führen, daß er die Vertrauensbeziehung zerstört, wenn er in diesem Punkt keine absolut verbindliche und verläßliche Vereinbarung eingeht. Es fördert das Vertrauen eher, einem Mitarbeiter zu sagen, »geben Sie mir keine Informationen, die mein Chef nicht hören sollte« als ein Versprechen zur Verschwiegenheit abzugeben, das man nicht einhalten kann.

2.3.4 Informationsfehler

In diesem Abschnitt wollen wir auf häufige Informationsfehler eingehen, die für die coachende Führungskraft von Bedeutung sind. Nicht jede Information ist eine gültige Information und nicht jede Meinung ist die richtige Beurteilung eines Sachverhaltes. Nicht jede Information kann die coachende Führungskraft überprüfen, aber es gilt immer zu unterscheiden, ob eine Information überprüft ist oder nicht. Sie muß die Gültigkeit einschätzen und entsprechend vorsichtig ihre Folgerungen ziehen.

Die meisten Fehler werden bei der Interpretation der Informationen gemacht, in der Praxis greifen jedoch Informationssammlung und Interpretation in einer Weise ineinander, daß die Trennung oft künstlich wirkt. Deshalb weisen wir schon bei der Informationserhebung auf die wichtigsten Verarbeitungsfehler hin, und die coachende Führungskraft wird sie von Anfang an ins Visier nehmen. Die wichtigsten davon sind:

a. **Kognitive Dissonanz**. In der Praxis bedeutet das Phänomen, das als kognitive Dissonanz beschrieben wird, daß Ergebnisse einer Entscheidung geschönt werden, um die Entscheidung positiver erscheinen zu lassen, bzw. um nicht zugeben zu müssen, daß die Entscheidung falsch war.

b. **Haloeffekt**. Von der Persönlichkeitsbeurteilung kennt man die Tendenz, eine Person nach einer hervorstechenden Eigenschaft zu beschreiben, d.h. Eigenschaften, die dieser Eigenschaft entgegenstehen, zu ignorieren oder zu vernachlässigen. Das Konzept läßt sich aber auch auf andere Sachverhalte übertragen.

c. **Sorglosigkeit durch Gewöhnung**. Im Zusammenhang mit der Fehleranalyse beim Tschernobylunfall wurde ein Fehler identifiziert, den man als Gewöhnung bezeichnen könnte. »Es ist immer gut gegangen.« Ist das Vertrauensgeschäft mit einem Kunden über viele Male gut gegangen, so tendiert man dazu, immer sorgloser zu werden. Man nimmt unreflektiert an, daß die Bedingungen die gleichen seien, oder daß Veränderungen nicht ins Gewicht fallen würden.

d. **Verzerrung**. Viele Menschen erlauben sich nicht, einfach zu lügen, d. h. Informationen zu geben, von denen sie wissen, daß sie nicht stimmen. Was aber gemacht wird, ist, daß Informationen verzerrt werden. Ein Beispiel: Ein Außendienstmitarbeiter berichtet über den Bestellungsvorlauf; er führt dabei als Bestellungen Kunden auf, mit denen erst ein Vorgespräch stattgefunden hat.

e. **Auslassung, Lücken**. Eine veränderte Form der Verzerrung ist die Lücke. Es wird nichts Falsches gesagt, aber ein wesentliches Detail verschwiegen.

Ein Außendienstmitarbeiter berichtete sehr freimütig über die Probleme, die er mit den Kunden hatte. Aber eine wesentliche Quelle dieser Probleme, die in der Alkoholproblematik dieses Mitarbeiters lagen, verschwieg er.

2.3.5 Warum coachende Führungskräfte sich zu wenig Zeit für das Informationsmanagement nehmen

Zum Abschluß dieses Kapitels wollen wir auf die Frage eingehen, warum sich coachende Führungskräfte für das Informationsmanagement zumeist wenig Zeit nehmen. Dafür gibt es Gründe. Der wichtigste davon ist: Zeitnot. Es gibt Aufgaben, die andere unmittelbar einfordern, z. B. ein verabredetes Gespräch, ein offiziell angesagtes Meeting oder andere Termine. Solche Aufgaben werden viel wahrscheinlicher wahrgenommen als Aufgaben, die niemand unmittelbar einfordert. So gut nachvollziehbar dieser Umstand ist, so wenig akzeptabel ist die Aussage, man habe zu wenig Zeit. Zeit zu haben ist allein eine Sache des Setzens von Prioritäten und diese werden oft in Verkennung der Bedeutung falsch gesetzt.

Einen weiteren Grund sehen wir darin, daß Führungskräfte wenig geübt sind im Beobachten und Analysieren von Arbeitsabläufen. So gelingt es ihnen dann nicht, das Wesentliche aus einer Beobachtung herauszuholen.

Weitere Gründe sind:

→ **Fehlende innere Ruhe**. Neue Fragen werden blockiert durch die bereits zur Verfügung stehenden alten Fragen. Sie zu reflektieren, fehlen die innere Ruhe und der Abstand zum Tagesgeschehen.

→ **Angst vor der Wahrheit**. Menschen machen Fehler, so auch Führungskräfte. Wenn niemand genau hinschaut, kann man sie bequem vertuschen. Diagnostik deckt Fehler auf.

→ **Fehlender Sachverstand**. Nirgends wird der fehlende Sachverstand einer Führungskraft so augenfällig, wie beim Stellen von Fragen. Fehlender Sachverstand führt zu falschen Fragen oder zu banalen Fragen.

→ **Mühe, die man glaubt vermeiden zu können.** Reflektiert zu fragen ist anstrengender als irgendein Aktionismus und findet oft erst nach längerem Bemühen die Anerkennung.

→ **Scheu, zu verletzen**. Bohrende Fragen fördern oft Unangenehmes zu Tage und bringen dadurch Mitarbeiter, die man nicht verletzen will, in Bedrängnis. Oft verhindert daher die Scheu, den Mitarbeiter zu verletzen, eine gründliche Diagnostik.

Vor dem Informationsmanagement kann sich keine coachende Führungskraft drücken. Es gibt zwar zahlreiche Gründe, darauf zu verzichten, aber ohne ein ernsthaft durchgeführtes Informationsmanagement bleibt der Coachingprozeß an der Oberfläche und im Nebensächlichen.

3. Die Aufgaben- und Ergebnisvereinbarung

3.1 Abstract

Bei der Aufgaben- und Ergebnisvereinbarung (AEV) nehmen sich Mitarbeiter und Führungskraft einmal im Jahr die Zeit, um eine Standortbestimmung vorzunehmen. Sie reflektieren gemeinsam die Aufgaben des Mitarbeiters ebenso wie sein tägliches Bemühen, diese Aufgaben wahrzunehmen, um die vereinbarten Ergebnisse zu erreichen.

In der AEV wird das Fundament für die Führung des Mitarbeiters gelegt. Die Führungskraft führt das Gespräch mittels Fragen in einer Weise, daß der Mitarbeiter beginnt, die Aufgabe mit den Augen der Führungskraft zu sehen und sich damit ein neues Verständnis von der Aufgabe aneignet. Umgekehrt lernt die Führungskraft die Überlegungen des Mitarbeiters kennen und setzt sich mit ihnen so auseinander, daß sich der Mitarbeiter verstanden fühlt. Am Ende haben sie nicht nur gemeinsam ein Konzept erarbeitet, das die Grundlage für die Ausführung und die weitere Führungsarbeit abgibt, sie haben nun auch eine gemeinsame Sprache gefunden.

Für Leadership Coaching stehen klar und verbindlich festgelegte Aufgaben mit den dazugehörenden Ergebnissen am Beginn des Leistungsprozesses, der durch Coaching weiter optimiert wird. Die AEV wird vorbereitet durch das Informationsmanagement und ist das erste Ergebnis auf dem Weg zur Übertragung größerer Verantwortung an den Mitarbeiter und zu mehr Selbstkontrolle und Selbständigkeit.

Die Gestaltung der AEV sollte nicht allein dem intuitiven Gespür oder gar dem Zufall überlassen bleiben. Deshalb bietet Leadership Coaching eine Methodologie an, wie die AEV zu führen ist, damit am Ende die Aufgaben und Ergebnisse so festgelegt sind, daß sie als Maß des weiteren Handelns dienen können und sich der Mitarbeiter mit ihnen identifiziert.

3.2 Ausgangssituation und Motiv der AEV

Die AEV ist eine Weiterentwicklung der traditionellen Zielvereinbarung, wie sie sich in Formen des Management by Objectives (MbO) findet. Von der Notwendigkeit von Zielvereinbarungen müssen Manager heute nicht mehr überzeugt werden, Zielvereinbarungen haben sich eingebürgert und bewährt. Was aber in der Praxis aus dieser Möglichkeit gemacht wird, bleibt weit hinter den Möglichkeiten zurück, die in diesem Ansatz stekken. So werden überhöhte Ziele festgelegt und man toleriert, daß Ziele nicht erreicht werden. Ziele werden diktiert und man nimmt es hin, daß der Mitarbeiter sich nicht mit ihnen identifiziert. Im schlimmsten Fall werden Ziele überhaupt nur noch pro forma vereinbart, weil es sich eben eingebürgert hat. Auf diese Weise wurde dieses wertvolle Führungsinstrument in vielen Unternehmen entwertet. Übriggeblieben sind zumeist Zielvorgaben, die mehr oder weniger realistisch sind und nicht so sehr widerspiegeln, was sich ein Mitarbeiter mit seiner Führungskraft für Ziele gesetzt hat, sondern was die Geschäftsführung für eine Marschrichtung vorgegeben hat.

Um zu einem Verständnis zu gelangen, welchen Stellenwert die AEV in der Führungsarbeit von Leadership Coaching hat und was ihr seine Notwendigkeit gibt, wollen wir uns zunächst einigen Problemen zuwenden, die in der tagtäglichen Führungsarbeit auftreten.

Auf die Leistungsbereitschaft ihrer Mitarbeiter angesprochen, klagen viele Führungskräfte über folgende Probleme:

→ **Fehlende Zieltreue:** Ziele werden nicht erreicht und der Mitarbeiter findet tausend Ausreden
→ **Unselbständigkeit:** Mitarbeiter machen nur, was ihnen gesagt wird
→ **Fehlendes Mitdenken:** Mitarbeiter erledigen Aufgaben ohne mitzudenken, so daß Aufträge zwar ausgeführt werden, aber auf eine unerwünschte Art und Weise
→ **Fehlende Ergebnisorientierung:** Das machen, was einem gesagt wird, ohne zu überlegen, ob das überhaupt zum erwünschten Ergebnis führt, ob das Ergebnis leichter anders erreicht werden könnte bzw. was notwendig ist, um das Ergebnis bei sich verändernden Umständen zu erreichen
→ **Passivität:** Immer nur so viel machen wie unbedingt notwendig; reagieren statt agieren; nur nicht auffallen; den Weg des geringsten Widerstands gehen
→ **Destruktives Denken:** Immer sorgfältig überlegen, weshalb ein Vorschlag nicht zielführend ist und warum eine Initiative scheitern könnte.

Für die Mitarbeiter selbst stellt sich die Lage anders dar. Sie nennen als Ursachen für auftretende Probleme:

→ **Unrealistische Zielvorgaben:** Ziele werden ohne sorgfältige Prüfung, ob sie erreicht werden können, vorgegeben

→ **Unklare Zielvorstellungen der Führungskraft:** Die Führungskraft ist unsicher oder hat selbst keine klare Vorstellung von den Zielen
→ **Defizit an Informationen:** Die Führungskraft informiert so ungenügend, daß Aufträge nicht seriös abgewickelt werden können
→ **Keine Einbeziehung bei Entscheidungen:** Entscheidungen, die die Arbeit des Mitarbeiters betreffen, werden getroffen, ohne die Meinung des Mitarbeiters einzuholen
→ **Willkürliche Leistungsbewertung:** Es sind entweder keine Kriterien definiert, nach denen die Leistung bewertet wird, oder es wird tatsächlich an ganz anderen Kriterien gemessen als an den offiziellen
→ **Vorgabe von Zielen und Aufträgen:** Ziele und Aufträge werden von der Führungskraft vorgegeben, ohne daß erläutert wird, weshalb etwas getan wird und warum es auf diese Art und Weise erledigt werden soll
→ **Fehlender Einblick in die Arbeit des Mitarbeiters:** Unsinnige Aufträge werden delegiert, weil die Führungskraft zu wenig Verständnis von der Arbeit bzw. den Prozessen hat

Betrachten wir die verschiedenen Sichtweisen, so wird klar, wo das eigentliche Problem liegt und wie es gelöst werden kann. Für alle Probleme, die von den Führungskräften genannt werden, nennen die Mitarbeiter eine Ursache, die im Verhalten der Führungskraft liegt. Jeder weist die Schuld von sich und sieht den Fehler beim anderen. Die Lösung dieses Problems ist einfacher als die Problembeschreibung vermuten läßt. Es muß nur einer der beiden Partner auf die Erwartungen des anderen eingehen. Einer muß den Anfang machen und wir sehen die Rolle des Initiators bei der Führungskraft. Wenn Sie als Führungskraft die Anliegen Ihrer Mitarbeiter ernst nehmen und versuchen, ihnen zu entsprechen, d. h. wenn Sie versuchen, ein besseres Verständnis von der Arbeit des Mitarbeiters zu bekommen, ihn besser zu informieren, ihn in Entscheidungsprozesse einzubinden, und wenn Sie dem Mitarbeiter mit einer realistischen und klaren Zielsetzung Orientierung geben, dann wird er das mit genau dem Verhalten lohnen, dessen Fehlen Sie bisher beklagt haben.

Die AEV setzt hierfür den ersten Schritt auf einem Weg, der in den Coachinggesprächen dann weiter gegangen wird. In der AEV werden zunächst die Themen besprochen, die die Mitarbeiter beklagen: fehlendes Verständnis der Führungskraft von den Aufgaben und unrealistische Zielvorgaben.

Nur wenn Führungskräfte und Mitarbeiter sich auf klare und eindeutig formulierte Aufgaben und Ergebnisse einigen, wenn der Mitarbeiter seine Bedenken einbringen konnte, wenn Kompromisse geschlossen wurden, hat der Mitarbeiter eine klare Orientierung und wird von ihm auch jenes

Maß an Selbständigkeit eingebracht, dessen Fehlen die Führungskräfte heute beklagen.

Damit ist auch klar, weshalb die AEV ein notwendiger Schritt des Leadership Coachings ist, denn Leadership Coaching braucht den selbständigen Mitarbeiter, dem klar ist, welche Anforderungen an ihn gestellt werden und wie diesen Anforderungen zu entsprechen ist. Wer daran zweifelt, der sollte sich fragen, ob Mitarbeiter wirklich andere Menschen als Führungskräfte sind, oder ob die Unterschiede in der Einstellung zur Arbeit nicht primär darauf zurückzuführen sind, daß den Führungskräften jenes Maß an Mitgestaltung zugebilligt wird, das den Mitarbeitern nicht gewährt wird.

3.3 Philosophie der AEV

Die Philosophie der AEV soll leitenden Charakter haben. Es soll eine Idee vermittelt werden, die es in den Gesprächen umzusetzen gilt. Wir werden in einem späteren Abschnitt genau den Prozeß darstellen, wie eine AEV idealtypisch ablaufen kann. Wichtiger aber als die genauen Schritte zu kennen, ist ein Verständnis davon zu haben, wie die AEV funktioniert und warum sie so funktioniert bzw. warum sie anders nicht funktioniert. Das soll in diesem Abschnitt erreicht werden.

Wenden wir uns zuerst der Frage zu, was ein Ziel ist bzw. was für eine Bedeutung Ziele für die Arbeit haben. Was soll da vereinbart werden? Ein Wunsch? Eine Vision? Ein konkreter Weg? Eine Hausnummer?

Wer sich intensiv mit MbO beschäftigt hat, der kennt Sätze wie: »Ziele sind der Kopf einer Handlung.« Oder: »Ziele orientieren und geben die Richtung einer Handlung vor.« Oder auch: »Ziele sind das Rückgrat der Motivation, sofern es Ziele sind, für die sich der Handelnde entschieden hat und mit denen er sich identifiziert.« Ziele sollen den Bezugspunkt für Leistung, Leistungskontrolle und Leistungsmotivation darstellen und damit die Orientierung für den Mitarbeiter und die Führung geben.

Oft genug hört man oder liest man auch, was passiert, wenn man keine Ziele hat. Ziele werden als Voraussetzung für Leistung bezeichnet, weil erst Ziele dem Handeln Richtung und Form geben:

- → Ohne Ziele gibt es keine gezielten Informationen.
- → Ohne Ziele gibt es keine Planung.
- → Ohne Ziele gibt es keine Entscheidung.
- → Ohne Ziele gibt es keine gesteuerte Produktion.

→ Ohne Ziele gibt es keinen Maßstab für Kontrollen und Veränderungen.
→ Ohne Ziele sind Anpassung und Flexibilität willkürlich.

All diese Sätze unterstreichen die Überzeugung, daß man lieber heute als morgen damit anfangen sollte, sich und anderen Ziele zu setzen, um Leistung sicher zu stellen. Und so setzen sich Führungskräfte mit ihren Mitarbeitern zusammen und vereinbaren Ziele wie »Der Verkauf soll in der kommenden Periode im Vergleich zur letzten um 10% gesteigert werden« oder »Das Produkt X soll in der kommenden Periode einen Marktanteil von 5% erreichen«.

Was aber wird mit so einer Vereinbarung erreicht? Stellen Sie sich vor, mit Ihnen würde ein derartiges Ziel vereinbart. Jetzt gehen Sie aus diesem Gespräch und machen sich daran, den Marktanteil des Produktes X zu steigern. Was für eine Rolle spielt das Ziel dabei? Wird es Ihnen helfen bei Ihrem Vorhaben, Kunden zu überzeugen und zu gewinnen? Werden Sie motivierter an die Arbeit herangehen? Und Ihr Vorgesetzter, was hat er davon, daß Sie Ihre Unterschrift unter dieses Ziel gesetzt haben? Was, wenn Sie es nicht erreichen? Und dann noch einmal die Frage: Was für eine Bedeutung haben Ziele wirklich?

Wir wollen nicht vorschnell sein. Ziele haben ihre Berechtigung und ihren Nutzen. Mit Zielen allein erreicht man aber noch gar nichts. Das unterschriebene Blatt Papier am Ende des Gesprächs ist nur das Resultat dessen, was im Gespräch stattgefunden hat. Das wirklich Wichtige aber passiert während des Gespräches und in den Aktivitäten nachher.

Entscheidender als das bloße Festhalten von Zielen ist etwas anderes. Viel wichtiger ist es, sich von den Aufgaben des Mitarbeiters ein richtiges Bild zu machen und geleitet von diesem Verständnis den Prozeß der AEV so zu steuern, daß am Ende ein umfassendes und tieferes Verständnis von der Aufgabe, ihren Anforderungen, ihren Chancen und Risiken bei Mitarbeiter und Führungskraft vorhanden ist. Das erst setzt die Motivation und Kraft frei, den Weg zur Erfüllung der Aufgabe zu gehen. Dazu erstellen Mitarbeiter und Führungskraft getrennt voneinander eine Liste aller Aufgaben des Mitarbeiters, der Priorität, der benötigten Zeit, des Entwicklungspotentials, etc. In der AEV werden diese Listen dann besprochen, um zu einem verbindlichen Set an Aufgaben zu kommen. Durch diesen Prozeß gewinnt einerseits die Führungskraft ein Verständnis davon, was der Mitarbeiter als seine Aufgaben ansieht und damit auch die Sicherheit, daß ein Einklang bezüglich der Aufgaben herrscht (bzw. herzustellen ist) und andererseits der Mitarbeiter die Sicherheit, daß er sein Aufgabengebiet richtig einschätzt und seine Aufgaben im

Einklang stehen mit den Erwartungen der Führungskraft bzw. des Unternehmens.

Über das Vereinbaren von Aufgaben hinaus ist es aber auch wichtig zu vereinbaren, was mit der Erfüllung der Aufgaben erreicht werden soll. In diesem Zusammenhang sprechen wir nicht mehr von Zielvereinbarungen, sondern von Ergebnisvereinbarungen, um noch stärker die Verbindlichkeit der Vereinbarung zu betonen. Wir vereinbaren nicht nur ein Ziel, um das sich der Mitarbeiter bemühen soll, sondern wir legen mit ihm gemeinsam fest, was das Ergebnis seiner Bemühungen um die Aufgabe sein wird. Damit soll noch deutlicher werden, daß wir als Führungskraft es nicht tolerieren werden, daß dieses Ergebnis nicht erreicht wird. Wir haben ja auch ein Ergebnis vereinbart und nicht ein hehres Ziel.

Die AEV muß ein kreativer Prozeß sein, an dessen Ende Mitarbeiter und Führungskraft der Überzeugung sind, weiter gekommen zu sein, klarer zu sehen, was zu tun ist und wie. Das schriftliche Formulieren der Aufgaben und Ergebnisse zusammen mit der Unterschrift von Führungskraft und Mitarbeiter ist nicht mehr als der notwendige Abschluß des Prozesses, der letzte Schritt also. Dieses schriftliche Festhalten der Aufgaben und Ergebnisse ist aber natürlich dennoch wichtig. Denn die vereinbarten Aufgaben und Ergebnisse dienen einerseits der Orientierung in der Phase der Umsetzung, andererseits stellen sie das Kriterium dar, an dem gemessen wird. Die Vereinbarung ist wie eine Landkarte, die uns die Sicherheit gibt, noch auf dem richtigen Weg zu sein, bzw. die uns hilft, unseren derzeitigen Standort zu ermitteln. Aufgrund dieser Landkarte erst können Anpassungen vorgenommen werden, können Unterstützungsmaßnahmen besprochen werden und bei auftretenden Problemen neue Wege beschritten werden.

Es wird oft betont, daß der Erfolg von Zielvereinbarungen oder wie wir jetzt sagen: Ergebnisvereinbarungen vom Ausmaß abhängt, mit dem der Mitarbeiter an der Erarbeitung der Ziele bzw. Ergebnissen beteiligt ist und sie mitbestimmen kann. Davon ist sicher richtig, daß er die Ziele als klar, realistisch und fair empfinden muß, um sich mit ihnen identifizieren zu können. Entscheidender aber ist, daß die Führungskraft mit ihm die Aktivitäten im Rahmen des Wahrnehmens der Aufgaben im Detail bespricht, Anforderungen deutlich macht, Gefahren aufzeigt, Hilfsmaßnahmen definiert, so daß zum Schluß beiderseits eine große Klarheit auch über den Weg zum Ziel besteht. Fairneß ist hier die Folge eines umfassenden und detaillierten Verständnisses von der Schwierigkeit der Arbeit, die der Mitarbeiter vor sich hat und nicht umgekehrt. Es ist diese tiefere Einsicht in die Sachzusammenhänge, das Wissen um eine detaillierte Ausführung, die beim Mitarbeiter Sicherheit erzeugt, den Weg gehen zu können. Dieses tiefere Wissen um die Ausführung verbindet Führungskraft und Mitarbeiter, es bewahrt den Mitarbeiter vor ungerechter Kritik und es gibt der Führungskraft die Zuversicht, zu sehen, was der Mitarbeiter macht.

Erst wenn Mitarbeiter und Führungskraft gemeinsam Aktivitäten erarbeiten und vereinbaren, die den Weg zu den Ergebnissen skizzieren, entsteht die Klarheit auf beiden Seiten, die den Erfolg sicherstellt. Da dieses Vereinbaren von Aktivitäten aber konsequent über das Jahr hinweg, zumindest einmal monatlich aber besser auch öfter erfolgen muß, haben wir diesen Teil der »Zielvereinbarung« in das Coachinggespräch (siehe folgendes Kapitel) integriert. In der AEV werden deshalb nur die groben Aufgaben und die dazugehörenden Endergebnisse formuliert und verbindlich vereinbart.

Die Philosophie der AEV lautet deshalb:

Die Aufgaben- und Ergebnisvereinbarung (AEV) ist die konkrete und detaillierte Auseinandersetzung des Mitarbeiters mit seiner Führungskraft über die Aufgaben des Mitarbeiters und die Ergebnisse, die durch das Wahrnehmen der Aufgaben erzielt werden sollen. Die AEV ist dabei nicht mehr als das Instrument, Führungskraft und Mitarbeiter zu zwingen, sich dieser Auseinandersetzung zu stellen.

3.4 Erwartete Ergebnisse der AEV

Auf den Nutzen von klassischen Zielvereinbarungen angesprochen, berichteten Führungskräfte von folgenden Ergebnissen.

- → Die Planung und Zielabstimmung im gesamten Unternehmen funktioniert besser.
- → Die Anpassungsfähigkeit und Schlagkraft des Unternehmens wird durch den geregelten Prozeß der Zieländerung erhöht.
- → Zielkonflikte und Abstimmungserfordernisse werden aufgedeckt.
- → Führungskräfte werden freier für Führungsaufgaben. »Einsame« Entscheidungen und Einzelanweisungen werden seltener. Da die Ergebnisse zu vereinbarten Terminen kontrolliert werden, wird die übrige Kontrolle in Form von Selbstkontrolle an den Mitarbeiter delegiert.
- → Die Führungskräfte werden durch gezielter eingesetzte, motiviertere und erfolgreichere Mitarbeiter selbst erfolgreicher.
- → Die Leistungsmotivation, Eigeninitiative, Verantwortungsbereitschaft und Selbstkontrolle der Mitarbeiter wird erhöht.

→ Das Ziel- und Leistungsbewußtsein wird gestärkt.
→ Die Mitarbeiter identifizieren sich stärker mit den Unternehmenszielen.
→ Die Führungskräfte haben eine Basis, um sachlich fundiert kritisieren und helfen zu können.
→ Ein besseres Kontroll- und Informationssystem wird durch die kontinuierliche Erhebung des Informationsbedarfs, Aufdeckung von Informationsmängeln und Anpassung des Informationsverhaltens geschafft.
→ Der Teamgeist und das Kooperationsklima wird durch Partizipation der Mitarbeiter an der Entscheidungsfindung gefördert.

Solche Aussagen überwältigen uns. Die Zielvereinbarung erscheint in solchem Licht als das Allheilmittel, der Zugang zum Paradies. Diese überzogenen Erwartungen müssen korrigiert werden. Mit der AEV lassen sich hervorragende Ergebnisse erzielen. Aber es ist auch ein hartes Stück Arbeit und nicht alles wird sich so realisieren lassen, wie man es sich erhofft. Uns erscheint es wichtig, sich auf wenige Ergebnisse zu konzentrieren, deren Erreichung nicht nur möglich, sondern bei genügender Ernsthaftigkeit sicher ist. Es sind primär drei Ergebnisse, die mit der AEV erreicht werden sollen:

→ Der Mitarbeiter hat Klarheit über die Aufgaben und Ergebnisse.
→ Der Mitarbeiter ist orientiert und motiviert.
→ Das Fundament für eine effektive Führung im Coachingprozeß und einer begleitenden Kontrolle ist gelegt.

Wenn sie das Mitarbeitergespräch im Rahmen der AEV führen, sollten diese drei erwarteten Ergebnisse sie leiten. Stellen sie sich am Ende die Frage: Habe ich diese drei Ergebnisse erreicht? Was muß vielleicht noch getan werden, um sie zu erreichen? Was will ich das nächste Mal besser machen?

Schauen wir uns diese drei erwarteten Ergebnisse nun im Detail an.

Der Mitarbeiter hat Klarheit über die Aufgaben und Ergebnisse

In der AEV werden die Aufgaben des Mitarbeiters und die Ergebnisse im Detail dargestellt und analysiert. Der Mitarbeiter bringt seine Überlegungen und Vorstellungen ebenso ein wie die Führungskraft. Dadurch erarbeiten sie sich gemeinsam ein Verständnis von den Aufgaben und Prozessen. Es wird dann klar, was die notwendigen Schritte sind, um zu einem bestimmten Ergebnis zu kommen. Es wird auch klar, warum gewisse Dinge getan werden müssen bzw. welche Bedeutung sie im Gesamtkontext haben.

Diese Klarheit ermöglicht es dem Mitarbeiter, selbstsicherer zu werden und Verantwortung zu übernehmen. Er ist dann nicht länger nur Befehlsempfänger ohne Wissen. Er erlangt ein umfassendes Verständnis seiner Arbeit, wie sie mit der Arbeit anderer zusammenhängt, welche Bedeutung sie für die Abteilung bzw. das Unternehmen hat.

Durch das gemeinsame Anschauen der Aufgaben und Ergebnisse entsteht aber auch eine tiefere Beziehung der Führungskraft zur Arbeit des Mitarbeiters wie auch zum Mitarbeiter selbst. Es vermittelt der Führungskraft den Eindruck, ganz nah dabei zu sein, den Mitarbeiter bei seiner Arbeit begleiten zu können. Es entsteht die innere Beziehung, die Leadership Coaching charakterisiert und aus der die besondere Effizienz entsteht.

Der Mitarbeiter ist orientiert und motiviert

Durch das gemeinsame Vereinbaren von Aufgaben und Ergebnissen wird dem Mitarbeiter auch klar, wo die Führungskraft mit ihren Anliegen steht, was die zu erzielenden Ergebnisse der Führungskraft sind. Der Mitarbeiter wird auf ein Ergebnis ausgerichtet, das er versteht und dessen Umsetzung ihm klar ist. Er weiß, wie die Ergebnisse, die er verfolgt, mit den Ergebnissen und den Erwartungen der Führungskraft zusammenhängen. Wir sagen: Er ist orientiert.

Dazu gehört auch, daß die Aufgaben und Ergebnisse, die man gemeinsam vereinbart, realisierbar und konkret sind. Die Ergebnisse enthalten nicht irgendwelche Hausnummern, sondern sind realistisch und quantifiziert, und in einem bestimmten Zeitraum zu erreichen. Dem Mitarbeiter ist also auch klar, bis wann er was zu tun hat, auf welche Weise die Ergebniserreichung kontrolliert wird, und welche Maßnahmen ergriffen werden, wenn zu einem bestimmten Kontrollzeitpunkt das Ergebnis oder Teilergebnis nicht erreicht wurde.

Indem der Mitarbeiter orientiert wird, wird er auch motiviert. Wie wichtig Motivation für die Erbringung von Leistung ist, braucht nicht extra betont zu werden. Kein Talent, keine Fachkompetenz, kein Wissen kann Motivation ersetzen. Nur der motivierte Mitarbeiter wird langfristig die Erwartungen, die an ihn gestellt werden, erfüllen.

Es hat sich gezeigt, daß nichts Menschen so zu motivieren versteht, wie Ergebnisse, die realistisch sind, die sie verstehen und mit denen sie sich voll identifizieren. In welchen Bereich wir auch gehen, immer sind es angepeilte Ergebnisse, die Menschen zu Höchstleistungen bringen, dazu, über sich hinauszuwachsen. Selbst im privaten Bereich sind es gewünschte Ergebnisse, die uns tagtäglich neu motivieren: Der Traum vom eigenen Haus, das Gründen einer Familie, usw.

Wodurch der Motivationsschub bei Mitarbeitern durch das Vereinbaren von Ergebnissen im beruflichen Kontext ausgelöst wird, können die folgenden Argumente erklären:

→ Die Kommunikation im »Gegenstromverfahren« zwischen dem Mitarbeiter und der Führungskraft gibt dem Mitarbeiter das Gefühl »ich werde gebraucht«, »meine Meinung wird ernst genommen«.
→ Vereinbarte und nicht erzwungene Ergebnisse wecken den Stolz des Mitarbeiters. Er nimmt die Herausforderung der Arbeit bereitwilliger an.
→ Der Mitarbeiter hat mehr Handlungsfreiheit. Seine Eigeninitiative und sein Suchen nach neuen Lösungen wird entwickelt. Sein Erfahrungsschatz wird für die Verbesserung des Arbeitsweges genutzt.
→ Der Mitarbeiter hat seinen eigenen Entscheidungsspielraum und wird stärker gefordert. Die Ergebnisidentifikation motiviert zu eigenem Management-Denken.
→ Der Mitarbeiter kontrolliert sich weitgehend selbstverantwortlich. Emotionaler Widerstand gegenüber der Leistungsanforderung wird abgebaut.
→ Die Leistung des Mitarbeiters läßt sich anhand vereinbarter Leistungsstandards und Kontrollverfahren präzise bestimmen und damit objektiv und gerecht überprüfen.
→ Der Mitarbeiter erhält Anerkennung für erfolgreiches Verfolgen und Erreichen der Ergebnisse.

Das Fundament für eine effektive Führung im Coachingprozeß und einer begleitenden Kontrolle ist gelegt.

Aufgaben- und Ergebnisvereinbarungen sind wie ein vereinbarter Maßstab, an dem sich Mitarbeiter und Führungskraft bei der Überprüfung orientieren können. Festgelegte Aufgaben und Ergebnisse ergeben die Landkarte, die anzeigt, wie man zu einem entfernten Ziel gelangt. Durch Überprüfen des Weges in regelmäßigen Intervallen können Mitarbeiter wieder auf den vereinbarten Weg zurückkommen, wenn sie sehen, daß sie abgewichen sind. Ohne eine Landkarte in Form von Aufgaben und Ergebnissen realisieren sie vielleicht nicht einmal, daß sie abgewichen sind.

Coaching ist die Begleitung des Mitarbeiters durch die Führungskraft auf diesem Weg. In den Coachinggesprächen treffen sich Mitarbeiter und Führungskraft, um zu besprechen, wo man auf dem Weg zur Ergebniserreichung steht, was für Unterstützung notwendig ist, was für Probleme aufgetreten und wie sie zu beheben sind. In den Coachinggesprächen werden Informationen ausgetauscht, die in Bezug stehen zur Ergebniserreichung, wird Feedback gegeben, werden Konflikte gelöst, die die Ergebniserreichung behindern.

Wir sehen, daß Coaching nur Sinn macht, wenn das Ergebnis klar ist, auf das hin gecoacht werden soll. Ein zielloses Coaching ist dann wirklich wie ein Schiff, das keinen Zielhafen hat. Es treibt ziellos dahin und langt nirgendwo an. Für die Coachinggespräche ist deshalb die AEV eine Voraussetzung. Wenn wir also sagen, daß eines der Ergebnisse der AEV sein soll, das Fundament für das Coachinggespräch zu legen, so meinen wir damit, daß die AEV so geführt werden muß, daß darauf aufbauend gecoacht werden kann. Coaching orientiert sich an den vereinbarten Aufgaben und Ergebnissen. Die Ergebnisse müssen deshalb auch dieser Art sein, daß das möglich ist.

3.5 Die AEV als Prozeß

(1) Vorbereitung durch ein gezieltes Informationsmanagement

Wie alle professionell geführten Gespräche sollte auch die AEV sorgfältig vorbereitet werden. Die Vorbereitung auf die AEV – und im weiteren die Vorbereitung auf die Coachinggespräche – ist nicht auf die Erledigung einzelner Aufgaben zu beschränken, sondern ist als kontinuierlicher Prozeß zu verstehen. Wir können sagen: Die Führungskraft ist auf die AEV erst vorbereitet, sobald sie Klarheit hat über die Aufgaben, die Ergebnisse, die Persönlichkeit des Mitarbeiters (Kompetenz, Motivation, Leistungsfähigkeit, Verhaltensmuster) und über die Aufgaben und tatsächlich erzielten Ergebnisse aus dem Vorjahr. Zu diesen Informationen zu kommen ist das Anliegen eines kontinuierlichen und konsequenten Informationsmanagements, wie wir es im vorausgegangenen Kapitel beschrieben haben.

(2) Vorgespräch mit dem Mitarbeiter

Das Vorgespräch dient dazu, den Mitarbeiter zu informieren, wie er sich mit Hilfe der Aufgabenliste auf das AEV vorbereiten soll und mit ihm einen Termin für die AEV zu vereinbaren. Der Mitarbeiter muß verstehen, was Aufgaben und Ergebnisse sind. Die Rolle des Mitarbeiters und die Rolle der Führungskraft in der AEV werden geklärt. Das Vorgespräch soll sicherstellen, daß der Mitarbeiter gut vorbereitet in die AEV kommt und das Gespräch zeitsparend geführt werden kann.

(3) Erstellung der Aufgabenlisten

Der Mitarbeiter und die Führungskraft listen als Vorbereitung auf die AEV alle Aufgaben auf, die der Mitarbeiter in den letzten zwölf Monaten ausgeführt hat oder die er hätte ausführen sollen (ein Muster für die Aufgabenlisten finden sie im Anhang). Damit soll ein Überblick über das gesamte Aufgabenspektrum gewonnen werden. In einem zweiten Schritt werden die Aufgaben einer groben Analyse unterzogen: Die Priorität der Aufgabe wird ermittelt, ebenso wie der Zeitbedarf und der Entwicklungsbedarf. So wird deutlich, wie der Mitarbeiter die Zeit verwendet hat und welche Priorität er welcher Aufgabe zuordnet. Im dritten Schritt werden die geplanten Ergebnisse zu den einzelnen Aufgaben festgehalten.

(4) Vorbereitung des Raumes für die AEV

Der Erfolg der AEV wird auch maßgeblich durch die Rahmenbedingungen des Gesprächs bestimmt. Es sollte deshalb für die großzügig reservierte Zeit (2-4 Stunden) eine störungsfreie Atmosphäre geschaffen werden. Das beinhaltet unter anderem:

→ Kommunikation des Termins intern
→ Umstellung des Telefons
→ Vorbereitung von Getränken und evtl. Keksen oder dergleichen
→ Anordnung der Stühle bzw. eines Tisches, damit genug Platz für die Arbeit ist und keine steife Atmosphäre herrscht (die Führungskraft sollte etwa nicht hinter ihrem Schreibtisch sitzen bleiben und der Mitarbeiter davor wie ein Bittsteller)

(5) Durchführung der AEV

Wir geben für die AEV ein Gesprächsschema vor, das sich bewährt hat. Daran soll sich die Führungskraft halten. Das Protokoll führt der Mitarbeiter, d.h. er hält erarbeitete Aufgaben und Entscheidungen fest. Die Dauer des Gesprächs wird im Normalfall zwischen 2 und 4 Stunden liegen. Sollte die reservierte Zeit nicht ausreichen, muß ein Folgetermin vereinbart werden. Unter keinen Umständen sollte das Gespräch abgebrochen werden, ohne alle Aufgaben und Ergebnisse zur Zufriedenheit der Führungskraft und des Mitarbeiters bearbeitet zu haben, da sonst leicht Frustration und Demotivation auftreten kann.

Das Gespräch der AEV ist genaugenommen das erste Coachinggespräch und sollte deshalb auch in demselben Geiste geführt werden. Um Wiederholungen zu vermeiden, haben wir den Prozeß hier kurz gehalten und auf das wesentliche beschränkt. Zur genauen Durchführung der Begrüßung oder der Orientierung etwa finden sie im nächsten Kapitel noch mehr Anregungen.

Schritt	Verhalten
1. Begrüßen	Die Führungskraft begrüßt den Mitarbeiter und »holt ihn ab«, um eine positive Atmosphäre zu schaffen.
2. Orientieren	Das Anliegen und erwartete Ergebnis des Gesprächs wird skizziert und ein Ablauf vereinbart.
3. Bearbeiten der Aufgabenlisten	Jede Aufgabe aus der Aufgabenliste wird für sich nach der unten stehenden Struktur bearbeitet.
4. Vorstellung einer Aufgabe mit den angestrebten Ergebnissen durch den Mitarbeiter anhand seiner Aufgabenliste	Der Mitarbeiter greift eine Aufgabe aus seiner Aufgabenliste heraus und erläutert die Aufgabe und das Ergebnis.
5. Ergänzung der Aufgabe und der angestrebten Ergebnisse durch die Führungskraft anhand ihrer Aufgabenliste	Hat der Mitarbeiter seine Darstellung abgeschlossen, geht die Führungskraft darauf ein und ergänzt bei Bedarf durch Informationen aus der eigenen Aufgabenliste, die sie für den Mitarbeiter erstellt hat.
6. Analyse der Aufgabe und der angestrebten Ergebnisse	Führungskraft und Mitarbeiter analysieren gemeinsam die Aufgabe und das Ergebnis, um Chancen einer Weiterentwicklung und Optimierung erkennen zu können.
7. Gemeinsames Vereinbaren der Aufgabe und der angestrebten Ergebnisse	Ist die Analyse abgeschlossen, kann daran gegangen werden, die Aufgabe nochmals genau zu formulieren und das Ergebnis der Aufgabe festzulegen, so daß die Vereinbarung überprüfbar wird. Es empfiehlt sich, gleich hier das Instrument zu definieren, mit dem die Ergebniserreichung überprüft wird und den Zeitpunkt, zu dem überprüft wird.
8. Vereinbaren der Termine für die Coachinggespräche	Falls dies noch nicht geschehen ist, werden dann die Termine für die regelmäßigen Coachinggespräche vereinbart.
9. Verabschieden	Die Führungskraft versichert sich, daß der Mitarbeiter das Gespräch als fair erlebt hat, stellt sich seiner Kritik und festigt die Beziehung.

Schritt 1: Begrüßen

Die ersten Minuten in der AEV gehören dem Mitarbeiter. Die Führungskraft gibt ihm die Möglichkeit, darüber zu sprechen, was ihn z.Z. besonders bewegt und beschäftigt. Eine positive Atmosphäre wird geschaffen und etwaige Störungen ausgeräumt.

Schritt 2: Orientieren

Zu Beginn der AEV gilt es, sich darauf zu verständigen, was die Themen sind und wie der Ablauf des Gesprächs aussieht. Wir sprechen davon, daß die coachende Führungskraft den Mitarbeiter orientiert. Die Orientierung zu Beginn hat zum Ziel, das Anliegen des Gesprächs so zu umreißen, daß der Mitarbeiter selbständig und konstruktiv mitarbeiten kann.

Schritt 3: Bearbeiten der Aufgabenlisten

Die Bearbeitung der Aufgabenlisten hat vier Teilschritte:

1. Vorstellung einer Aufgabe mit den angestrebten Ergebnissen durch den Mitarbeiter anhand seiner Aufgabenliste
2. Ergänzung der Aufgabe und der angestrebten Ergebnisse durch die Führungskraft anhand ihrer Aufgabenliste
3. Analyse der Aufgabe und der angestrebten Ergebnisse
4. Gemeinsame Vereinbarung der Aufgabe und der angestrebten Ergebnisse

Wurden diese 4 Schritte für alle Aufgaben durchlaufen, kann die gesamte Aufgabenliste strukturiert und verbindlich vereinbart werden.

Schauen wir uns nun die 4 Schritte im Detail an:

1. Vorstellung einer Aufgabe mit den angestrebten Ergebnissen durch den Mitarbeiter anhand seiner Aufgabenliste

Der Mitarbeiter greift eine Aufgabe aus seiner Aufgabenliste heraus und erläutert die Aufgabe und das Ergebnis. Die Führungskraft hat hier die Aufgabe, den Mitarbeiter erst einmal darstellen zu lassen, bevor sie das Gesagte in Schritt 2 kommentiert.

Der Mitarbeiter berichtet in diesem Schritt von seinen Erfahrungen und die coachende Führungskraft gewinnt dabei Einblick, wie der Mitarbeiter die Aufgabe versteht, welche Chancen er sieht und welche Gefahren, welche Hilfen er benutzt und wie er die Ergebnisse verarbeitet. In dieser Phase lernt die coachende Führungskraft den Mitarbeiter und seine Arbeit besser zu verstehen.

2. Ergänzung der Aufgabe und der angestrebten Ergebnisse durch die Führungskraft anhand ihrer Aufgabenliste

Hat der Mitarbeiter seine Darstellung abgeschlossen, geht die Führungskraft darauf ein und ergänzt bei Bedarf durch Informationen aus der eigenen Aufgabenliste, die sie für den Mitarbeiter erstellt hat. Auch eine andere Vorstellung beim Ergebnis sollte hier eingebracht, aber noch nicht diskutiert werden.

Mitarbeiter und Führungskraft erstellen – jeder aus seiner Sicht – die Aufgabenliste und wie nicht anders zu erwarten weichen sie dabei oft erheblich voneinander ab. Während sich nämlich die Führungskraft an der Arbeitsplatzbeschreibung orientiert, geht der Mitarbeiter von seinem Terminplaner aus, was von uns auch empfohlen wird. Unterschiede gibt es hinsichtlich des Abstraktionsniveaus, weiters werden Aufgaben mehrmals aufgeführt, als Einzeltätigkeit wie auch als Teil einer umfassenden Kategorie, und nicht zuletzt führen Mitarbeiter oft Aufgaben aus, von denen die Führungskraft gar nichts weiß. Verschärft wird dieses Problem, wenn mehrere Mitarbeiter mit der gleichen oder einer ähnlichen Aufgabe, ihre Liste vorlegen. Die Unterschiede sind oft so groß, daß man glaubt verschiedene Arbeitsprofile vor sich zu haben. Die AEV wird dadurch schwierig, man muß sich erst auf eine gemeinsame Darstellung einigen.

Handelt es sich um verschiedene Mitarbeiter mit dem gleichen Aufgabengebiet, so versuchen wir in einer ersten Phase die Kernaufgaben zu standardisieren und eine allgemein verbindliche Aufgabenliste zu erstellen. Oft kann allein schon dadurch die Qualität der Arbeit wesentlich gesteigert werden. Das Formulieren von Qualitätsstandards kann diesen Prozeß wesentlich unterstützen. Auf die Durchführung möchten wir in diesem Zusammenhang nicht näher eingehen.

Die Unterschiede zwischen der Aufgabenliste des Mitarbeiters und der Führungskraft versuchen wir so zu lösen, daß wir von der Arbeitsplatzbeschreibung ausgehen und versuchen, die Darstellung des Mitarbeiters darin zu integrieren. Das gelingt in der Regel nicht ganz. So bleibt ein individueller Teil übrig, der auch als solcher behandelt wird. Eine Übereinstimmung von 80% ist hinreichend für eine erfolgversprechende AEV.

3. Analyse der Aufgabe und der angestrebten Ergebnisse

Im dritten Schritt analysieren Führungskraft und Mitarbeiter gemeinsam die Aufgabe und das Ergebnis, um Chancen einer Weiterentwicklung und Optimierung erkennen zu können. An dieser Stelle wird die Führungskraft auch Informationen aus dem Vorjahr und von anderen Mitarbeitern mit einer ähnlichen Aufgabe – welche Aufgabe, welches geplante Ergebnis, welches tatsächlich erreichte Ergebnis, etc. – einbringen.

Der Rückblick auf die Vorjahresergebnisse wird von der Führungskraft so gestaltet, daß sich der Mitarbeiter selbst Feedback gibt. Der Mitarbeiter ist in der aktiven Rolle, die coachende Führungskraft in der begleitenden Rolle.

Der Erfahrungsbericht des Mitarbeiters ist die Grundlage für die nun folgende Analyse und Klärung der Prozesse. Dabei geht es darum, daß der Mitarbeiter die Abläufe genau beschreibt und sie im Hinblick auf Chancen, Gefahren, Hindernisse und Hilfen reflektiert.

Die Aufgabe der coachenden Führungskraft in diesem Schritt des Gesprächs ist es, die Fragen so zu stellen, daß der Mitarbeiter sein Tun reflektieren muß. Unterstützende Fragen dabei können sein:

→ Wie sehen sie den Zusammenhang?
→ Wo sehen sie Chancen? Welche?
→ Wo sehen sie Risiken und Schwierigkeiten?
→ Was fällt ihnen dabei besonders leicht/schwer?
→ Hätten sie sich dabei Unterstützung gewünscht? In welcher Form?
→ Was haben sie dabei empfunden?

Der Einfachheit halber empfehlen wir folgende beiden Fragen in Form eines Brainstormings zu stellen:

→ Was kann die Ergebniserreichung blockieren, behindern, hemmen und wer ist daran beteiligt?
→ Was kann die Ergebniserreichung fördern, unterstützen, ermöglichen und welche Personen betrifft es?

Dieser Schritt wird erfahrungsgemäß wenig in die Tiefe gehend bearbeitet. Wir halten es aber für entscheidend, diesen Teil eingehend zu bearbeiten. Denn hier erfährt die Führungskraft erst, was für ein Verständnis der Mitarbeiter von der Aufgabe hat, auch davon wie er die Führungskraft sieht, wie er Schwierigkeiten versteht, wie er sich selber versteht und welche Ideen er entwickeln kann.

4. Gemeinsames Vereinbaren der Aufgabe und der angestrebten Ergebnisse

Ist die Analyse abgeschlossen, kann daran gegangen werden, die Aufgabe nochmals genau zu formulieren und das Ergebnis der Aufgabe festzulegen, so daß die Vereinbarung überprüfbar wird. Es empfiehlt sich, gleich hier das Instrument zu definieren, mit dem die Ergebniserreichung überprüft wird und den Zeitpunkt, zu dem überprüft wird.

Bei den Ergebnissen gibt es häufig Vorgaben vom Unternehmen, die beachtet werden müssen. Es muß aber genügend Spielraum sein, um das Ergebnis hinsichtlich der Realisierbarkeit beurteilen und festlegen zu können. Es ist durchaus möglich, eine bestimmte Zahl vom Unternehmen vorzugeben, wenn die Möglichkeit gegeben wird, entsprechende Unterstützungsmaßnahmen einzufordern und umgekehrt.

Was wir öfters beobachten und ablehnen ist, daß die Ergebnisse vorgegeben werden ohne auf die Realisierbarkeit einzugehen. Auf diese Weise werden Ergebnisse festgelegt, an die sich Mitarbeiter dann nicht gebunden fühlen und damit wird die Verbindlichkeit in gefährlicher Weise aufgehoben.

Die coachende Führungskraft ist in diesem Schritt dafür verantwortlich, daß die Ergebnisse überprüfbar definiert werden, daß sie realistisch sind und daß der Mitarbeiter seine Vorstellungen einbringt.

Zuletzt wird die Aufgaben und das Ergebnis schriftlich vom Mitarbeiter festgehalten:

→ Der Aufgaben und dem Ergebnis wird zugestimmt und ein allgemeines Commitment eingegangen.
→ Die Kontrollverfahren und Meßzeitpunkte werden gemeinsam festgelegt.
→ Es wird auch festgelegt, welche Maßnahmen ergriffen werden, sobald sich herausstellt, daß das Ergebnis nicht erreicht werden wird. Konsequenzen können sein: Besondere Formen von Hilfestellung, Coachinggespräche, etc. bis hin zur völligen Neukonzeption der Vereinbarung.
→ Damit der Mitarbeiter weiß, welche Unterstützung er von der Führungskraft erwarten kann, wird ebenfalls schriftlich niedergelegt, wie die Führungskraft den Mitarbeiter unterstützen wird.

Sind die Schritte 1–4 für alle Aufgaben durchlaufen, wenden sich Führungskraft und Mitarbeiter noch einmal der gesamten neuen Aufgabenliste zu und strukturieren sie, damit in dem Coachinggespräch besser mit ihr gearbeitet werden kann. Die gemeinsame Unterzeichnung der neuen Aufgabenliste demonstriert nochmals die Verbindlichkeit, ist aber nicht unbedingt vonnöten, wenn das Gespräch offen geführt wurde, weil dann die Verbindlichkeit aus der Professionalität des Gesprächs heraus entsteht.

Schritt 4: Vereinbaren der Termine für die Coachinggespräche

Vor der Verabschiedung sollten, falls dies noch nicht geschehen ist, die Termine für die regelmäßigen Coachinggespräche vereinbart werden. Dazu ist zu sagen, daß Leadership Coaching nur begrenzt Erfolg haben wird, wenn nicht zumindest 1 mal im Monat gecoacht wird. Dabei ist nicht entscheidend, wie lang die Gespräche dauern, sondern daß sie überhaupt stattfinden und dem Mitarbeiter signalisiert wird, daß die Führungskraft den Weg des Mitarbeiters mitverfolgt, Unterstützung anbietet, wo sie vonnöten ist, aber auch Ergebnisse und Teilschritte einfordert. Im Einzelfall kann es durchaus auch gerechtfertigt sein, das Coaching telefonisch durchzuführen. Das muß immer dem intuitiven Gespür der Führungskraft überlassen bleiben. Entscheidend ist nur, daß der Prozeß ernst genommen wird und nicht einschläft.

Schritt 5: Verabschieden

Die letzten Minuten des Gespräches gehören wiederum dem Mitarbeiter. Die coachende Führungskraft kann noch Feedback einholen über das Gespräch und darüber, wie es der Mitarbeiter erlebt hat. Dabei sollte nicht das Lob im Vordergrund stehen, auch nicht die Kritik, sondern der Lernprozeß. Der Mitarbeiter soll aus der AEV mit der Klarheit rausgehen, was seine Aufgaben sind, welche Ergebnisse er erreichen soll, und wie die weitere Arbeit mit der Führungskraft in den Coachinggesprächen aussieht.

(6) Nachbearbeitung der AEV

Im Gespräch war der Mitarbeiter für die Erstellung der neuen Aufgabenliste verantwortlich. Am Ende des Gesprächs sollte die unterschriebene Liste kopiert werden, so daß Führungskraft und Mitarbeiter eine Kopie zugänglich ist. Es bietet sich durchaus auch an, die Liste in den PC einzugeben, um sie in Zukunft leichter überarbeiten zu können.

Hilfsmittel für die AEV

Für die AEV haben wir eine Reihe an Hilfsmitteln zusammengestellt. Folgende finden Sie im Anhang des Buches:

→ Schema für die Aufgaben- und Ergebnisvereinbarung
→ Aufgabenlisten Mitarbeiter
→ Aufgabenlisten Führungskraft

4. Das Coachinggespräch

4.1 Abstract

Das Coachinggespräch ist das zentrale Instrument von Leadership Coaching. In den Coachinggesprächen findet die eigentliche Führung des Mitarbeiters statt, die ihn von der Aufgaben- und Ergebnisvereinbarung am Anfang des Jahres zur Ergebniserreichung am Ende des Jahres führen soll. Diese Gespräche folgen einem ausgearbeiteten und überprüften Schema, das wir in diesem Kapitel vorstellen und erläutern möchten, da es wesentlich den Erfolg von Coachinggesprächen beeinflußt. Wir werden auch die psychologischen Mechanismen beschreiben, die im Coachinggespräch zum Tragen kommen. Dadurch wird sich ein tieferes psychologisches Verständnis der Vorgänge ergeben, die zum Erfolg des Coachings beitragen.

Das Coachinggespräch baut auf dem kontinuierlichen Informationsmanagement und auf der Aufgaben- und Ergebnisvereinbarung auf. Im Coachinggespräch werden relevante Aufgaben herausgegriffen, im Detail besprochen und Aktivitäten erarbeitet, die zur Erreichung des Ergebnisses führen sollen. Auf diese Art findet ein wesentlicher Teil der klassischen Zielvereinbarung, nämlich das Zerlegen des Grobziels in Etappenschritte mit Aktivitäten, Kontrollschritten, Unterstützungsmaßnahmen in den Coachinggesprächen statt.

4.2 Ausgangssituation und Motiv des Coachinggespräches

Stellen wir uns den gesamten Prozeß von Leadership Coaching noch einmal vor: Am Beginn stand das Informationsmanagement, in dem wir uns das Verständnis der Aufgaben und der Mitarbeiter erarbeiteten. In der Aufgaben- und Ergebnisvereinbarung wurden mit dem Mitarbeiter seine Aufgaben identifiziert und Ergebnisse vereinbart. Zwei Wochen sind vergangen. Der Mitarbeiter kommt zum ersten Coachinggespräch. Was passiert nun?

Aus der Praxis vieler Unternehmen wissen wir, daß die Unzufriedenheit mit Zielvereinbarungen gar nicht in erster Linie darauf zurückzuführen ist, daß die Ziele unklar oder unrealistisch sind, sondern daß das Verständnis und das Konzept fehlen, diese Ziele zu erreichen. Dieses Bedürfnis nach einem differenzierten Verständnis, wie die vereinbarten Ziele – oder wie wir sagen: Ergebnisse – realisiert werden können, verlangt nach einer Klärung, die bei Leadership Coaching im Coachinggespräch stattfindet.

Oft wird das Führen von Zielvereinbarungsgesprächen damit begründet, daß die Mitarbeiter keine Ahnung hätten von den Zielen des Unternehmens und ihrer eigenen Arbeit. Man kann aber doch nicht so tun, als ob Verkäufer nicht wüßten, daß sie Umsatz machen sollen und daß der Umsatz die Rendite bringt, oder daß man sparen muß, um die Kosten zu senken, daß Kunden gut bedient werden müssen, damit sie nicht zur Konkurrenz abwandern usw. Das Problem liegt wo anders. Wenn heute mit einem Außendienstmitarbeiter vereinbart wird, er soll im nächsten Monat den Umsatz um 5% zum Vormonat steigern, so zwingt ihn diese Vereinbarung – sofern sie verbindlich ist – dazu, sich ernsthaft darüber Gedanken zu machen, wo diese 5% mehr Umsatz herkommen sollen, was für Anstrengungen dafür notwendig sind und was für Hilfen er dafür in Anspruch nehmen muß. Dieses genaue Durchdenken der Arbeitsprozesse ist, was den Erfolg sichert. Die Praxis der Zielvereinbarungsgespräche, wie wir sie in verschiedenen Unternehmen beobachten konnten, erschöpft sich meist in der Formulierung von Zielen und dem Leisten einer Unterschrift. Diese Praxis führt zwangsläufig zu Ratlosigkeit, wenn nach einem halben Jahr festgestellt wird, daß die Ziele nicht erreicht wurden.

Das Coachinggespräch im Rahmen von Leadership Coaching ist deshalb die konkrete und detaillierte Auseinandersetzung des Mitarbeiters mit seiner Führungskraft über den Weg, die vereinbarten Aufgaben wahrzunehmen und die damit verbundenen Ergebnisse zu realisieren bzw. eingeschlagene Wege zu reflektieren und gegebenenfalls anzupassen und Unterstützungsmaßnahmen einzuleiten.

Coachinggespräche sind Gespräche, sind weder Plausch noch Anweisungen. Im Coachinggespräch nehmen sich Führungskraft und Mitarbeiter die Zeit, die Arbeit des Mitarbeiters anzuschauen. Was dann der konkrete Inhalt des Coachinggesprächs ist, hängt von der spezifischen Situation ab. Es kann sich im Gespräch ergeben, daß ein bestimmtes Problem aufgetreten ist, das der Mitarbeiter gemeinsam mit der Führungskraft beheben will. Oder es kann sein, daß eine Situation eingetreten ist, in der der Mitarbeiter Beratung benötigt. Im Coachinggespräch ist der Rahmen gegeben, gemeinsam den beschrittenen Weg zum vereinbarten Ergebnis zu reflektieren und sicherzustellen, daß der Weg auch der richtige ist und vom

Mitarbeiter auch beschritten werden kann. Das gibt dem Coachinggespräch seine Bedeutung.

4.3 Philosophie des Coachinggespräches

Leadership Coaching setzt primär auf die intrinsische Motivation des Mitarbeiters, auf die Befriedigung also, die in der Arbeit selbst liegt. Diese intrinsische Motivation wird beim traditionellen Führen zuweilen dadurch zerstört, daß Aufgaben vorgegeben werden, daß der Mitarbeiter von Informationen abgeschnitten wird und keinen Einblick hat, daß das Arbeitsklima gestört ist, daß keine realistischen Ziele gesetzt werden, für deren Erreichung man sich begeistern könnte, usw. Leadership Coaching hat im Gegensatz dazu zum obersten Ziel, die Mitarbeiter für ihre Arbeit zu begeistern.

Diese Begeisterung für die Sache wird im Wesentlichen durch drei Ansätze ausgelöst:

- → durch eine hohe geistige Durchdringung der Arbeit, wobei die einzelne Aufgabe immer als Teil einer umfassenden Idee verstanden wird, die auch Bezug zur persönlichen Weiterentwicklung nimmt
- → durch das tägliche Zeigen von Wertschätzung und den Auf- und Ausbau von Gemeinsamkeiten zum Mitarbeiter
- → durch die Vermeidung aller repressiven Maßnahmen und Maßnahmen, die den Mitarbeiter in die Rolle der Selbstverteidigung und des Vorsichtigseinmüssens drängen

Auf diese Weise entsteht ein Klima der Offenheit, Ehrlichkeit und Ernsthaftigkeit, nach der sich ein Großteil der Menschen sehnt, aber durch innere und äußere Umstände daran gehindert wird. Es ist uns klar, daß dieses Klima nur durch eine Kultur zu verwirklichen ist d.h. durch eine neue Form des Miteinander-Umgehens, die also alle in die Pflicht nimmt und nicht durch die Anstrengung einzelner Personen getragen werden kann. Den Anfang hierzu setzt im Leadership Coaching die Führungskraft.

Der Mitarbeiter bekommt in der Führungskraft einen Partner, mit dem er die Arbeit besprechen kann, der Verständnis für die Schwierigkeiten der Aufgaben hat und der ihn nie mit seinen Problemen alleine läßt. Die coachende Führungskraft wird auch bemüht sein, nach ihren Möglichkeiten die erforderlichen Rahmenbedingungen zu schaffen, Hilfen zu organisieren und Hindernisse aus dem Weg zu räumen. Die coachende Führungskraft begleitet seine Arbeit, gibt Verständnis und Aufmerksamkeit. Die Attraktivität der coachenden Führungskraft für den Mitarbeiter liegt zum einen in ihrer fachlichen Kompetenz, zum anderen in ihrer menschlichen Integrität und in ihrer Zielsetzung, eine bessere Form des Lebens im Betrieb zu verwirklichen.

Diese neue Kultur des Miteinander-Umgehens äußert sich am markantesten in den Coachinggesprächen. In ihnen soll die Begeisterung für die Sache geweckt werden. Eine Vision von der Sache und vom angestrebten Ergebnis soll entstehen, an deren Verwirklichung nicht nur der Mitarbeiter, sondern Mitarbeiter und Führungskraft gemeinsam teilhaben. Der Fokus soll auf Möglichkeiten und Chancen gelegt werden, nicht auf Probleme und Risiken. Die Coachinggespräche sollen Kraft und Zuversicht geben. Mitarbeiter und Führungskraft sollen sich auf diese Gespräche freuen, denn Coaching bedeutet Anteil haben an der Verwirklichung einer Idee. Diese Begeisterung in den Mitarbeitern wie auch in sich selbst zu wecken, ist vielleicht das vorrangigste Anliegen von Leadership Coaching.

4.4 Erwartete Ergebnisse des Coachinggespräches

Jedes Coachinggespräch wird ein spezifisches Ziel haben, das durch die Themen bestimmt ist, die zu besprechen anstehen. Das generelle Ziel des Coachinggesprächs ist die Beziehungspflege, die Motivierung des Mitarbeiters und die Fortsetzung der geistigen Auseinandersetzung mit den Aufgaben, auf daß nicht nur die richtigen Dinge gemacht werden, sondern diese auch richtig gemacht werden.

Das Ergebnis sollte also sein:

- → Gewinnung an Klarheit über die Aufgaben und die Personen, die daran arbeiten
- → Erarbeitung von Aktivitäten, wie die vereinbarten Ergebnisse erreicht werden sollen
- → Begeisterung für die vereinbarten Aufgaben und Ergebnisse
- → Praktiziertes Leben von Offenheit, Ehrlichkeit und Ernsthaftigkeit
- → Verbesserung der Beziehung zwischen Mitarbeiter und Führungskraft

4.5 Das Coachinggespräch als Prozeß

Vorbereitung des Coachinggesprächs

Wie die Aufgaben- und Ergebnisvereinbarung so verlangt auch das Coachinggespräch eine sorgfältige Vorbereitung. Für jeden Vorgesetzten ist es schwierig, sich dafür Zeit zu nehmen. So vertraut manche Führungskraft darauf, daß sie die Themen kennt und daß ihr spontan das Richtige auch ohne Vorbereitung einfallen wird. Was dabei herauskommt, ist dann stark vom Zufall bestimmt.

Die Logik dieses Fehlverhaltens liegt in den Umständen, wie die Gespräche zustande kommen. Vorbereitungsaufgaben sind immer stumme Aufgaben, niemand spricht uns darauf an, niemand fordert sie ein, kein äußerer Zwang nimmt uns die Entscheidung ab, für sie kostbare Zeit zu reservieren. Wir haben feststellen müssen, daß ohne äußere Kontrolle eine sorgfältige Vorbereitung in vielen Fällen nicht durchzusetzen ist.

Die Vorbereitung ist in zweierlei Hinsicht eine Voraussetzung für das Gelingen eines Coachinggesprächs.

1. Nur mit einer sorgfältigen Vorbereitung kann sichergestellt werden, daß die Punkte nach ihrer Priorität besprochen werden.
2. Nur eine sorgfältigen Vorbereitung garantiert, daß Sie die nötigen Informationen haben.

Hinzu kommt: Je klarer Sie den Mitarbeiter zu Beginn des Gespräches über das Anliegen, die Aufgabe und das angestrebte Ergebnis informieren, desto mehr Verantwortung für das Gelingen kann der Mitarbeiter übernehmen und desto selbständiger kann er mitarbeiten.

Hinweise für die Vorbereitung des Coachinggespräches:

→ Bereiten Sie sich auf das Coachinggespräch schriftlich vor. Legen Sie die Aufgaben fest, die aus Ihrer Sicht bearbeitet werden sollen, den Ablauf, die Dauer und skizzieren Sie das erwartete Ergebnis.
→ Führen Sie Ihre Coachinggespräche wenn möglich nicht in Ihrem Büro, sondern im Büro des Mitarbeiters oder an einem neutralen Ort. Eine bequeme Sitzgelegenheit kann eine positive Gesprächsatmosphäre unterstützen.
→ Stellen Sie sicher, daß Sie nicht durch Telefonanrufe oder durch Besuche gestört werden. Ein Coachinggespräch erfordert Konzentration und Ruhe.
→ Sorgen Sie dafür, daß im Raum, in dem das Coachinggespräch stattfindet, ein Flipchart steht.
→ Vereinbaren Sie einen genauen Termin für das Coachinggespräch, damit weder Sie noch der Mitarbeiter warten muß. Legen Sie unbedingt das zeitliche Ende fest, das fördert die Konzentration.
→ Halten Sie sich streng an die zeitliche Vereinbarung. Zeigen Sie, daß Sie auch mit der Zeit des Mitarbeiters sorgsam umgehen.

Beantworten Sie zur Vorbereitung des Gespräches die folgenden Fragen.

1. Welche Aufgaben des Mitarbeiters wollen Sie besprechen?
2. Wie dringlich ist die Besprechung (Priorität)?
3. Was wollen Sie durchsetzen?
4. Fehlen Ihnen Informationen und wer kann sie Ihnen geben?

Durchführung des Coachinggesprächs

Das Coachinggespräch ist ein Fachgespräch, das erst durch eine formal vorgegebene Form professionellen Charakter annimmt und damit das Vertrauen des Mitarbeiters weckt. Wir haben dafür ein Schema entwikkelt, das sich in vielen Gesprächen bewährt hat.

Schritt	Verhalten
1. Begrüßen	Die Führungskraft begrüßt den Mitarbeiter und »holt ihn ab«, um eine positive Atmosphäre zu schaffen.
2. Orientieren	Die Aufgaben und Punkte, die bearbeitet werden sollen, werden gemeinsam aufgelistet und priorisiert.
3. Bearbeiten der Aufgaben und Punkte der Agenda	Jede Aufgabe wird für sich nach der unten stehenden Struktur bearbeitet.
4. Rückblick	Die coachende Führungskraft läßt sich vom Mitarbeiter berichten, was sich seit der letzten Vereinbarung in Bezug auf die einzelne Aufgabe ergeben hat.
5. Ergebnisfestlegung bzw. -korrektur	Das vereinbarte Ergebnis wird reflektiert und evtl. korrigiert bzw. falls noch keines definiert wurde, ein neues festgelegt.
6. Analyse und Interpretation	Es werden hemmende und fördernde Bedingungen der Ergebniserreichung gesammelt.
7. Lösungsfindung	Die Führungskraft stellt dem Mitarbeiter die Fragen, die ihn zwingen, den Weg zum angestrebten Ergebnis im Detail zu erarbeiten. Hier wird eine Aufgabe u.U. in Teilaufgaben gegliedert, zu denen wiederum ein Teilergebnis formuliert werden kann und es werden Aktivitäten erarbeitet, wie die Aufgaben bzw. Teilaufgaben anzugehen sind.
8. Aktivitätenplan	Der Mitarbeiter hält die erarbeiteten Teilaufgaben, Teilergebnisse und Aktivitäten schriftlich im Aktivitätenplan fest.

Schritt	Verhalten
9. Vereinbaren	Führungskraft und Mitarbeiter stimmen den Vereinbarungen zu und unterschreiben den Aktivitätenplan.
10. Verabschieden	Die Führungskraft versichert sich, daß der Mitarbeiter das Gespräch als fair erlebt hat, stellt sich seiner Kritik und festigt die Beziehung.

Das Schema bringt Klarheit in den Gesprächsablauf und läßt der coachenden Führungskraft doch genug Gestaltungsspielraum, um dem Gespräch ihren individuellen Stempel geben zu können.

Schritt 1: Begrüßen

In unserer Kultur beginnen wir ein Gespräch oder eine gemeinsame Tätigkeit mit einem Fremden mit einer formalen Begrüßung. Es ist eine ritualisierte Kontaktaufnahme, man erweist dem Gesprächspartner Reverenz, bevor man zum Geschäftlichen kommt. Die ritualisierte Form verdeckt dabei das spontane Gefühl. Auf diese Weise können Feinde etwa im Gerichtssaal ebenso begrüßt werden wie Fremde auf der Straße. Man schüttelt sich die Hand, sagt vielleicht den Namen.

Vertraute Personen hingegen begrüßen wir persönlich und schenken ihnen Aufmerksamkeit, bevor wir uns einem sachlichen Anliegen zuwenden. Die persönlich-individuelle Kontaktaufnahme soll ausdrücken: »Du als Mensch bist mir wichtig.« Die menschliche Beziehung steht dabei über dem sachlichen Anliegen.

Auch das Coachinggespräch wird mit einer Begrüßung begonnen. Und obwohl sich Führungskraft und Mitarbeiter in der Regel gut kennen und Wertschätzung füreinander empfinden, handelt es sich dabei zumeist um eine ritualisierte Begrüßung. Der Mitarbeiter betritt das Zimmer des Chefs, oder umgekehrt, man schüttelt sich die Hand, nimmt Platz und beginnt das Fachgespräch, als gälte es bei der Begrüßung nur ein Ritual zu erfüllen, ohne Aufmerksamkeit und Anteilnahme.

Was lösen Sie mit einer ritualisierten Begrüßung beim Mitarbeiter aus?

In den meisten Fällen nichts, zumindest nichts Auffälliges. Der Mitarbeiter kennt die Führungskraft und begegnet ihr schon in der Erwartung, daß entleerte Formen gewechselt werden. Die Emotionalität bleibt Privatsache. Man beschränkt sich auf das sachlich Notwendige. Es ist also nicht der gravierende Fehler, der hier in Erscheinung tritt, sondern das Auslassen einer Chance. Es ist das Verstreichenlassen der Möglichkeit, Nähe und Verbindlichkeit herzustellen, und damit Vertrauen in die Beziehung zu bringen.

Es sind vor allem drei Gründe, weshalb Führungskräfte dazu tendieren, ihre Mitarbeiter in einer ritualisierten Form zu begrüßen:

→ Soziale Befangenheit und Ungeschicklichkeit
→ Streß und die durch Streß bedingte Einschränkung der Wahrnehmung auf sich selbst
→ eine durch Gleichgültigkeit oder Mißtrauen bestimmte emotionale Beziehung zum Mitarbeiter

Der ritualisierte Umgang miteinander gibt der Führungskraft und dem Mitarbeiter die Möglichkeit, unverbindlich zu bleiben. Das ist der Grund, weshalb auch viele Mitarbeiter nicht anders begrüßt werden möchten. Das gefühlsentleerte Miteinanderumgehen kommt dem häufigen Bedürfnis des Mitarbeiters nach Unverbindlichkeit und Distanz entgegen.

Für den Coach aber gilt es, die Möglichkeit zu nutzen, das Vertrauen des Mitarbeiters zu gewinnen, eine emotionale Beziehung aufzubauen und zu pflegen, dem Mitarbeiter Aufmerksamkeit entgegenzubringen. Dafür ist es notwendig, innezuhalten und zuzuhören, und in der Form der Begrüßung persönliche Aufmerksamkeit und Achtung auszudrücken. Das Gefühl und die Gefühlsäußerung spielen dabei die entscheidende Rolle, auf sie kommt es an.

Die Aufmerksamkeit in den ersten Minuten sollten daher dem Mitarbeiter gehören. Versuchen Sie ihn nicht nur als Mitarbeiter, sondern auch als einen Menschen zu sehen, mit persönlichen Bedürfnissen, Gefühlen und Erwartungen. Eine gute emotionale Beziehung ist das Fundament von Leadership Coaching.

→ Die Begrüßung ist die Einstimmung auf das Gespräch. Erst wenn der Mitarbeiter eingestimmt ist, kann er strukturiert erzählen. Einstimmung beseitigt emotionale Blockaden und schafft die Freiheit, offen zu berichten. Mit der Einstimmung führt die coachende Führungskraft die Aufmerksamkeit des Mitarbeiters zum Thema hin, setzt ihn »aufs richtige Gleis«.
→ Beziehung bedeutet Gemeinsamkeit. Beziehungsaufbau fängt damit an, daß Gemeinsamkeiten aufgespürt und ausgedrückt werden.
→ Die Emotionalität einer Begegnung kann durch die Körpersprache unterstützt werden: intensiver Händedruck, intensive Einstellung auf den Partner, aktives Zuhören.
→ Bei der Begrüßung soll Ehrlichkeit signalisiert und spürbar gemacht werden, es soll Kongruenz zwischen Körpersprache und Worten herrschen.

Je stärker die Spannung ist, die die Gesprächspartner mitbringen, desto stärker werden Sie versucht sein, die Begrüßung kurz zu halten. In vielen Coachinggesprächen, die wir beobachten konnten, bestand diese erste Gesprächsphase in der bloßen Namensnennung und einem Händeschütteln, oft in zwei Sekunden abgehandelt. Wir erwarten, daß die coachende Führungskraft beim Leadership Coaching die Gesprächsführung nicht von der momentanen Spannung bestimmt sein läßt, sondern daß sie die Akzente setzt und sie so setzt, daß Raum für eine positive Entfaltung gegeben wird. Das Abholen, wenn es mehr sein soll als eine ritualisierte Geste, sollte 1 bis 3 Minuten dauern.

Die **Begrüßungsregel** für das Coachinggespräch lautet daher:

»Nehmen Sie sich drei Minuten Zeit, sich ganz auf den Mitarbeiter zu konzentrieren. Lassen Sie sich von keiner beruflichen Frage ablenken.

Betrachten Sie bei der Begrüßung den Mitarbeiter, als hinge der Erfolg allein von der Tatsache ab, daß Sie seine aktuelle Gemütslage wahrnehmen und es Ihnen gelingt, ihm das Gefühl zu geben, daß es Ihnen Freude macht, sich auf ihn einzulassen und seine Meinung zu erfragen.«

Drei Fragen über den Mitarbeiter sollten Sie nach der Begrüßungsphase beantworten können:

- → »Was beschäftigt den Mitarbeiter heute in besonderem Maße, wovon ist sein Kopf voll?«
- → »Gibt es im Hintergrund persönliche Schwierigkeiten, die ihn belasten?«
- → »Mit welchen Gefühlen kommt er zum Gespräch?«

Zur Vertiefung beachten sie den Abschnitt in Anhang 1: Beziehungspsychologie.

Schritt 2: Orientieren

Der zweite Schritt gibt eine Orientierung, was in dem Gespräch besprochen werden soll und in welcher Form. Mit der Sammlung der zu besprechenden Aufgaben und Themen wird die Agenda für das Gespräch erstellt. Die Initiative sollte beim Mitarbeiter liegen. In diesem Schritt legen Sie die Rollen fest: indem Sie zuerst den Mitarbeiter fragen, was er besprechen möchte und sich zurückhalten mit eigenen Vorschlägen zeigen Sie ihm, daß er eine aktive Rolle in diesem Gespräch spielen wird. Soweit möglich sollten Sie seine Vorschläge akzeptieren. Erst wenn er seine Vorschläge eingebracht hat, bringen Sie die Ihren ein. Als Richtlinie gilt dafür der letzte Aktivitätenplan und bei Bedarf die gemeinsam vereinbarte Aufgabenliste.

Auf der Agenda können neben Aufgaben, denen man sich schon im letzten Aktivitätenplan gewidmet hat, auch neue Aufgaben oder Teilaufgaben stehen und ebenso weitere Themen, die dem Mitarbeiter oder Ihnen am Herzen liegen.

Stehen viele Vorschläge zur Bearbeitung an, wird eine Rangreihe gebildet, damit die dringendsten auf jeden Fall besprochen werden. Auch hier sollten Sie zunächst das Votum des Mitarbeiters einholen und soweit möglich es akzeptieren.

Die **Regel für das Orientieren** im Coachinggespräch lautet:

»Geben Sie zuerst dem Mitarbeiter die Möglichkeit, Aufgaben und Themen einzubringen. Leiten Sie ihn dabei mit gezielten Fragen. Bringen Sie dann Ihre eigenen Punkte ein und versichern Sie sich, daß der Mitarbeiter Ihr Anliegen versteht. Bringen Sie dann gemeinsam mit dem Mitarbeiter die Themen in eine Rangreihe, nach der sie sie abarbeiten wollen.«

Schritt 3: Bearbeiten der Aufgaben und Punkte der Agenda

Als Ergebnis der Orientierung liegt die Agenda vor. Sie bestimmt inhaltlich den weiteren Verlauf des Gespräches. Auch bei der Bearbeitung der einzelnen Aufgaben und Themen werden wir die Struktur nicht dem Zufall überlassen, sondern eine Abfolge wählen, die möglichst rasch zu einem Ergebnis führt. Die Form des Gespräches wird vom jeweiligen Thema abhängen. Es liegt hier an Ihnen als Coach zu entscheiden, welche Form für welches Thema angemessen ist. Später in diesem Kapitel werden wir sechs Spezialaufgaben des Coachinggesprächs erläutern, die Sie hierbei unterstützen sollen. Dabei handelt es sich um das Informationsgespräch, das Statusgespräch, das Beratungsgespräch, das Motivationsgespräch, das Feedbackgespräch und das Konfliktgespräch. Die individuelle Vorgehensweise des jeweiligen Gesprächstyps gibt dann den Ablauf vor.

Für die meisten Gespräche erfolgt die Bearbeitung der einzelnen Punkte der Agenda am sinnvollsten nach den Schritten:

→ Rückblick
→ Ergebnisfestlegung bzw. -korrektur
→ Analyse und Interpretation
→ Lösungsfindung
→ Aktivitätenplan

Dabei sollte jede Aufgabe einzeln nach den Schritten abgehandelt werden und erst zur nächsten Aufgabe fortgeschritten werden, wenn die Bearbeitung der vorherigen Aufgabe mit dem Festhalten der Aktivitäten im Aktivitätenplan abgeschlossen wurde.

Schritt 3.1: Rückblick

Jede Bearbeitung einer Aufgabe beginnt mit einem Rückblick bezüglich dessen, wie die Aufgabe in der Vergangenheit wahrgenommen wurde bzw. was sich seit dem letzten Aktivitätenplan ergeben hat. Der Rückblick legt Aktivitäten und Ergebnisse offen und das werden nicht immer nur Erfolge, sondern auch Mißerfolge sein. Daher liegt im Rückblick viel brisanter Stoff. Unoffenheit, Unehrlichkeit, Blockaden, Unsicherheit und Angst sind die Begleiter dieser Gesprächsphase. Es geht aber auch um das Austauschen neuer Informationen, vor allem dann, wenn eine neue Aufgabe in Angriff genommen wird. Das Anliegen muß im Leadership Coaching stets sein, die Lernmotivation des Mitarbeiters zu fördern. Deswegen sollte auch immer die Frage: »Was haben Sie daraus gelernt?« gestellt werden.

Der Einstieg in ein Thema beginnt damit, daß sich die coachende Führungskraft vom Mitarbeiter informieren läßt. Damit kann sie seinen Wissensstand überprüfen, dem Mitarbeiter Wertschätzung entgegenbringen und die Analyse vorbereiten.

Das Gesprächsmuster vieler Führungskräfte in diesem Schritt könnte man so beschreiben: »Frage den Mitarbeiter nach seinen Anliegen und Problemen. Laß ihn aber nur kurz berichten, denn dein Zuhören könnte er als Zustimmung mißinterpretieren. Teile ihm zu einem möglichst frühen Zeitpunkt im Gespräch deine Meinung und Bewertung des Sachverhaltes mit, damit er weiß, wo er steht.« Führungskräfte tendieren demnach dazu, den Mitarbeitern wenig Zeit zu lassen, die Probleme zu beschreiben und darzustellen.

Jedes Gespräch basiert auf Informationen. Gliedern wir den Entscheidungsprozeß in die Schritte »Rückblick – Analyse – Interpretation – Entscheidung«, so ist der Schritt Rückblick, also die Informationsaufnahme, sicherlich der bedeutsamste, aufwendigste und mühevollste Schritt. Die Qualität der Informationen trägt entscheidend zur Qualität eines Gespräches bei. Deshalb sollte man bei der Gewinnung und Evaluation von Informationen die größten Anstrengungen machen. Gut und brauchbar sind Informationen, die systematisch und nicht zufällig, präzise und nicht ungenau, valide und nicht zufällig, objektiv und nicht verzerrt gewonnen wurden, und das erfordert Zeit und Sorgfalt.

Das spontane und nicht elaborierte Informationsverhalten des Menschen setzt die Akzente anders. Der Laie setzt einen Großteil der Zeit für die Interpretation und Bewertung von Informationen ein und zeigt sich oberflächlich, sorglos und fahrlässig in der Gewinnung der Informationen.

Im folgenden Schema stellen wir die Zeit, die wir für notwendig erachten, dem Zeitbudget gegenüber, das wir tatsächlich vorfinden, wobei die Prozentanteile grobe Schätzungen darstellen.

Eingesetzte und benötigte Zeit für die verschiedenen Schritte des Informationsmanagements

Nr.	Informationsschritt	eingesetzte Zeit	erforderliche Zeit
1.	Einholen der Information	4 %	80 %
2.	Analysieren und Interpretieren der Information	16 %	16 %
3.	Bewertung und Entscheidung	80 %	4 %

Wir sehen die Gründe für dieses falsche Setzen von Prioritäten darin, daß Beobachten, Zuhören und Informationen Aufnehmen anstrengend und ermüdend, hingegen zu interpretieren und zu werten im Vergleich hierzu anregend und erholsam ist. Interpretationen lesen sich auch leichter als genaue Beschreibungen und Beobachtungsprotokolle, so daß auch der Zuhörer Interpretationen und Wertungen eher belohnt als Beschreibungen von Sachverhalten, die in der Regel umständlich sind.

Genaueres Nachfragen wird manchmal auch dadurch verhindert, daß präzise Fragen dem Mitarbeiter zeigen, daß seine Darstellung des Problems ungenau, vielleicht sogar irreführend ist. Er fühlt sich daher durch präzises Nachfragen negativ bewertet und kritisiert. Dafür ein Beispiel:

C: »Sie sagten, daß Ihre Mitarbeiter die Ausrede benutzen, der Auftrag sei nicht präzise vermittelt worden. Können Sie darstellen, wie Sie neulich ihrem Mitarbeiter X den Auftrag, ein Marketingkonzept zu erarbeiten, mitgeteilt haben?«

M: »Herr X wußte genau, was er zu tun hatte.«

Das bohrende Nachfragen verletzt, weil der Mitarbeiter ahnt, daß er vielleicht einen Fehler gemacht hat und daher empfindet er das Nachfragen als Kritik an seinem Verhalten. Das genaue Nachfragen wird denn auch häufig als eine Form der Kritik oder gar der Bestrafung eingesetzt.

Vergleichen Sie auch die beiden folgenden Gesprächsausschnitte aus einer Auftragserteilung:

Gesprächsstil von Herrn A	**Gesprächsstil von Herrn B**

F: Ich muß eine Vorstandspräsentation zum Thema X machen und möchte die Vorbereitung an Sie delegieren

M: Ich habe in den nächsten Wochen keine Zeit, weil ich mit einer anderen Aufgabe noch nicht fertig bin.

Variante A	**Variante B**
F: Die Vorstandspräsentation muß Vorrang haben.	**F: Können wir Ihre Zeitplanung durchgehen? Vielleicht finden wir noch Freiräume oder können Teilaufgaben auf jemanden anderen übertragen.**

Die Gesprächsform B entspricht dem Nachfragen eines Coaches. Er überredet nicht, er klärt, indem er präzisiert. Sie läßt uns aber auch ahnen, daß eine neutrale Frage, auch wenn sie höflich vorgetragen wird, verletzen kann, nämlich dann, wenn sie Versäumnisse oder Ausreden aufdeckt. Es ist die Sache, die dahinter steht, die das Selbstwertgefühl in Frage stellt und verletzt.

Der Coachingprozeß schöpft seine Lebendigkeit aus der Fülle und der Qualität der Informationen, die im Vorfeld gesammelt worden sind. Beobachtungen geben der Rede Kraft.

Weitere Hinweise

→ Die coachende Führungskraft muß zuerst genügend Informationen einholen, um den Sachverhalt verstehen zu können. D. h.: Nicht weitergehen, bevor sich das Verständnis eingestellt hat.
→ Soweit uns das Verstehen des Mitarbeiters ein echtes Anliegen ist, stellen wir direkte Fragen und hören gerne zu, was er zu sagen hat.
→ So knapp wie möglich sein. Sich das Gespräch nicht aufdrängen lassen. Die coachende Führungskraft muß das Gespräch steuern, nicht der Mitarbeiter.
→ Während der Informationsgewinnung müssen wir darauf achten, daß Ereignisse erzählt werden. Andere Momente, wie Analyse oder Lösungsfindung müssen draußen bleiben. Erst dann zum nächsten Schritt übergehen, wenn das Ziel des Vorausgehenden erreicht ist.

Die **Regel für den Rückblick** im Coachinggespräch lautet:

> »Nehmen Sie sich viel Zeit, sich vom Mitarbeiter informieren zu lassen. Dadurch erweisen Sie ihm Respekt vor seiner Meinung. Nutzen Sie die Möglichkeit, mit Fragen das Verständnis des Mitarbeiters zu vertiefen und ihn damit zu führen und zugleich Ihr eigenes Verständnis von der Aufgabe zu überprüfen. Der Rückblick ist nicht der Zeitpunkt, Kritik zu üben; hier soll nur bewußt gemacht werden, was sich seit dem letzten Treffen ereignet hat. Kritische Punkte werden für eine spätere Bearbeitung auf die Agenda gesetzt.«

Schritt 3.2: Ergebnisfestlegung bzw. -korrektur

In diesem Teilschritt wird das für die betreffende Aufgabe vereinbarte Ergebnis reflektiert und evtl. korrigiert. Der Mitarbeiter berichtet dabei, wo er mit der Ergebniserreichung der Aufgabe steht und was sich an Chancen und Problemen ergeben hat. Eine Korrektur des Ergebnisses, das in der AEV für das Jahr festgelegt wurde, sollte nur die Ausnahme darstellen. Aber es ist dennoch wichtig, darüber zu sprechen und wenn sich Veränderungen ergeben haben, die das angestrebte Ergebnis unmöglich machen, Korrekturen vorzunehmen. Wird eine neue Aufgabe besprochen, für die noch kein Ergebnis vereinbart worden ist, kann hier auch ein neues Ergebnis festgelegt werden. Auch das wiederum sollte aber eher die Ausnahme darstellen.

Am Ende des Schrittes liegt nun ein Ergebnis vor, das überprüfbar formuliert und von Mitarbeiter und Führungskraft als realistisch und angemessen beurteilt wurde.

Die **Regel für die Ergebnisfestlegung** im Coachinggespräch lautet:

> »Lassen Sie sich vom Mitarbeiter über den Grad der Ergebniserreichung informieren. Ergänzen Sie seine Beurteilung durch Ihre Informationen, wenn dies nötig sein sollte. Am Ende ist das angestrebte Ergebnis noch einmal bestätigt bzw. im Bedarfsfall korrigiert.«

Schritt 3.3: Analyse und Interpretation

Analyse und Interpretation dienen der Vertiefung des Verständnisses von den Aufgaben und Prozessen. Einzelinformationen werden in einen Zusammenhang gebracht, Gründe, Bedingungen und Auswirkungen werden gesammelt und festgehalten.

Die einfachste Form der Analyse ist das Sammeln von Bedingungen, die die Ergebniserreichung fördern und erzwingen und das Sammeln von Bedingungen, die die Ergebniserreichung behindern oder blockieren. Folgende Fragen müssen beantwortet werden:

→ Welche Hindernisse sind aufgetreten oder werden auftreten?
→ Wer oder was hat oder kann die Ergebniserreichung blockieren?
→ Wer oder was kann die Ergebniserreichung fördern?
→ Welche Umstände können die Ergebniserreichung erzwingen?

Mit diesen einfachen vier Fragen kann ein wesentliches Verständnis vom Ergebniserreichungsprozeß gewonnen werden.

Es kann natürlich auch differenzierter gefragt werden und es werden damit mehr Aspekte der Aufgabenerfüllung in den Blickpunkt gerückt wie z. B. in den folgenden Fragen:

→ »Was ist Ihr Anliegen?« (führt zu den Erwartungen).
→ »Wo wollen Sie in dieser Angelegenheit in einem Monat stehen?« (präzisiert das Ziel)
→ »Wo sind Sie mit sich selbst oder mit anderen nicht zufrieden?« (führt zu den Konfliktpunkten)
→ »Gibt es Punkte, wo Sie sich nicht verstanden fühlen?« (führt zu persönlichen Konflikten mit dem Coach)
→ »Sehe ich Ihre Situation richtig, . . .« (gibt Sicherheit, vermittelt Verständnis und Gemeinsamkeit)

Die coachende Führungskraft führt, indem sie auf die Gedanken und das Verständnis des Mitarbeiters Einfluß nimmt. Sie läßt den Mitarbeiter sein Anliegen darstellen und zwingt ihn mit präzisen Fragen, die Details zu betrachten, Verdrängtes zuzulassen, und blinde Flecken auszuleuchten. Sie analysiert mit dem Mitarbeiter Ergebnisse, Fehler, Blockaden und generiert im Mitarbeiter ein tieferes Sachverständnis, aus dem die richtige Entscheidung getroffen werden kann. Das alles weist darauf hin, daß Analysieren einer strengen Form bedarf.

Doch auch für diesen Teil des Prozesses läßt sich eine negative Gewohnheit beschreiben: »Gestalte das Analysieren nach dem Motto der freien Meinungsäußerung. Methodik und Systematik sowie evaluierende Schritte sind dabei nicht notwendig. Deine eigene Meinung ist das wichtigste.«

Den Grund, weshalb Analysen bruchstückhaft, teilweise konzeptlos und wie durch zufällige Einfälle geleitet, durchgeführt werden, sehen wir in der mangelnden Kompetenz vieler Menschen, Arbeitsabläufe und Prozesse zu analysieren. Es ist nicht zuletzt diese fehlende Kompetenz, die wir mit Leadership Coaching ausfüllen wollen.

Die **Analyseregel** im Coachinggespräch lautet:

> »Machen Sie sich zu Beginn der Analyse einen Plan von den Wirkzusammenhängen, die es zu verstehen gilt. Fragen Sie bei der Analyse systematisch die Variablen und Wirkfaktoren ab. Hemmende und fördernde Bedingungen der Ergebniserreichung werden hier erhoben.«

Schritt 3.4: Lösungsfindung

Im nächsten Teilschritt wird die Analyse bewertet und Lösungen werden entwickelt, bzw. Schritte, die zum angestrebten Ergebnis führen. Die Führungskraft stellt dem Mitarbeiter die Fragen, die ihn zwingen, den Weg zum angestrebten Ergebnis im Detail zu erarbeiten. Hier wird eine Aufgabe u. U. in Teilaufgaben gegliedert, zu denen wiederum ein Teilergebnis formuliert werden kann und es werden Aktivitäten erarbeitet, wie die Aufgaben bzw. Teilaufgaben anzugehen sind.

In dieser Phase des Gespräches kommt es darauf an, gedanklich die Schritte zu gehen, die der Mitarbeiter später ausführen wird. Je schwieriger die Aufgabe ist, desto minuziöser werden die Teilaufgaben, Teilergebnisse und konkreten Aktivitäten im Gespräch konzipiert und besprochen, so daß der Mitarbeiter mit einem klaren Skript aus dem Gespräch geht.

Wir haben beobachtet, daß die Überlegungen oft an dem Punkt abgebrochen werden, wo die Situation verworren ist, eine unklare Kompetenzaufteilung vorliegt oder andere schwerwiegende Probleme auftreten und eine besondere Anstrengung notwendig wäre, um Klarheit zu bekommen, also an dem Punkt, wo auch das Gespräch zäh und mühsam wird. Oft wird der Mitarbeiter zu diesem Zeitpunkt mit den Worten entlassen, »Sie überlegen sich das noch genauer«, oder »Schauen wir mal«. Das aber soll bei Leadership Coaching nicht geschehen. Gerade hier braucht der Mitarbeiter seine Führungskraft als Gesprächspartner und die Führungskraft wird mit ihm den Weg zu Ende gehen, so daß der Aktivitätenplan vollständig beschrieben und verbindlich vereinbart werden kann.

Den motivierten Mitarbeiter erreicht die coachende Führungskraft durch die Vermittlung von Einsicht. Sie wird wirksam in den Entscheidungen. Die Analysen von Fehlentscheidungen zeigen, daß zum Zeitpunkt, zu dem die Fehlentscheidung getroffen wurde, häufig schon genügend Information vorhanden war, um das Risiko einschätzen zu können, daß sie aber nicht genutzt wurde. Die Gründe dafür sind vielfältig: Häufig fehlt es an rationalen Entscheidungsstrategien – es wird aus »dem Bauch heraus« entschieden. Oder es wird nach dem Prinzip »Hoffnung« entschieden, man schiebt die Gründe beiseite und hofft, daß es nochmals gut gehen wird. Ein andermal werden die Gründe dafür und dagegen nicht sorgsam gegeneinander abgewogen.

Im Coachinggespräch gilt es für die Führungskraft, noch ein anderes Moment zu beachten. Hier entscheidet der Mitarbeiter über die Mittel und den Weg, der zum angestrebten Ergebnis führen soll. Das Coachinggespräch muß deshalb so geführt werden, daß der Mitarbeiter die Entscheidung trifft, die die Führungskraft treffen würde, bzw. die die Führungskraft mittragen kann. Natürlich gibt es dabei sachliche Differenzen, d. h. daß coachende Führungskraft und Mitarbeiter auch einen Sachverhalt verschieden einschätzen können. Das sollte aber nicht zum Problem werden. Wird nämlich das Coachinggespräch richtig geführt, ist dem Mitarbeiter selbst sehr daran gelegen, die Meinung seines Chefs mit zu integrieren. Er bindet ihn auf diese Weise in die Verantwortung mit ein und mindert sein eigenes Risiko.

Die coachende Führungskraft führt das Gespräch so, daß der Mitarbeiter die Folgen einer Entscheidung erkennt und reflektiert und daß er Risikoüberlegungen mit in die Ergebnisvereinbarung hineinnimmt.

Ein häufiges Problem, auf das wir in dieser Phase treffen, ist das Hineinrutschen in ein altes Rollenverständnis, d. h. daß die coachende Führungskraft – für kurze Zeit – wieder in die alte Rolle der Führungskraft schlüpft und für den Mitarbeiter die Entscheidung trifft. Damit zieht sie die Verantwortung wieder an sich, statt sie beim Mitarbeiter zu belassen. Selbst wenn sie mit dem Mitarbeiter einer Meinung ist, sollte sie klar herausstellen, daß der Mitarbeiter die Entscheidung trifft und verantwortet. Die Hilfe der coachenden Führungskraft erstreckt sich auf die Steuerung des Prozesses der Entscheidungsfindung und der verbindlichen Vereinbarung. Sollte der Mitarbeiter Entscheidungen treffen, die die coachende Führungskraft nicht mittragen kann, muß sie die Entscheidung blockieren und der Mitarbeiter muß eine andere Lösung suchen. Gibt es dabei ernste Probleme und hat die Führungskraft den Eindruck, der Mitarbeiter identifiziert sich nicht mit den Anliegen des Unternehmens, dann wird sie eine Personalentscheidung treffen müssen. Nicht alle Schwierigkeiten lassen sich mit Coaching lösen.

Bleibt noch zu sagen, daß der Weg, einen Mitarbeiter über Fragen zu einer bestimmten Sicht der Dinge und zu einem bestimmten Verständnis zu führen, Geduld und Kreativität erfordert. Das Coachinggespräch ist nicht der kürzeste Weg, um zu einer Entscheidung zu gelangen. Einsichten brauchen Zeit, um sich entwickeln zu können, die konsumierte Zeit wird aber bei der Umsetzung wieder hereingeholt. Beim Führen mittels Anweisungen ist es umgekehrt, Anweisungen sind schnell erteilt, aber die

Wahrscheinlichkeit, daß dann Fehler passieren, ist viel größer, und die zuvor gewonnene Zeit geht beim Korrigieren der Fehler wieder verloren.

Die **Regel zu Lösungsfindung** lautet:

»Gliedern Sie den Prozeß einer Aufgabe in Teilaufgaben und diese wiederum in Aktivitäten. Je schwieriger die Aufgabe ist, desto enger sollten Sie die Schritte wählen. Gehen Sie nicht weiter, bevor nicht der vorausgehende Schritt geklärt ist. Lassen Sie den Mitarbeiter die Entscheidungen treffen. Werden Teilaufgaben formuliert, wird auch zu jeder Teilaufgabe ein Teilergebnis vereinbart, das der Ergebniserreichung dient. Greifen Sie nur in die Entscheidungen des Mitarbeiters ein, wenn Sie eine Entscheidung nicht mittragen können. Erarbeiten Sie dann gemeinsam mit dem Mitarbeiter eine alternative Lösung.«

Schritt 3.5: Aktivitätenplan

Der Aktivitätenplan, der die Maßnahmen der Lösungsfindung und Problembesprechung festhält, bringt die Besprechung einer Aufgabe oder eines Punktes der Agenda zum Abschluß. Es muß zum Schluß klar sein, was wann geschieht und was eintreten muß, damit die Vereinbarung erfüllt ist.

Der Aktivitätenplan wird vom Mitarbeiter schriftlich abgefaßt.

Er beginnt mit dem Nennen der Aufgabe und des angestrebten Ergebnisses. Dann folgen die Teilaufgaben und Aktivitäten, die ergänzenden Maßnahmen, Hilfestellung und Unterstützung durch die Führungskraft und Maßnahmen zur Qualitätskontrolle. Der Aktivitätenplan ist ein minuziös abgefaßtes Handlungsskript, gleichsam das Drehbuch der Ergebniserreichung.

Es findet auch eine Überprüfung der Ausführung statt. Sie geschieht, wenn nichts anderes vereinbart wird, im nächsten Coachinggespräch, wenn der Mitarbeiter die Führungskraft im Rückblick über den Stand der Dinge informiert.

Die **Regel für den Aktivitätenplan** im Coachinggespräch lautet:

»Vereinbarungen werden vom Mitarbeiter schriftlich im Aktivitätenplan festgehalten. Notiert muß werden, wer, was, bis wann, in welchem Umfang zu tun hat und wie die Kontrolle der Umsetzung aussieht.«

Schritt 4: Vereinbaren

Es gibt verschiedene Möglichkeiten, den Vereinbarungen eines Gesprächs Verbindlichkeit zu geben. Wir haben die Form gewählt: Der Mitarbeiter schreibt selbst die Aktivitäten auf, für die er sich »commited«, und Mitarbeiter und Führungskraft unterzeichnen das Papier. Das Original bleibt beim Mitarbeiter, die Führungskraft erhält eine Kopie.

Die **Regel für die Vereinbarung** im Coachinggespräch lautet:

> »Der Aktivitätenplan wird vom Mitarbeiter und von der Führungskraft unterzeichnet, um die Verbindlichkeit zu dokumentieren. Führungskraft und Mitarbeiter erhalten je eine Kopie dieser Vereinbarung.«

Schritt 5: Verabschiedung

Die letzten Minuten des Gesprächs gehören wiederum dem Mitarbeiter. Die coachende Führungskraft kann noch Feedback einholen über das Gespräch und darüber, wie es der Mitarbeiter erlebt hat. Dabei sollte nicht das Lob im Vordergrund stehen, auch nicht die Kritik, sondern der Lernprozeß:

→ Was habe ich heute gelernt?
→ Was nehme ich mit?
→ Fühle ich mich verstanden?
→ Gibt es kritische Punkte?

Die **Verabschiedungsregel** im Coachinggespräch lautet:

> »Rekapitulieren Sie mit Ihrem Mitarbeiter noch einmal das Gespräch. Geben Sie ihm die Möglichkeit, seine Meinung dazu zu äußern. Fragen Sie ihn, was er gelernt hat und was er mitnimmt. Bei der Verabschiedung steht noch einmal der persönliche Umgang im Mittelpunkt. Coachinggespräche sollten niemals abrupt abgebrochen werden. Hängen Sie noch ein paar Minuten daran, die nichts mit der Arbeit zu tun haben.«

Hilfsmittel für das Coachinggespräch

Für das Coachinggespräch haben wir eine Reihe an Hilfsmitteln zusammengestellt. Sie finden sie im Anhang des Buches:

→ Schema für das Coachinggespräch
→ Aktivitätenplan

5. Spezialaufgaben im Coachinggespräch

Wir haben uns bisher mehr mit dem Geist der neuen Führungskultur auseinandergesetzt und ihn relativ abstrakt im AEV und im Coachinggespräch beschrieben. Nun möchten wir noch auf einzelne Spezialformen der Führungsaufgabe eingehen und zeigen, wie sie im Geist von Leadership Coaching zu gestalten sind.

→ Das Informationsgespräch: Die Führungskraft läßt sich informieren oder informiert selbst
→ Das Statusgespräch: Die Führungskraft kontrolliert die Einhaltung der Vereinbarung
→ Das Feedbackgespräch: Die Führungskraft gibt dem Mitarbeiter Feedback
→ Das Beratungsgespräch: Der Mitarbeiter benötigt Beratung
→ Das Konfliktgespräch: Ein Konflikt ist aufgetreten und verlangt nach einer Bearbeitung
→ Das Motivationsgespräch: Die Führungskraft motiviert den Mitarbeiter

5.1 Das Informationsgespräch

5.1.1 Abstract

Das Informationsgespräch dient dem geplanten Austausch von Informationen zwischen der coachenden Führungskraft und ihren Mitarbeitern. Mit Hilfe des Informationsgesprächs versucht die coachende Führungskraft sich über die Arbeit so informieren zu lassen, daß sie die Arbeit des Mitarbeiters begleiten kann und so zu informieren, daß der Mitarbeiter sich zum selbständigen Mitarbeiter entwickelt. Sie versucht ferner, Einblick in den informellen Informationsfluß zu gewinnen, um den Überblick über den gruppendynamischen Prozeß zu behalten.

Im Informationsgespräch stellt die Führungskraft sicher, daß

→ sie vom Mitarbeiter die Informationen erhält, die sie braucht, um ein tieferes Verständnis von den Prozessen zu gewinnen und sinnvoll eingreifen zu können.

→ die Mitarbeiter die Informationen erhalten, die diese brauchen, um ihre Arbeiten gemäß den Anforderungen möglichst selbständig erledigen zu können.
→ sie die Kontrolle über den informellen Kommunikationsprozeß behält.

5.1.2 Ausgangssituation und Motiv des Informationsgespräches

Führen und Information gehören zusammen, wie Schloß und Schlüssel und das gilt für jede Führungsaufgabe. Unterschiedlich ist aber von Führungssituation zu Führungssituation die Möglichkeit, an Informationen zu gelangen. In den folgenden beiden Beispielen möchten wir diesen Umstand verdeutlichen:

> »Expreßreparatur« ist ein Reparaturdienst, den sich ein Installateur aufgebaut hat. Er beschäftigt zwei Fachkräfte, mit denen er die meiste Zeit gemeinsam arbeitet. Jeder weiß, was der andere tut, sie stehen gemeinsam im Stau, warten auf Zubehörteile, prüfen das Ergebnis. Sie kennen sich auch privat und deshalb kommt bei ihnen ein Schummeln oder Krankfeiern nicht vor. Hat ein Mitarbeiter einmal privat etwas Dringendes zu erledigen, bespricht er es mit dem Meister und er kann darauf bauen, daß er frei bekommt. Führungsprobleme kennt der selbständige Installateur nicht.
>
> Im zweiten Beispiel handelt es sich um einen befreundeten Meister, der die Servicestelle in einem Großunternehmen leitet. Er hat die gleiche Aufgabe zu verrichten wie sein selbständig arbeitender Freund, nur daß er sehr viel mehr Mitarbeiter unter sich hat und selber keine Reparaturarbeiten ausführt. Dennoch hat er viel mehr Probleme mit seinen Mitarbeitern als jener. Er hat das Gefühl, daß seine Mitarbeiter faul sind, unselbständig und daß sie Fehler vertuschen. Die Mitarbeiter wiederum beklagen sich, daß ihnen zu viel Arbeit aufgehalst wird, daß sie Arbeiten verrichten müssen, für die sie nicht kompetent sind und daß sie schikaniert werden.

Der wesentliche Unterschied zwischen den beiden Freunden liegt nicht in der Größe des Unternehmens an sich, sondern im unterschiedlichen Zugang zu den Informationen über die Arbeit.

Bei einfachen Arbeitsprozessen, an denen die Führungskraft unmittelbar beteiligt ist, vielleicht weil sie selbst mitarbeitet (z. B. im Handwerk, wenn der Meister mit seinen Gesellen vor Ort eine Arbeit verrichtet) oder weil die Prozesse völlig transparent sind (z. B. im Büro, wenn die Führungskraft bei der Arbeit unmittelbar präsent ist bzw. unmittelbar die Arbeit verfolgen kann), ist es für die Führungskraft wie für den Mitarbeiter nicht schwer, informiert zu sein. Die wichtigen Informationen sind in solchen Prozessen sozusagen »gegeben« und müssen nicht in besonderen Gesprächen mitgeteilt werden. Die Führungskraft ist in dieser Situation daher wenig abhängig vom Informationsverhalten des Mitarbeiters, wie auch der Mitarbeiter keine speziellen Informationen von der Führungskraft benötigt, um seine Arbeiten erfolgreich verrichten zu können.

Anders verhält es sich bei Aufgaben von Außendienstmitarbeitern, von Filialleitern oder von hochspezialisierten Mitarbeitern. Hier ist die Führungskraft oft »weit weg« vom Ort des Geschehens, weiß nicht, was dort tatsächlich vor sich geht, oder versteht von den Arbeitsabläufen zu wenig, um sie angemessen beurteilen zu können. Hier ist die Führungskraft in ihrer Führungsarbeit zu einem großen Ausmaß von der Informationsbereitschaft und der Informationsfähigkeit des Mitarbeiters abhängig. Umgekehrt gilt das gleiche für die Mitarbeiter: Besonders in Situationen, in denen der Mitarbeiter nur sporadischen Kontakt mit seiner Führungskraft hat wie z.B. bei Außendienstmitarbeitern, ist er von der Qualität des Informationsverhaltens der Führungskraft abhängig.

Schauen wir uns einige Beispiele an:

→ **Außendienstmitarbeiter.** Die Führungskraft hat wenig direkten Einblick in die Gespräche mit den Kunden, weil sie – aus verständlichen Gründen – nicht präsent ist. Es ist für sie daher schwer einzuschätzen, ob die Chancen genutzt werden, ob die Vorbereitung sorgfältig gemacht wurde, ob die Arbeitszeit konsequent genutzt wird, ob der Mitarbeiter kundenorientiert den Kunden begegnet, ob höhere Preise nicht durchsetzbar wären, usw.

→ **Filialleiter oder Abteilungsleiter.** Das Problem ist in diesem Falle anders. Die übergeordnete Führungskraft kann nicht beliebig anwesend sein, einmal weil die Zeit hierfür fehlt, aber auch, weil sie damit den Filialleiter oder Abteilungsleiter vor seinen Mitarbeitern schwächen würde. So hat sie auch hier meist keinen direkten Einblick in die aktuelle Situation und kennt die Mitarbeiter nicht genügend, um Ergebnisse kompetent einschätzen zu können.

→ **Abteilungen mit hochspezialisierten Arbeiten.** Die Arbeit eines Forschers z. B. können oft nur er selber und Fachkollegen richtig einschätzen. Die Führungskraft ist wiederum vom Mitarbeiter abhängig in der Einschätzung seiner Arbeit und muß darauf vertrauen, daß sie richtig informiert wird.

Zu den Informationen, die die Arbeitsabläufe betreffen und die formell kommuniziert werden, kommen noch Informationen hinzu, die Personen betreffen und meist informell kommuniziert werden. Eine gezielt oder auch unbedacht ausgestreute Information z. B., daß der Abteilungsleiter eine Affäre mit seiner Sekretärin hat, löst einen Prozeß aus, der sich der Kontrolle aller Beteiligten entzieht, der das Arbeitsklima belastet und der u. U. zur Kündigung oder Entlassung des Mitarbeiters führt. Eine besondere Brisanz erhalten diese Prozesse heute noch dadurch, daß sie oft nach außen getragen und zuweilen von den Medien aufgegriffen werden. So kann ein relativ untergeordnetes Phänomen zu einer Schädigung des gesamten Unternehmens führen. Dieser besonderen Gefahr, die aus Informationen über Personen ausgeht, seien sie beruflich oder privat, wahr oder falsch, sind heute alle Führungskräfte in zunehmendem Maße ausgesetzt. Im Rahmen von Leadership Coaching ist es deshalb auch das Anliegen, professionell mit derartigen Informationen umzugehen und in diesem Prozeß die Initiative zu behalten bzw. zu gewinnen.

Auch hier spielt die Nähe der Führungskraft zu den Mitarbeitern die entscheidende Rolle. Je größer die Distanz zwischen Führungskraft und Mitarbeiter ist, desto bewußter und gezielter muß sie sich um den Informationsfluß kümmern und desto wichtiger werden Gespräche, in denen auch informelle Information ausgetauscht werden.

Damit sind die Anforderungen an das Informationsgespräch skizziert. Das Informationsgespräch muß

- → der Führungskraft Einblick geben in alle Belange, die die Arbeit und ihre Prozesse betreffen
- → der Führungskraft soviel Verständnis für den Mitarbeiter geben, daß sich dieser verstanden fühlt
- → dem Mitarbeiter die Möglichkeit geben, sein Bedürfnis nach Information zur rechten Zeit und in ausreichendem Maße zu erfüllen
- → die Führungskraft dafür sensibilisieren, was informell an Informationen unter den Mitarbeitern kursiert und eine Basis geben, Fehlinformationen zu korrigieren

Wir haben den Gesprächstyp »Informationsgespräch« als Teil des Coachingprozesses entwickelt, um sicherzustellen, daß die coachende Führungskraft mit ihren Mitarbeitern kontinuierlich und systematisch Informationen austauscht und das beidseitige Informationsbedürfnis abgedeckt wird.

5.1.3 Philosophie des Informationsgespräches

Information ist die Basis für selbständiges Arbeiten und Information ist der Nährboden für ein Team. Leadership Coaching als Methode des indirekten Führens, braucht und will den selbständigen Mitarbeiter integriert in ein Team. Nur derjenige aber kann selbständig handeln, der Informationen über die Ausgangssituation, das angestrebte Ergebnis, den Weg, die Rahmenbedingungen und die Begleitumstände hat. Das Ausmaß möglichen selbständigen Handelns hängt direkt vom Grad des Informiertseins ab. Wer einen Mitarbeiter unselbständig halten will, erreicht sein Ziel, indem er ihn nicht informiert und ihn von Informationen abschneidet. Und umgekehrt: Je besser und umfassender jemand informiert ist, desto selbständiger kann er handeln und desto selbstbewußter wird er auftreten. Mit Informationen steuert die Führungskraft ihre Mitarbeiter, motiviert oder demotiviert sie, gibt ihnen die nötige Sicherheit, oder verunsichert sie.

Information ist auch die Basis für Vertrauen. Wird der Mitarbeiter von seiner Führungskraft offen informiert, empfindet er Wertschätzung. Nichts vermittelt dem Mitarbeiter die Wertschätzung seines Chefs stärker, als seine Bereitschaft, ihn an seinem Informationsvorsprung teilhaben zu lassen. Umgekehrt ist die Zurückhaltung von Informationen der Nährboden für Mißtrauen, Argwohn und die Bildung von Vorurteilen. Dies gilt natürlich auch für die Führungskraft. Ist sie informiert über das, was der Mitarbeiter macht, wird sie seine Arbeit besser beurteilen und schätzen können. So wächst beidseitiges Vertrauen. Im Rahmen von Leadership Coaching versucht die Führungskraft den Mitarbeiter möglichst früh und offen zu informieren und sich im Gegenzug auch vom Mitarbeiter informieren zu lassen. Die Informationspflicht, rechtzeitig und umfassend zu informieren wie auch informiert zu werden, ist hier zum Programm erhoben. Sie ist die Vorleistung, mit der die Führungskraft gegenseitiges Vertrauen und damit Offenheit erreicht.

Das alles ist nicht neu, wer sich aber die Zeit nimmt und sein Berufsleben einmal unter der Rücksicht des Informationsaustauschs, der fehlenden Kontrolle über Informationen, der versäumten Informationen usw. betrachtet, kommt wahrscheinlich zur Einsicht, daß hierin der Schlüssel zum Verständnis vieler Mißerfolge liegt. Vielen wird dabei bewußt, wie wenig unsere derzeit praktizierte Führungskultur eine Kultur des Informationsmanagements ist. Führen wird immer noch primär als eine Aufgabe gesehen, Ziele zu setzen, zu delegieren, zu kontrollieren. Es wäre zielführender, Führungskräfte nach ihrer Kompetenz im Bereich Informationsmanagement zu beurteilen. Leadership Coaching will eine Neubesinnung durchsetzen, eine Führungskultur, in dem das Informationsmanagement im Mittelpunkt steht.

Für Leadership Coaching können wir deshalb folgendes Postulat aufstellen:

> **Informiert zu sein** ist die Voraussetzung jedweder Führung, **zu informieren** ihre Hauptaufgabe.

5.1.4 Erwartete Ergebnisse des Informationsgespräches

Im Informationsgespräch wird erreicht, daß zum einen die **Führungskraft**

→ Einblick hat in die Persönlichkeit der Mitarbeiter und eine Demotivation früh erkennen und sie günstig beeinflussen kann
→ die Möglichkeiten ihrer Mitarbeiter für Selbstmanagement richtig einschätzen kann
→ einen differenzierten Einblick in die Arbeit ihrer Mitarbeiter hat, über das nötige Wissen verfügt, um die Qualität der Arbeit der Mitarbeiter beurteilen zu können, und auch weiß, wie die Qualität sichergestellt bzw. verbessert werden kann
→ ihre Mitarbeiter versteht und ihre Leistungsmöglichkeiten richtig einschätzen kann
→ weiß, wie sie ihre Mitarbeiter unterstützen kann und wie Hilfe aussehen müßte, um den jeweiligen Mitarbeiter weiterzubringen
→ Konflikte frühzeitig erkennt, den Mut hat sie aufzugreifen und die Kompetenz, sie zu entschärfen

und zum anderen wird sichergestellt, daß die **Mitarbeiter**

→ wissen, was von ihnen erwartet wird
→ ihre Führungskraft und die Erwartungen, die diese an sie stellt, verstehen
→ wissen, was Qualität ist und wie sie sichergestellt bzw. verbessert werden kann
→ Einblick haben in die Unternehmens- bzw. Abteilungsstrategie
→ frühzeitig informiert werden über Veränderungen im Unternehmen bzw. in ihrer Abteilung
→ die Möglichkeit haben, für die Führungskraft wichtige Informationen frühzeitig an diese weiterzuleiten
→ und daß die Mitarbeiter Vertrauen in ihre Führung gewinnen können.

Neben den sachlichen Zielen des Informationsgespräches, die die Arbeitsabläufe betreffen, gibt es immer auch die informellen Themen, die stark die Psychohygiene im Arbeitsteam und das Image betreffen.

Hierbei soll mit Hilfe des Informationsgesprächs folgendes erreicht werden:

- → Die Führungskraft soll sensibilisiert werden für die informelle, nicht autorisierte Führungskraft namens »Information« und beginnen, sich mit ihr kontinuierlich auseinanderzusetzen.
- → Die Führungskraft wird angeleitet, in regelmäßigen Abständen das Gespräch mit den Mitarbeitern zu suchen, indem das, was sonst spontan und unkontrolliert abläuft, zum Thema gemacht wird, um diesen Einfluß unter Kontrolle zu bekommen.
- → Bei diesen Gesprächen ist alles Thema, das sonst hinter dem Rücken der Führungskraft kommuniziert wird: Führungsfehler, Mutmaßungen, Unterstellungen, Gerüchte.
- → Am Ende des Gespräches fühlen sich Führungskraft und Mitarbeiter aus erster Hand informiert und man hat sich geeinigt, was von der Führungskraft, von der Arbeit, vom Mitarbeiter weitererzählt wird und was nicht.
- → Die Führungskraft gewinnt die Kontrolle über die imagebildenden Gespräche der Mitarbeiter.

5.1.5 Das Informationsgespräch als Prozeß

Die Beschaffenheit und Sensibilität der verschiedenen Informationen bedingen es, daß das Informationsgespräch in kein starres Schema gezwängt werden kann. Wir wollen deshalb nur 4 Schritte aufzählen, die eine gewissen Orientierung geben sollen. Diese sind:

- → Die Vorbereitung des Informationsgespräches
- → Die Durchführung des Informationsgespräches
- → Die Evaluation der Information
- → Die Ableitung von Konsequenzen aus dem Informationsgespräch

Schritt 1: Die Vorbereitung des Informationsgesprächs

Informieren bedeutet zu steuern, informiert zu werden, bedeutet gesteuert zu werden.

Vor dem Informationsgespräch muß daher überlegt werden, was mit einer Information bezweckt werden soll. Zu fragen ist daher:

- → Was will ich mitteilen?
- → Wann will ich es mitteilen?
- → Was soll damit erreicht werden?
- → Welche Informationen will ich erhalten und warum?

→ Warum sind sie für mich wichtig?
→ Welche Informationen will ich nicht weitergeben?

Die Vorbereitung bewahrt uns davor, etwas zu sagen, das wir besser für uns behalten hätten, oder auch etwas nicht zu sagen, das unbedingt mitgeteilt hätte werden sollen. Es bewahrt uns auch davor, uns mit einer Information zufriedenzugeben, die noch nicht ausreichend ist, vielleicht weil wir sie noch nicht verstanden haben, weil sie zu ungenau ist und vieles offen läßt.

Den Informationsbedarf wahrnehmen

Ein gutes Informationsmanagement beginnt damit, daß zur rechten Zeit der Bedarf nach Informationen bei einem selbst wie bei anderen erkannt wird. Diese Aufgabe hat die coachende Führungskraft sozusagen ständig wahrzunehmen, da sich das Informationsbedürfnis fortlaufend ändern kann. Nur wer den Informationsbedarf wahrnimmt, kann sicherstellen, daß die Informationen, die gebraucht werden, auch verfügbar sind.

Das Timing

Informationen haben ein Verfallsdatum. Was das bedeutet, weiß jeder, der einmal mit Aktien spekuliert hat. Es ist deshalb nicht nur wichtig zu informieren, sondern auch zum rechten Zeitpunkt zu informieren, wobei es ein »zu früh« und ein »zu spät« gibt. So nutzen z. B. dem Verkäufer Informationen über den Verhandlungsspielraum seines Kunden nach Abschluß des Vertrags nichts mehr. Man hält andererseits bestimmte Informationen zurück, weil man verhindern will, daß sie vorzeitig verbreitet werden und bei Verhandlungen z. B. die Gegenseite erreichen. Wenn es aber darum geht, dem Mitarbeiter das Gefühl der Wertschätzung zu geben, ist es notwendig, daß er möglichst frühzeitig informiert wird. Umgekehrt ist es auch für die Führungskraft wichtig, Informationen, die die Arbeit des Mitarbeiters betreffen, zu einem Zeitpunkt zu erhalten, wenn noch genug Zeit ist, um unterstützend oder korrigierend einzugreifen.

Schritt 2: Die Durchführung des Informationsgespräches

Das Informationsgespräch selbst hat immer zwei Teile, die mitunter nicht von einander abzugrenzen sein werden:

→ den Teil, in dem sie den Mitarbeiter informieren
→ den Teil, in dem sie vom Mitarbeiter Informationen einholen

Den Prototyp für ein gezieltes Informieren können wir in der Schule sehen. Seminare, Lehrgespräche, Vorlesungen, Lehrbücher und schriftliche

Unterlagen sind Versuche, dem Informationsaustausch eine Form zu geben. Die Erwachsenenbildung hat diese Formen durch weitere ergänzt: Demonstration und Präsentation, Mitarbeitergespräch, Mitteilung. In der Wirtschaft haben sich vor allem die Präsentation für das formelle Geben von Informationen und das Interview, für das systematische Erheben und Erhalten von Informationen durchgesetzt. Neben diesen ritualisierten Formen gibt es das informelle Gespräch und die mehr oder weniger formlose schriftliche Mitteilung.

Informationen geben und erhalten ist ein Austausch, auf dessen kommunikative Probleme wir hier nicht näher eingehen wollen. Auch die Formen wollen wir hier nicht näher besprechen, da die Unternehmen ihre Führungskräfte darin schon relativ umfangreich schulen. Aber welche Form die coachende Führungskraft auch wählt, sie kommt nicht darum herum, sich vorher einige Fragen zu beantworten:

→ Was weiß der Mitarbeiter schon?
→ Wie wird er die neue Information verarbeiten?
→ Wo und wie könnte er mich falsch verstehen und wo könnten sich Mißverständnisse ergeben?
→ Was wird der Empfänger mit den Informationen anfangen bzw. was lösen die Informationen aus?

Außerdem ist es sinnvoll zu Beginn abzuklären, wie der Empfänger den Informationsbedarf sieht und am Ende sich zu versichern, daß die Information richtig aufgenommen wurde.

Wenn Sie sich vom Mitarbeiter informieren lassen, sollten Sie sich stets bewußt sein, daß Sie mit den Informationen vom Mitarbeiter gesteuert werden und Sie sollten nicht erwarten, objektiv und neutral informiert zu werden, denn zu informieren bedeutet Einfluß auszuüben, und ein Informant wird so informieren, daß seine eigenen Interessen gewahrt werden. Aus diesem Grund vermeiden es Mitarbeiter, Informationen, die eine Kritik am Verhalten des Vorgesetzten darstellen und ihn verletzen könnten, an ihn heranzutragen. Sie würden sein Wohlwollen verlieren und würden sich damit Nachteile einhandeln. So entsteht ein Informationsdefizit mit all den Gefahren, die mit einer einseitigen Informationspolitik verbunden sind. Sie sollten sich als Führungskraft stets bewußt sein, daß der Mitarbeiter über den Weg der Information Einfluß auf Ihre Entscheidungen zu nehmen versucht.

Hinweise zum Inhalt

Welche Informationen muß die Führungskraft mitteilen?

→ Aufträge, Regeln, Erwartungen, die der Mitarbeiter einhalten oder erfüllen soll und was dazu nötig ist, um ihnen nachkommen zu können
→ Der Hintergrund, der zu einem Auftrag, seiner Abwandlung oder seiner Aussetzung geführt hat, so daß das Motiv des Vorgesetzten, bzw. des Unternehmens faßbar wird
→ Firmennachrichten, vor allem geplante Veränderungen und ihr Hintergrund, die den Mitarbeiter direkt oder indirekt betreffen und die ihm ermöglichen, sich mit dem Unternehmen zu identifizieren

Welche Informationen sollte die Führungskraft bei sich behalten?

→ Kritische Bewertungen von Führungskräften und Mitarbeitern, die jene verletzen können
→ Private Angelegenheiten von Vorgesetzten und Mitarbeitern, die diese als diskriminierend empfinden würden
→ Informationen über Kunden, die über die Auftragsabwicklung hinausgehen und die Kunden in ein ungutes Licht setzen
→ Eigene private Probleme und Anliegen

Welche Informationen sollte die Führungskraft vom Mitarbeiter einholen?

→ Seine Sicht von Chancen für eine Qualitätsverbesserung oder von Möglichkeiten der Weiterentwicklung
→ Seine Sicht von den Problemen des Unternehmens, der Arbeitsgruppe usw.
→ Seine Einschätzung von der eigenen Leistungsfähigkeit und ihrer Verbesserung
→ Sein Wissen um die eigene Motivierbarkeit, Arbeitsmuster und andere wichtige Verhaltensmuster, auf die bei der Führung einzugehen ist
→ Feedback über die Arbeit des Vorgesetzten

Standards für das Informationsgespräch

Informationen sollen wenn möglich persönlich vermittelt werden

Emotional bedeutet es einen großen Unterschied, ob jemand in formeller Form oder im persönlichen Gespräch informiert wird. Die persönliche Form vermittelt mehr Wertschätzung als die formelle und ist ihr in diesem Punkt immer überlegen.

Für bedeutsame Informationen sollte man eher die schriftliche Form wählen

Die schriftliche Information ist genauer und effizienter, weil sie eher garantiert, daß das aufgenommen wird, was man vorhatte zu übermitteln. Die Diskrepanz zwischen gesendeter und empfangener Information ist geringer, und damit mindert sich auch die Gefahr eines Mißverständnisses.

Andererseits jedoch kann mit einer mündlichen Information weniger leicht Mißbrauch betrieben werden. Die mündliche Information bietet auch die Möglichkeit zu überprüfen, wie der Empfänger die Information aufnimmt. Man kann sie – falls nötig – korrigieren. Gewisse Informationen, wie Qualitätsstandards oder Deadlines, sollten aber unbedingt (auch) schriftlich übermittelt werden.

Die Rahmenbedingungen der Informationsübermittlung sind achtsam auszuwählen

In Italien sagt man, »delikate Gespräche führt man am besten beim Spaghetti-Essen«, da man dabei nicht auf jede Frage eingehen muß. Die Rahmenbedingungen sind nicht unwichtig. Eine Kritik ist effizienter, wenn sie in entspannter Atmosphäre geäußert wird und nicht aktuell am Arbeitsplatz. Ein Gespräch im Arbeitsumfeld des Mitarbeiters dagegen vermittelt diesem hingegen Wertschätzung und gibt ihm Sicherheit.

Verpflichtet man sich, eine Information nicht weiterzugeben, sollte man sich unbedingt daran halten, selber jedoch sollte man solche Verpflichtungen meiden.

Informationen werden oft mit der Verpflichtung mitgeteilt, sie nicht zu verwenden oder weiterzugeben. Solche Absprachen haben einen begrenzten Sinn. Es muß nicht einmal Geschwätzigkeit hinter der Verletzung der Verschwiegenheitsgelobung stehen, sondern nur eine ungeschickte Bemerkung, aus der ein dritter die Information erschließen kann. Besser ist, immer davon auszugehen, daß eine Information weitergegeben wird und sie daher zeitlich und inhaltlich so zu plazieren, daß bei der Weitergabe kein Schaden angerichtet werden kann. Informationen, von denen man will, daß sie nicht weitergegeben werden, sollte man am besten für sich behalten. Eine bessere Garantie der Verschwiegenheit gibt es nicht.

Das Informationsgespräch ist kein spontan geführtes Gespräch, sondern ein Führungsinstrument. Es bedient sich verschiedener Techniken, um ans angestrebte Ergebnis zu gelangen. Es empfiehlt sich daher, für das Informationsgespräch eine formale Form zu wählen und es in regelmäßigen Abständen durchzuführen. Die Form soll dem Mitarbeiter bewußt machen, daß er nicht zufällig und beiläufig informiert wird, sondern daß die coachende Führungskraft dies ganz bewußt macht, um den Mitarbeiter einzubeziehen und ihm Respekt zu erweisen und ihm die Möglichkeit zu geben, eigenverantwortlich und selbständig mitzuarbeiten.

Es ist vielen Menschen bewußt, daß das Handeln nach einem Plan in vielen Fällen effizienter ist, als ein spontanes ungeplantes Vorgehen nach dem Zufall. Weniger bewußt ist ihnen, daß diese Erfahrung auch für das Stellen von Fragen gilt. Wenn Sie heute den Auftrag bekämen, mit einem Projektleiter über sein Projekt zu sprechen, wie würden Sie das Gespräch strukturieren? Die Struktur, nach der Sie vorgehen, nennen wir das Konzept für das Gespräch, in diesem Falle das Konzept für die Fragen. Das Gesprächsschema ist die Abstraktion dieses Konzeptes.

Es gibt nicht ein Konzept, das alleine brauchbar wäre. Wir verwenden zwei Schemata (s. 4.1.7.1) aus der Handlungstheorie, die sich in sehr vielen Gesprächen bewährt haben. Auch wenn Sie sich entschließen sollten, für jedes Gespräch ein eigenes Vorgehen zu entwickeln, man nennt so etwas »individuelles Vorgehen«, sollten Sie die Form, die wir empfehlen sich aneignen und ausprobieren. Vielleicht finden auch Sie, daß man mit ihrer Hilfe sehr schnell zu einem guten Ergebnis kommt.

Schritt 3: Die Evaluation der Information

Eine Information kann wahr oder falsch, sicher oder unsicher, genau oder verzerrt, detailliert oder vergröbert sein und dementsprechend ist sie brauchbar oder unbrauchbar. Die meisten Managementfehler werden nicht aufgrund falscher Informationen begangen, sondern aufgrund einseitiger und vergröberter Informationen. Es ist daher wichtig, daß die Führungskraft die Informationen, die sie erhält, evaluiert. Das heißt, überprüft:

- → wie weit eine Information den Sachverhalt verzerrt wiedergibt
- → wie sicher die Information ist
- → ob die Information partiell oder umfassend ist

Als Kriterium gilt dabei immer die Brauchbarkeit für eine auf der Information basierenden Entscheidung.

Schritt 4: Die Ableitung von Konsequenzen aus dem Informationsgespräch

Der letzte Schritt im Informationsgespräch ist das Ableiten von Konsequenzen aufgrund der erhaltenen Informationen bzw. aufgrund der Reaktion des Mitarbeiters auf weitergegebene Informationen. Die abgeleiteten Konsequenzen werden zumeist nicht mehr im Informationsgespräch zum Tragen kommen. Konsequenzen können sein: Ein Konfliktgespräch zu führen, zu beraten, andere zu informieren, Informationen von anderen einzuholen, etc. Dennoch ist es mitunter wichtig, noch im Informationsgespräch Konsequenzen gemeinsam mit dem Mitarbeiter zu definieren, damit der Informationsmanagementprozeß keine Eigendynamik gewinnt.

Reflektieren wir diesen Gedanken an einem Beispiel.

> Sie entlassen einen Mitarbeiter.
> Dieses Ereignis weckt einen großen Informationsbedarf unter den anderen Mitarbeitern. Jeder ist dabei, sich »seine Meinung« zu bilden, denn es könnte morgen ja auch ihn treffen.
> Sobald der entlassene Mitarbeiter Ihr Büro verläßt, redet er mit seinen Kollegen und informiert sie. Er wird die Gründe für seine Entlassung bei Ihnen und Ihrem Führungsverhalten suchen. Damit lenkt er die Meinungsbildung der Mitarbeiter in eine bestimmte Richtung, die die Schuld bei Ihnen sucht. Er gewinnt das Mitgefühl seiner Kollegen und weckt bei ihnen gleichzeitig Ängste Ihnen gegenüber.
> Hat sich einmal eine Meinung gebildet, so wird von nun an jede weitere Information gefiltert, d. h. es wird primär das gehört, was die eigene bereits gebildete Meinung stützt, und das übergangen, was sie in Frage stellen würde.
> Informieren Sie also später, so hört man Ihnen nicht mehr unvoreingenommen zu.

Dieses Beispiel skizziert einen von der Führungskraft nicht kontrollierten Informationsprozeß und macht deutlich, wie und wo die coachende Führungskraft Einfluß nehmen kann.

5.1.6 Hilfsmittel für das Informationsgespräch

5.1.6.1 Das »Schema der Handlungsplanung« (H-Schema)

Das erste Schema nennen wir »Schema der Handlungsplanung« oder abgekürzt H-Schema. Es ist der Handlungsthorie entnommen.

An einem Beispiel demonstriert, sieht es so aus:

Sie haben die Aufgabe, sich einen Einblick in ein Projekt zu verschaffen:

→ Sie fragen nach den Gründen, Bedingungen, Absichten, die zur Initiierung des Projektes geführt haben. Die Antworten, die Sie auf diese Fragen bekommen, schildern Ihnen die **Ausgangssituation** und das **Handlungsmotiv**.
→ Dann fragen Sie nach den Zielen des Projektes. Die Antworten beschreiben Ihnen das **Ergebnis**, das erreicht sein wird, wenn das Projekt erfolgreich abgeschlossen ist.
→ Als drittes fragen Sie nach dem Handlungsspielraum. Und wenn die Antworten brauchbar sind, werden Ihnen verschiedene Konzepte geschildert, die **alternative Möglichkeiten** aufzeigen, die Ausgangssituation zum Ergebnis zu führen.
→ Wenn Sie nun nach der spezifischen Lösung, also nach dem Weg, den das Projekt zum Ergebnis gewählt hat, fragen, so ist dies eine Möglichkeit aus dem aufgezeigten Handlungsspielraum, und zeigt einfach den **Weg**, wie in diesem Falle das Ergebnis erreicht werden soll.
→ Als letztes fragen Sie vielleicht noch nach den Instrumenten zur Sicherung des Erfolges, bzw. zur **Überprüfung**, daß sie in den verschiedenen Phasen des Projektes immer noch auf dem richtigen Weg sind.

In seiner einfachsten Verwendung hat das Schema der Handlungsplanung die Form:

Schema für die Planung von Handlungen	
1. Differenzierung des Auftrages → Motivsituation → Ergebnissee/Erwartungen	Die Ausgangssituation, soweit sie das Motiv für die Handlung abgibt, wird beschrieben. Das Motiv wird vervollständigt durch die Angabe des angestrebten Ergebnisses. Motiv und angestrebtes Ergebnis bestimmen die Richtung der Handlung.
2. Handlungsspielraum	Der Handlungsspielraum gibt die alternativen Wege an, ein Ergebnis zu realisieren.
3. Wegschema	Das Wegschema ist eine Alternative aus dem Handlungsspielraum, die ausgewählt wurde und die umgesetzt werden soll.
4. Ergebnis	Das Ergebnis wird realisiert.

Dieses Schema zur Planung von Handlungen soll ihnen helfen, das Informationsgespräch nach einer erprobten Struktur zu gestalten. Es ist ebenso geeignet, einen Auftrag an einen Mitarbeiter zu delegieren und ihn entsprechend zu informieren, wie sich selber über ein Projekt, eine Aufgabe, eine Handlung informieren zu lassen.

5.1.6.2 Das »Diagnose-Schema« (D-Schema)

Das zweite Schema nennen wir »Diagnose-Schema« oder abgekürzt D-Schema. Es ist der Methodologie zur experimentellen Forschung entnommen. In diesem Fall geht es um das Verstehen und die Beurteilung einer Person oder eines Sachverhaltes.

An einem Beispiel demonstriert, sieht es so aus:

Sie haben die Aufgabe, die Eignung einer Person für die Übernahme der Projektleitung zu beurteilen:

→ Sie fragen nach ausgewählten **Fakten**, die einen Hinweis geben auf die Kompetenz des Mitarbeiters (Ausbildung, Erfahrungen, Erfolge in früheren Projekten, usw.). Die Antworten, die Sie auf diese Fragen bekommen, sind Fakten, die Ihnen zeigen, ob die betreffende Person ähnliche Aufgaben schon einmal erledigt hat oder ob sie eine entsprechende Schulung genossen hat und welche Wirkung sie dabei erzielt hat.
→ Im nächsten Schritt versuchen Sie diese Fakten zu interpretieren, d. h. Sie versuchen aus den Einzelinformationen ein **Gesamtbild** der Eignung zu entwerfen und zu beurteilen, mit welcher Sicherheit man daraus schließen kann, daß der Kandidat das Projekt meistern oder nicht meistern wird.
→ Nun gilt es, das bisherige Ergebnis zu bewerten. In der **Bewertung** werden interpretierte Sachverhalte in Beziehung gesetzt zu den angestrebten Ergebnissen oder zu angenommenen Werten. In unserem Falle lautet die Bewertung etwa so: Nach dem, was an Fakten bekannt ist und die Aufschluß über die Eignung geben, wäre es gut, den Kandidaten anzunehmen/abzulehnen.
→ Schließlich wird eine **Entscheidung** getroffen. Der Kandidat wird akzeptiert oder abgelehnt.

In seiner einfachsten Verwendung hat das D-Schema die Form:

Diagnoseschema (Informationsmanagement)	
1. Informationserhebung	Sehen: Informationen in objektiver Weise sammeln
2. Analyse und Interpretation	Verstehen: Informationen nach ausgewiesenen Regeln analysieren, ordnen und in einen Zusammenhang bringen

Diagnoseschema (Informationsmanagement)	
3. Den Wert einschätzen	Werten: Interpretierte Informationen in Beziehung zu Werten oder Ergebnissen setzen
4. Entscheidungen treffen	Handlungsfolgen: aus der bewerteten Situation die Folgerungen ziehen

Handlungen werden geplant und parallel dazu findet ein ständiges Diagnostizieren statt, so daß wir die beiden Basisschemata H und D als ein Ganzes sehen müssen:

Handlungsplanung	Diagnose (Informationsmanagement)
→ Auftrag	sehen, verstehen, bewerten, entscheiden
Differenzierung des Auftrages: → Motivsituation und → Ergebnis/Erwartungen	sehen, verstehen, bewerten, entscheiden
→ Handlungsspielraum	sehen, verstehen, bewerten, entscheiden
→ Wegschema	sehen, verstehen, bewerten, entscheiden
→ Ergebnis	sehen, verstehen, bewerten, entscheiden

Nach diesen Schemata bei der Handlungsplanung und bei der Handlungsdiagnostik vorzugehen bedeutet, nach einem Konzept zu befragen und zu planen. Es bedeutet zu führen, mit den Mitteln der Information, d. h. bewußt und nach einem Plan die Aufmerksamkeit zu lenken.

Vielleicht sagen Sie nun, »das habe ich immer schon so gemacht«. Um so besser, dann ist Ihnen das Vorgehen schon geläufig und Sie sind von seiner Brauchbarkeit schon überzeugt, und wir sind mit unserer Lektion auch schon am Ziel. Was wir aber oft feststellen, ist, daß die Gedanken vertraut sind, aber daß die Disziplin fehlt, konsequent danach vorzugehen.

5.1.6.3 Anmerkungen zur Fragetechnik

Wenn der Chef seine Sekretärin auf dem Flur trifft und sich nach ihrem Befinden erkundigt, handelt es sich dabei um eine beiläufige Frage, die nicht beansprucht, zu führen. Wenn aber derselbe Chef sich zu Beginn eines Coachinggesprächs nach dem Befinden des Mitarbeiters erkundigt, so folgt er einem Konzept, in dem die Begrüßung des Mitarbeiters einen ersten Schritt darstellt. Mit der Frage führt er den Mitarbeiter. Eine Frage gewinnt erst im Rahmen eines Konzeptes das Prädikat »zu führen«.

Fragen stellen kann jeder, der der Sprache mächtig ist, aber nicht jeder führt, der Fragen stellt. Führen heißt, die Verantwortung dafür zu übernehmen, daß Vereinbarungen eingehalten und Ergebnisse erreicht werden. Wer führt, kann nicht neutral fragen. Er muß sich – ähnlich wie der Manager – entscheiden und festlegen. Während Führen mittels Anweisungen Autorität einsetzt, um ans Ziel zu gelangen, versucht Führen mittels Fragen Einsicht in Sachzusammenhänge als motivierendes Medium einzusetzen.

Die coachende Führungskraft ist kein neutral Fragender, sondern einer, der mit Fragen führt. Deshalb fragt er nicht spontan, sondern geht nach einem Plan vor, nach einem Konzept. Verläßt oder verliert er das Konzept, wird er zum zufällig Fragenden. Im Coachingprozeß ist die Frage ein entscheidendes Instrument, die Führungsverantwortung wahrzunehmen. Die Frage initiiert im Mitarbeiter eine Auseinandersetzung, an deren Ende eine Überzeugung steht und ein sachliches Verständnis. Es ist nicht die Frage an sich, die solches bewirkt, sondern die Frage, die führt.

Eine Frage, die führt, steht in einem Konzept und eine konzeptlose Frage kann nie eine Frage sein, die führt. Was damit gemeint ist, zeigt das folgende Beispiel:

> Ein Vertriebsleiter bekommt die Mitteilung, daß ein Großkunde zur Konkurrenz gewechselt ist. Er fragt nun seinen Keyaccountmanager: »Wie konnte das passieren?«

Das nennen wir eine konzeptlose Frage (»Warum haben Sie das Ergebnis nicht erreicht?«). Globale Warum-Fragen sind dumme Fragen. Sie helfen dem Mitarbeiter nicht zu verstehen, warum das Ergebnis nicht erreicht wurde, sondern ermuntern ihn höchstens, auf gleich abstraktem Niveau eine Ausrede zu suchen.

> Ein Vertriebsleiter als Coach hätte die Frage vielleicht so formuliert: »Der Preis war es sicherlich nicht, denn da liegen wir gut; die Qualität unserer Produkte ist denen der Konkurrenz vergleichbar. Kann es sein, daß sich beim Bedarf des Kunden etwas geändert hat?«

Die beiden Fragen unterscheiden sich darin, daß die erste auf die bequemste Weise eine Erklärung fordert, die zweite hingegen läßt erkennen, daß der Fragende sich mit dem Gegenstand auseinandersetzt, er analysiert ihn und die Frage ist Teil eines Analysekonzeptes. Wer darauf antworten will, muß sich den gleichen Gedankengängen stellen, und ein Konzept entwickeln, er muß überlegen.

Wir unterscheiden:

1. **explorierende Fragen**	Wir gewinnen Informationen über einen Gegenstand.
2. **testende Fragen**	Wir gewinnen Informationen, die eine Annahme bestätigen oder verwerfen
3. **klärende Fragen**	Wir gewinnen Informationen, die für beide Personen zu einer Klarheit über Erwartungen und Annahmen führen
4. **provozierende Fragen**	Wir zwingen den Befragten, Stellung zu beziehen.
5. **Interessensfragen**	Fragen ohne Konzept, Fragen der Neugier (es sind Fragen, mit denen nicht geführt wird)
6. **Führungsfragen**	Fragen sind nach einem Konzept angeordnet (es sind Fragen, mit denen geführt wird)
7. **Dumme und intelligente Fragen**	

5.2 Das Statusgespräch

5.2.1 Abstract

Das Statusgespräch dient der periodischen Überprüfung der Ergebniserreichung. Dabei erheben Führungskraft und Mitarbeiter gemeinsam den aktuellen Status und besprechen ihn. Im Statusgespräch werden Ergebnisse, die zu leicht oder zu schwer zu erreichen sind, angepaßt, werden Probleme in der Ergebniserreichung diskutiert und Unterstützungsmaßnahmen eingeleitet. Im Statusgespräch werden auch neue Wege vereinbart, um das Erreichen der Ergebnisse sicherzustellen, wenn sich dies als nötig herausstellt.

5.2.2 Ausgangssituation und Motiv des Statusgespräches

Wir wollen uns die Ausgangssituation wieder an einem Beispiel verdeutlichen:

> Stellen Sie sich vor, Sie haben am Anfang des Jahres mit einem Ihrer Außendienstmitarbeiter eine Aufgaben- und Ergebnisvereinbarung durchgeführt. Seither ist ein halbes Jahr vergangen, in dem Sie wenig persönlichen Kontakt mit Ihrem Außendienstmitarbeiter hatten. Sie

haben nur monatlich aus seinen Abschlußberichten ersehen, daß die Zahlen hinter der Ergebnisvereinbarung zurückbleiben. Nun legt Ihnen Ihr Mitarbeiter die Halbjahreszahlen vor und sie fallen aus allen Wolken. Der Absatz ist noch weiter zurückgegangen. Es beginnt auch die Urlaubszeit, in der das Geschäft ohnehin schlecht läuft, und es besteht kaum Hoffnung, daß sich das Ergebnis in den verbleibenden Monaten noch radikal ändern könnte.
Wie konnte es dazu kommen? Sie sind sich sicher, daß die gesetzten Ergebnisse realistisch waren. Sie haben damals vor einem halben Jahr ein sehr gutes Gespräch mit Ihrem Mitarbeiter geführt, im Rahmen dessen Sie gemeinsam die Prozesse analysierten, Möglichkeiten der Umsatzsteigerung identifizierten, Chancen und Risiken aufzeigten und am Ende Ergebnisse vereinbarten und genaue Wege, diese Ergebnisse zu erreichen, denen Sie und Ihr Mitarbeiter zustimmten. Waren Sie damals beide so falsch gelegen?

Sie haben sicher auch schon oft erlebt, daß man Ergebnisse anstrebt und dann irgendwann erkennen muß, daß man die Ergebnisse nicht erreicht hat. Man schaut dann meist zurück, bedauert, daß man nicht mehr für die Erreichung der angestrebten Ergebnisse getan hat, oder stellt fest, daß die angestrebten Ergebnisse eben doch nicht realistisch gewesen sind und unter keinen Umständen hätten erreicht werden können.

In unserem Beispiel läuft es anders. Vielleicht setzen Sie sich nun gemeinsam mit Ihrem Außendienstmitarbeiter hin, analysieren die Situation und eruieren, was falsch gelaufen ist und warum die Ergebnisse nicht erreicht wurden. Vielleicht kommen Sie gemeinsam bald zu dem Schluß, daß ein Weg, der Ihnen beiden erfolgversprechend schien, eben doch nicht der richtige war. Wie leicht hätte man diesen Weg korrigieren können, wenn der ungenügende Ergebniserreichungsgrad schon Monate vorher bekannt gewesen bzw. von Ihnen gemeinsam analysiert und besprochen worden wäre.

Aus dem Beispiel sollte eines klar geworden sein: Es ist nicht genug, Ergebnisse zu vereinbaren, um die Ergebniserreichung sicherzustellen. Sie können die Aufgaben- und Ergebnisvereinbarung noch so gewissenhaft und effizient geführt haben, die Umsetzung von Aufgaben und Aktivitäten, um die angestrebten Ergebnisse zu erreichen, wird immer wieder mit unerwarteten Problemen und Hindernissen konfrontiert werden, bei deren Beseitigung der Mitarbeiter auf Sie angewiesen ist. Nur zu oft aber wird das dem Mitarbeiter nicht bewußt sein.

Da die Aufgaben- und Ergebnisvereinbarung nur einmal pro Jahr (bzw. pro Periode) stattfindet, bedarf es deshalb eines zusätzlichen Instruments, mit dem der Ergebniserreichungsgrad in kurzen zeitlichen Abständen erhoben werden kann, um eventuelle Korrekturen vorzunehmen bzw. Hilfsmaßnahmen einzuleiten. Die Ergebniserreichung muß kontinuierlich überprüft werden, damit sie zu mehr dient, als nur zur Feststellung, daß die Ergebnisse tatsächlich erreicht bzw. nicht erreicht wurden. Im optimalen Fall wird das Statusgespräch feststellen, daß der Ergebniserreichungsgrad den Erwartungen entspricht und auch die vereinbarten Ergebnisse realistisch, d. h. weder zu hoch noch zu niedrig angesetzt waren. In den meisten Fällen aber wird es doch so sein, daß die Ergebnisse entweder nicht den Erwartungen entsprechend erreicht wurden oder aus anderem Grund eine Anpassung der Ergebnisse oder eingeleiteten Maßnahmen nötig ist. Beides sollte zu einem möglichst frühen Zeitpunkt festgestellt werden, damit unterstützende Maßnahmen eingeleitet werden können und auch auf Seiten des Mitarbeiters keine Frustration entsteht. Hierzu haben wir den Typus »Statusgespräch« entwickelt.

5.2.3 Philosophie des Statusgespräches

Im Statusgespräch soll dem Mitarbeiter gezeigt werden: »Hier stehst du, dorthin willst du. Was ist zu tun?« Wird eine Abweichung registriert, so sollte diese weder verharmlost noch dramatisiert werden. Man schaut sich den Status gemeinsam an, man bespricht gemeinsam, was zu tun ist. Es geht weder darum, den Mitarbeiter schlecht zu machen, noch ihm aufzuzeigen, was er noch alles hätte tun können. Notwendig ist, unmittelbar die Konsequenzen zu ziehen, daß beim nächsten Statusgespräch die Ergebnisse wieder stimmen. Die Ergebniserreichung darf nie ein Gegenstand der Hoffnung sein, sondern der richtigen Festsetzung der Ergebnisse, des eigenen Engagements, der Sicherstellung der erforderlichen Rahmenbedingungen und der Hilfeleistung.

So zeigt sich das Vereinbaren von Ergebnissen nicht als ein statisches, sondern als ein dynamisches System. Dynamisch, weil die festgelegten Ergebnisse nicht ein für alle Mal gelten, sondern in ständiger Diskussion zwischen Führungskraft und Mitarbeiter fortgeschrieben werden, weil ständig Anpassungen vorgenommen werden, um die Vorgehensweise immer weiter zu optimieren, weil in kontinuierlich stattfindenden Gesprächen die Situation stets aufs neue analysiert wird und aus den Chancen und Möglichkeiten der beste Weg abgeleitet wird. Das macht das Statusgespräch.

Nichts ist weniger selbstverständlich als eine gute kontinuierliche Leistung. Es muß deshalb das Anliegen von Führungskraft und Mitarbeiter sein, in ihrem Bemühen nicht nachzulassen, sich immer wieder erneut die

Frage zu stellen, wo wir sind, wohin wir wollen und wie wir am besten dorthin gelangen. Nur so kann eine gute kontinuierliche Leistung sichergestellt werden.

Im Statusgespräch sollte aber noch etwas anderes zum Ausdruck kommen: Indem das Statusgespräch den aktuellen Status erhebt und beleuchtet, zeigt es auch Erfolge und Mißerfolge auf. Ein Ergebnis nicht erreicht zu haben oder sich dem Ergebnis nicht in ausreichendem Maß angenähert zu haben, ist für den Mitarbeiter nie angenehm. Es ist deshalb von besonderer Bedeutung, sich bewußt zu machen, daß von der Art und Weise, wie das Statusgespräch geführt wird, abhängt, ob der Mitarbeiter demotiviert das Gespräch verläßt oder motiviert. Unter keinen Umständen sollten verfehlte Ergebnisse einfach unter den Teppich gekehrt werden. Ergebnisse werden verfehlt. Ein verfehltes Ergebnis soll in erster Linie Anstoß sein, sich die Gründe für das Verfehlen zu verdeutlichen und es das nächste Mal besser zu machen. Am Ende des Statusgespräches sollte der Mitarbeiter ein Verständnis davon haben, warum etwas nicht so gut gelaufen ist, und er sollte motiviert sein, weiterzugehen.

Fehler und Probleme erregen meist weit mehr die Aufmerksamkeit, als eine kontinuierlich erbrachte gute Leistung. Wir sehen darin ein Führungsmuster, das die Motivation des Mitarbeiters eher blockiert als verstärkt. Mit dem Statusgespräch soll auch erreicht werden, daß die kontinuierliche, vielleicht deshalb auch nicht aufsehenerregende Leistung gesehen und gebührend gewertet wird, d. h. daß Erfolge auch betont werden und dem Mitarbeiter signalisiert wird: Du machst einen tollen Job, laß nicht nach in deinen Anstrengungen.

5.2.4 Erwartete Ergebnisse des Statusgespräches

Das Statusgespräch hat die Funktion eines Frühwarnsystems. Mit seiner Hilfe sollen Probleme in der Ergebniserreichung möglichst früh erkannt und die Gründe dafür aufgedeckt werden. Im Statusgespräch werden angestrebte Ergebnisse, die zu leicht oder zu schwer zu erreichen sind, angepaßt, werden Probleme in der Ergebniserreichung diskutiert und Unterstützungsmaßnahmen eingeleitet, und werden neue Wege vereinbart, um die Erreichung der Ergebnisse sicherzustellen, wenn sich dies als nötig herausstellt.

Entsprechen die Ergebnisse der Ergebnisvereinbarung und liegt kein ernstes Problem vor, so kann das Gespräch genutzt werden, um die Leistung des Mitarbeiters zu bestätigen und ihn zu motivieren.

Ursachen für Abweichungen können sein:

→ unrealistisch angesetzte Ergebnisse
→ unrealistische Planung der zur Ergebniserfüllung notwendigen Mittel
→ unvorhergesehene Mängel in der fachlichen Eignung des Mitarbeiters
→ äußere Störungen, wie beispielsweise schlechte Führung, Behinderung durch andere Mitarbeiter, Mängel im Informationssystem
→ Inzwischen eingetretene Veränderungen von äußeren Bedingungen (Markt, Kunden, Instrumente, rechtliche Regelungen, etc.)

Alle weiteren Maßnahmen müssen an diesen Ursachen für Abweichungen ansetzen.

5.2.5 Das Statusgespräch als Prozeß

Das Statusgespräch sollte als fortführendes Planungswerkzeug eingesetzt werden (welche Aufgaben sind aktuell zu erledigen), und als Kontrollwerkzeug (wurden die vereinbarten Aufgaben erledigt). Der Grad der Erreichung der Ergebnisse sollte einmal pro Monat, zumindest aber einmal im Quartal ermittelt und entsprechende Korrekturen bzw. Maßnahmen eingeleitet werden. Wege, die Ergebnisse zu erreichen, sollten einmal pro Woche, wenigstens aber einmal im Monat überprüft werden.

Beim Statusgespräch sollte der Schwerpunkt auf der Klärung der Situation und der Unterstützung liegen. Die Leistung eines Mitarbeiters sollte auf keinen Fall mit der Leistung eines anderen Mitarbeiters verglichen werden. Der einzige Vergleich, der die Motivation eines Mitarbeiters wirksam fördert, ist jener zu den vereinbarten Ergebnissen.

Der Ablauf

Schritt 1: Reflexion der Vereinbarung

Das Statusgespräch beginnt mit einer Reflexion der vereinbarten Ergebnisse durch den Mitarbeiter. Er sagt, welche Maßnahmen vereinbart worden sind und was er zu erreichen vorhatte.

Schritt 2: Darstellung der Ergebnisse

Als nächstes stellt der Mitarbeiter die Ergebnisse dar. Was war vereinbart? Was wurde getan? Was wurde erreicht? Was von dem, was vereinbart worden ist, wurde umgesetzt und was nicht?

Schritt 3: Bewertung der Ergebnisse (Vergleich zu den Vereinbarungen)

Erreichte der Mitarbeiter die geplanten Ergebnisse? Wurden die vereinbarten Maßnahmen ausgeführt? Der Vergleich zeigt die Differenz auf und ist zugleich die Bewertung des Ergebnisses am Hintergrund der getroffenen Ergebnisvereinbarung. Auch diese Bewertung nimmt der Mitarbeiter vor, nicht die Führungskraft.

Schritt 4: Interpretation des Vergleichs

Nun werden die Fakten interpretiert: Hätten die Ergebnisse besser sein können? Worin werden die Gründe gesehen? Was hätte effektiver gemacht werden können? Wie könnte die Führungskraft die Mitarbeiter unterstützen?

Schritt 5: Treffen neuer Vereinbarungen

Schließlich geht es um eine neue Ergebnisvereinbarung. Dies kann die alte sein, es kann aber auch sein, daß das angestrebte Ergebnis insgesamt neu gefaßt wird oder daß neue Maßnahmen geplant werden. Im Normalfall werden die langfristig angestrebten Ergebnisse gleich bleiben, aber Anpassungen an den Weg, diese Ergebnisse zu erreichen, vorgenommen werden.

Themen für das Statusgespräch

→ Fordern Sie vom Mitarbeiter eine Einschätzung über:
  - den Grad der Ergebniserreichung
  - Abweichungen
  - mögliche Ursachen für Abweichungen
  - Verbesserungsmöglichkeiten

→ Klären Sie in einem gemeinsamen Gespräch, wie Sie beide die Leistung tatsächlich sehen.

→ Besprechen Sie die Probleme des Mitarbeiters, sofern notwendig, aber diskutieren Sie nicht in der gleichen Besprechung Gehaltsfragen oder die Persönlichkeit des Mitarbeiters.

→ Ziehen Sie notwendige Konsequenzen in einer neuen Ergebnis- und Kontrollvereinbarung.

5.2.6 Hilfsmittel für das Statusgespräch

Ergänzendes Schema für das Statusgespräch

1. Reflexion der Vereinbarung	Die Vereinbarung ist die Grundlage für die Beurteilung. Sie wird entweder vom Coach direkt eingebracht (»Wir haben folgendes vereinbart«) oder er läßt den Mitarbeiter die Vereinbarung einbringen (»Was haben Sie sich vorgenommen?« »Was ist Ihre Ergebnisvereinbarung?«).
2. Darstellung der Ergebnisse	Nun werden die Fakten durch den Coach vom Mitarbeiter erfragt (»Wo stehen wir nun in Bezug auf die Einhaltung der Ergebnisvereinbarung?«).
3. Vergleich: Bewertung der Ergebnisse	Die coachende Führungskraft läßt den Mitarbeiter den Vergleich zwischen Vereinbarung und tatsächlichem Ergebnis ziehen. Damit bewertet der Mitarbeiter selbst seine Leistung.
4. Interpretation des Vergleichs	Gemeinsam interpretieren Coach und Mitarbeiter die Ergebnisse. Was bedeutet die festgestellte Ergebnisabweichung für das Unternehmen? Für den Mitarbeiter? Was sind die Gründe? Was wurde verabsäumt?
5. Treffen neuer Vereinbarungen	Zur Lösungsfindung gehört die Überprüfung des Ergebnisses: Ist es realistisch? Muß es korrigiert werden? Eine negative Abweichung wird vom Unternehmen nicht toleriert, das muß dem Mitarbeiter vermittelt werden. Hilfsmaßnahmen und Unterstützung werden konzipiert. Zum Schluß wird u. U. die ursprüngliche Ergebnisvereinbarung korrigiert oder ergänzt. Sie ist wiederum verbindlich in Form, Umfang und Zeit. Wiederum gilt es für die Führungskraft zu prüfen: → Wurde die Vereinbarung für beide, d. h. auch für den Mitarbeiter verbindlich festgelegt? → Wurde eine Überprüfungszeitpunkt festgelegt? → Wie wurde der Mitarbeiter motiviert?
6. Protokollieren	Veränderungen werden protokolliert und der Ergebnisvereinbarung beigelegt.

5.3 Das Feedbackgespräch

5.3.1 Abstract

Der Säugling streckt schon nach wenigen Wochen die Hand nach Gegenständen aus und bekommt Feedback. Wenn die Mutter das Kind anlächelt und es erwidert das Lächeln, so ist auch dieses Lächeln für sie Feedback. Ob wir es registrieren oder nicht, wir geben ständig Feedback und steuern damit das Verhalten anderer. Die Art und Weise wie eine Führungskraft mit Feedback umgeht, entscheidet oft, ob sie erfolgreich oder wenig erfolgreich führt. Feedback ist Rückmeldung über unser Tun. Meist als natürlicher Zusammenhang von Ursache und Wirkung erfahrbar, in Prozessen des Erziehens und Führens als Lob oder Tadel, als Bestätigung oder Kritik. Mit Feedback konstruktiv umgehen zu können, gehört zu den zentralen Fertigkeiten des Coaches.

5.3.2 Ausgangssituation und Motiv des Feedbackgespräches

Machen wir uns das Motiv wiederum an einem Beispiel deutlich:

> Ich bat einen Mitarbeiter, den Seminarraum für eine Präsentation vor einem Kunden vorzubereiten. Da ich ihm schon einmal ausführlich erklärt hatte, was bei der Vorbereitung des Seminarraums zu beachten ist, bekam er von mir keine weiteren Instruktionen.
> Während der Präsentation mußte ich feststellen, daß auf dem für die Präsentation benötigten Flipchart keine Blätter waren. Die Präsentation mußte unterbrochen werden.
> Da ich ungern Kritik übe, sprach ich den Mitarbeiter auf seinen Fehler nicht an, in der Annahme, er würde den Fehler selbst bemerken. Bei der nächsten Präsentation verhielt es sich jedoch nicht anders. Es waren zwar dieses Mal Blätter auf dem Flipchart, doch bereits vollgeschriebene.
> Die daraufhin geführte Aussprache führte dazu, daß wir beide verärgert waren.

Dieser alltägliche Vorfall macht eines deutlich: Da der Mitarbeiter kein Feedback bekam, konnte er nicht dazulernen und der Fehler wiederholte sich. Wir können sagen: Der erste Fehler geht auf das Konto des Mitarbeiters. Der zweite Fehler jedoch ist das Resultat eines versäumten Feedbacks durch die Führungskraft.

Wir sehen in diesem Beispiel aber auch, wie wichtig das Timing beim Feedbackgeben ist. Ein Feedback, das zu spät gegeben wird, kann leicht in einen Konflikt ausarten, weil dem Ärger des einen über den Fehler, der Ärger des anderen über das versäumte Feedback gegenübersteht.

Wichtig ist auch, wie Feedback gegeben wird. Vergleichen wir folgende drei Arten, wie die Führungskraft schon nach dem ersten Mal Feedback geben hätte können:

→ »Bei der Vorbereitung des Raumes haben Sie wirklich Mist gebaut. Das darf Ihnen nicht noch einmal passieren!«

Oder:

→ »Bei der Vorbereitung des Raumes haben Sie wirklich Mist gebaut. Es war kein Papier am Flipchart. Das darf ihnen nicht noch einmal passieren!«

Oder:

→ »Zur Präsentation benötige ich das Flipchart. Es war jedoch leider kein Papier da. Sie haben bei der Vorbereitung wohl vergessen neues Papier aufzulegen. Schauen Sie doch bitte, daß immer neues Papier da ist.«

Im ersten Fall wird eine negative Kritik geübt, die beim Mitarbeiter wahrscheinlich Widerstand auslöst. Da ihm nicht mitgeteilt wird, was schlecht gelaufen ist, ist nicht garantiert, daß der Fehler nicht noch einmal passiert.

Im zweiten Fall ist die Kritik immer noch negativ, es wird aber dieses Mal der Fehler wenigstens direkt angesprochen.

Im dritten Fall wird der Fehler neutral mitgeteilt. Dadurch wird sichergestellt, daß die Kritik nicht das Verhältnis zwischen Führungskraft und Mitarbeiter belastet und der Mitarbeiter demotiviert wird.

Obiges Beispiel zeigt uns, wie wichtig es ist, daß Führungskräfte die Bedeutung und die positiven wie negativen Auswirkungen von Feedback kennen, und über die Kompetenz verfügen, konstruktives Feedback zu geben. Feedback zu geben stellt eine weitere Kernaufgabe der coachenden Führungskraft dar. Wir haben deshalb auch für das Feedbackgeben einen eigenen Gesprächstyp des Coachinggespräches entwickelt.

5.3.3 Philosophie des Feedbackgespräches

Feedback ist jede Rückmeldung, die wir auf unser Tun bekommen. Zwei Teile lassen sich voneinander abheben: der sachliche Teil, der unmittelbar im Ergebnis liegt, das durch die Handlung erzielt wird; und der soziale Teil, das sind die Reaktionen der sozialen Umwelt auf die sachliche Leistung: Kritik, Lob, Tadel. Uns interessieren hier nicht die natürlichen

Ursache-Wirkung-Zusammenhänge, also der sachliche Teil der Rückmeldung, uns interessiert, wie Führungskräfte und Coaches Rückmeldung geben, also der soziale Teil des Feedbacks. Vier grundlegende Formen lassen sich unterscheiden: Kritik, Lob, Analyse und Ignorieren.

5.3.3.1 Kritik als Steuerung im Coachingprozeß

Kritik ist eine Rückmeldung, die mehr oder weniger direkt und emotional ausdrückt, daß die Leistung nicht den Erwartungen entsprochen hat. Sie kann die Form annehmen von Enttäuschung (»das ging daneben«), von Vorwürfen (»kannst du dich nicht mehr anstrengen«) oder von emotionsloser Beurteilung (»das reicht nicht aus«).

Hinter der Kritik steht das Anliegen, bessere Leistungen zu fördern oder zu erzwingen. Oft aber ist sie vom Bedürfnis diktiert, sich abzureagieren und dem Ärger »Luft zu machen«.

Die erste Reaktion auf Kritik ist meist die Rechtfertigung und Entschuldigung. Es wird erklärt, weshalb das angestrebte Ergebnis nicht erreicht werden konnte.

Kritik kann Selbstzweifel auslösen und zu Verunsicherung führen. Sie kann auch zu Enttäuschungen und Demotivation führen. Beides begünstigt ein Vermeidungsverhalten und schwächt sowohl die Leistungsmotivation als auch die Konzentration.

Nicht unerheblich ist, wie der Handelnde selbst seine Leistung und sein Bemühen einschätzt. Sieht er die Kritik als berechtigt an, kann sie auch zu einem stärkeren Engagement führen und zukünftige Leistungen verbessern. Letzteres haben Erzieher und Führungskräfte wohl vor Augen, wenn sie kritisieren. Sie überprüfen die Wirkung ihres Verhaltens aber kaum und geben sich mit ihrer »guten Absicht« zufrieden.

5.3.3.2 Lob als Steuerung im Coachingprozeß

Lob ist eine Rückmelung, die mehr oder weniger direkt und emotional ausdrückt, daß die Leistung den Erwartungen entsprochen hat. Sie kann die Form annehmen von Enthusiasmus (»eine Superleistung«), von Würdigung (»du hast mir mit dieser Leistung Freude gemacht«) oder von emotionsloser Beurteilung (»das war gut«).

Auch hinter Lob steht eine pädagogische Absicht: Der Handelnde soll in seinem Bemühen bestätigt und damit motiviert werden, in seinem Leistungswillen auch in Zukunft nicht nachzulassen.

Lob kann aber auch spontaner Ausdruck der Freude und Anerkennung sein.

Lob löst in der Regel Freude und Zufriedenheit aus, je nachdem, wie man selbst die Leistung einschätzt, wie schwer es war, sie zu erbringen und wie hoch die Wertschätzung ist, die man dem Lobenden entgegenbringt. Lob entspannt und stärkt damit die Leistungsbereitschaft und die Konzentrationsfähigkeit.

Die Auswirkungen von Lob und Tadel sind oft Gegenstand von Untersuchungen gewesen und das Ergebnis war meist dasselbe: Kritik schwächt die Leistungsbereitschaft und die Konzentration und führt damit zu schlechteren Leistungen. Lob hingegen entspannt und stärkt die Leistungsmotivation und damit die Leistung. Dabei gibt es aber große Unterschiede in Abhängigkeit von der eigenen Einschätzung der Leistung und der Schwierigkeit der Aufgabe.

5.3.3.3 Analyse als Steuerung im Coachingprozeß

Die sachliche Analyse ist eine Rückmeldung, die auf Psychologie bewußt verzichtet und statt dessen das Interesse an der Sache anspricht. Die Leistung wird beschrieben, ihr Zustandekommen erklärt, auf Auswirkungen und Folgen wird eingegangen und alternative Verhaltensweisen und Strategien werden im Detail aufgezeigt.

Die sachliche Analyse versteht sich als Anweisung zu einem besseren Verhalten, wobei auf Einsicht und Interesse gesetzt wird.

Die sachliche Analyse spricht das Sachverständnis an. Sie ist daher am stärksten in der Lage, Interesse zu wecken und eine sachlich ausgerichtete Motivation. Dadurch und durch die Vermittlung von mehr Verständnis wird in der Folge die Leistung besser. Das Ausmaß der Verbesserung ist wiederum abhängig von der Schwierigkeit der Aufgabe und der Selbsteinschätzung des Handelnden. Emotionale Konflikte, wie sie häufig durch Kritik oder durch Ignorieren ausgelöst werden, sind die Ausnahme.

5.3.3.4 Ignorieren als Steuerung im Coachingprozeß

Ignorieren ist ebenfalls eine Rückmeldung, auch wenn sie bewußt in der Unterdrückung einer Reaktion besteht, also in der Verweigerung eines Feedbacks. Mit Ignorieren drücken wir aus, daß uns die Leistung des Mitarbeiters keine Aufmerksamkeit wert ist.

Mit Ignorieren kann intendiert sein, eine harsche Kritik, die man als angebracht sieht, zu vermeiden und damit die emotionalen und motivationalen Folgen derselben. Man will nicht Unruhe in die Arbeit oder in die Beziehung bringen. Ignorieren kann aber – wie bereits angedeutet – auch die Botschaft von Mißachtung und Geringschätzung sein.

Ignorieren wirkt wie eine Bestrafung und führt zu Selbstzweifeln, zu Demotivation, zu Blockaden und zu Vermeidungsverhalten gegenüber der Aufgabe. Sie kann noch stärker als eine direkt ausgesprochene Kritik verunsichern und destabilisieren. Die Intensität der Reaktion ist wiederum abhängig von der Selbsteinschätzung und den Rahmenbedingungen, unter denen die Leistung erbracht werden mußte.

5.3.3.5 Selbsteinschätzung: Wie gebe ich Feedback?

Viele Führungskräfte sind der Überzeugung, sie würden Feedback nach der sachlichen Angemessenheit geben. Untersuchungen haben aber gezeigt, daß jeder Mensch gewisse Gewohnheitsmuster hat, wie er auf Leistungen und Fehlleistungen der Mitarbeiter reagiert und diese Muster sind nicht immer darauf abgestimmt, beim Mitarbeiter eine positive Wirkung auszulösen. Es lohnt sich daher, seine eigenen Muster des Feedbackgebens genauer anzuschauen. Es kann sein, daß wir den Grund für das Versagen eines Mitarbeiters bei uns selbst entdecken.

Wie gebe ich Feedback?

	ist typisch für mich	häufig	manchmal	kaum jemals
Ich sage nichts, egal ob die Arbeit gut oder schlecht war.	❑	❑	❑	❑
Ich kritisiere eine schlechte Arbeit.	❑	❑	❑	❑
Ich bestärke beim Mitarbeiter, was er gut gemacht hat.	❑	❑	❑	❑
Ich gebe Ratschläge, was man besser machen kann.	❑	❑	❑	❑

Wenn Sie nun zurückdenken an Situationen, in denen sie Feedback gegeben haben, was war der Effekt auf den Feedbackempfänger,

	Feedback wirkte sich positiv aus	Feedback zeigte keine Wirkung	Feedback wirkte sich negativ aus
... wenn etwas schlecht lief und Sie schwiegen?	❑	❑	❑
... wenn etwas besonders gut lief und Sie schwiegen?	❑	❑	❑

	Feedback wirkte sich positiv aus	Feedback zeigte keine Wirkung	Feedback wirkte sich negativ aus
... etwas schlecht lief und Sie kritisierten?	❑	❑	❑
... wenn etwas gut lief und Sie positiv bestärkten?	❑	❑	❑
... wenn etwas schlecht lief und Sie Ratschläge gaben, wie man es besser machen könnte?	❑	❑	❑
... wenn etwas gut lief und Sie Ratschläge gaben, wie man es noch besser machen könnte?	❑	❑	❑

Denken Sie nun an ein negatives Erlebnis aus ihrem Berufsleben zurück, in dem Sie kritisiert worden sind und beantworten Sie die folgenden Fragen:

1. Welchen Effekt hatte die Kritik auf Sie, Ihre Leistung und ihre Motivation?
2. Wie wirkte sich das Erlebnis auf Ihre Zusammenarbeit mit dem Kritikgeber aus?
3. Was genau war es, was das Feedback zu einem negativen Erlebnis werden ließ?

Denken Sie nun an ein positives Erlebnis aus ihrem Berufsleben zurück, in dem Sie Feedback bekommen haben und beantworten Sie die folgenden Fragen:

1. Welchen Effekt hatte das Feedback auf Sie, Ihre Leistung und ihre Motivation?
2. Wie wirkte sich das Erlebnis auf Ihre Zusammenarbeit mit dem Feedbackgeber aus?
3. Was genau war es, was das Feedback zu einem positiven Erlebnis werden ließ?

Und nun wenden Sie sich noch einmal der Tabelle von oben zu und beantworten Sie sie hinsichtlich dessen, wie sich Feedback, das Sie von anderen bekommen, auf Sie auswirkt.

	Feedback wirkte sich positiv aus	Feedback zeigte keine Wirkung	Feedback wirkte sich negativ aus
... wenn etwas schlecht lief und der andere schwieg?	❑	❑	❑
... wenn etwas besonders gut lief und der andere schwieg?	❑	❑	❑
... wenn etwas schlecht lief und Sie kritisiert wurden?	❑	❑	❑
... wenn etwas gut lief und Sie positiv bestärkt wurden?	❑	❑	❑
... wenn etwas schlecht lief und Sie Ratschläge bekamen, wie man es besser machen könnte?	❑	❑	❑
... wenn etwas gut lief und Sie Ratschläge bekamen, wie man es noch besser machen könnte?	❑	❑	❑

5.3.4 Erwartete Ergebnisse des Feedbackgespräches

Einen Fehler zu begehen oder ein schlechtes Ergebnis abzuliefern ist den meisten Menschen aufgrund ihrer Erziehung ein Erlebnis, das sie eher vertuschen und verheimlichen, als zuzugeben und genau anzusehen. Das führt dazu, daß über beides nicht offen geredet wird oder in destruktivem und letztlich demotivierendem Ton. Das Feedbackgespräch soll Lernerfahrungen ermöglichen, die eine neue Einstellung zu Fehlern und schlechten Ergebnissen bringt und damit das genaue Ansehen von Fehlern, Analysieren von Fehlern und Lernen aus Fehlern ermöglicht.

Das Ergebnis von Feedbackgesprächen ist daher

→ die Versachlichung des Betrachtens von Ergebnissen insgesamt und speziell von Fehlern und schlechten Leistungen
→ eine neutrale Einstellung zu Fehlern und schlechten Ergebnissen in dem Sinn, daß die Freiheit, genau hinzuschauen und zu lernen, gestärkt wird
→ die Stärkung des Willens und der Freude, die Qualität der Arbeit ständig zu verbessern

Feedback ist aber auch wichtig und notwendig als Rückmeldung über Dinge, die besonders gut gelaufen sind bzw. über Dinge, die OK waren.

Weitere Ergebnisse von Feedbackgesprächen sind deshalb

→ Bestätigung für Arbeiten, die gut ausgeführt wurden
→ Vermittlung von Verständnis, wie etwas gemacht werden soll bzw. welche Erwartungen auf Seiten der Führung da sind
→ Lernen für andere Situationen
→ Aufrechterhaltung der Motivation
→ Stärkung der vertrauensvollen Beziehung zwischen Coach und Mitarbeiter

5.3.5 Das Feedbackgespräch als Prozeß

Der Feedbackprozeß ist der Prozeß der Selbsteinsicht mit fremder Hilfe. Dabei steht das Erkennen seiner Grenzen und Schwächen im Vordergrund. Das macht den Feedbackprozeß zu einer meist schmerzlichen Angelegenheit. Die Struktur, die wir vorgeben, soll dazu helfen, ihn effizienter zu gestalten.

Schritt 1:
Er wird damit vorbereitet, daß der Mitarbeiter, der Feeback erhalten soll, selbst vor Beginn der Arbeit festlegt, was er erreichen will. Der Mitarbeiter setzt sich selbst die Meßlatte. Damit wird garantiert, daß er sich mit den Kriterien identifiziert.

Schritt 2:
Die coachende Führungskraft läßt den Mitarbeiter im Feedbackgespräch seine Ziele wiederholen (»Was haben Sie sich vorgenommen«) und anschließend die Fakten berichten (»Was davon haben sie umgesetzt/erreicht?«).

Schritt 3:
Der Mitarbeiter macht selbst den Ist-Soll-Vergleich. Er gibt sich selbst das Feedback. Damit wird erreicht, daß der Mitarbeiter die Kritik nicht mit der coachenden Führungskraft verbindet und diese nicht in die Rolle des Anklägers kommt.

Schritt 4:
Nun müssen Folgerungen aus den Ergebnissen gezogen werden. Aber auch die Folgerungen läßt die coachende Führungskraft den Mitarbeiter selbst ziehen. Sie steuert den Prozeß mit Fragen, die den Mitarbeiter zwingen, sich den Fakten zu stellen. Natürlich wird die Führungskraft auch ihre Meinung äußern, aber der Akzent wird auf der Vermittlung von Verständnis und auf der Definition von Hilfe oder der Konzeption von unterstützenden Maßnahmen liegen.

Schritt 5:
Nun gilt es das Ergebnis des Gespräches wiederum in einer formellen Weise verbindlich zu machen, indem ein Aktionsplan erstellt und vereinbart wird. Zur verbindlichen Vereinbarung gehört immer auch die Festsetzung der Kontrollinstrumente und der Kontrollzeitpunkte.

Schritt 6:
Mußte der Mitarbeiter viel einstecken, so wird die coachende Führungskraft zum Schluß es nicht versäumen, dem Mitarbeiter Mut zuzusprechen und ihm die Sicherheit geben, die er braucht, um sich entschlossen an die Arbeit zu machen.

5.3.6 Psychologie des Feedbackgespräches

5.3.6.1 Feedback kompetent einsetzen (der Handlungskreislauf)

Die Feedbackkompetenz beginnt beim Verständnis des Steuerungskreislaufs.

1. Die Handlung beginnt mit der Planung, in der das angestrebte Ergebnis und der Weg zum Ergebnis festgelegt werden.
2. Die Ausführung ist die Umsetzung des Handlungsplans. Die Umsetzung ist abhängig von der Güte des Plans, aber auch von der Kraft und der Handlungsgeschicklichkeit.
3. Der dritte Schritt ist die Rückmeldung: Bestanden oder nicht bestanden, und eventuell noch das Aufdecken der Gründe für Erfolg und Mißerfolg.

Im Feedback erfährt der Handelnde Bestätigung oder seine Infragestellung. Ersteres macht den Kopf frei für die nächste Herausforderung. Letzteres bringt eine Menge an Fragen, die Aufmerksamkeit ist gespalten, die Kraft blockiert. Die Abhängigkeit der Leistung vom vorausgehenden Feedback ist bei Spitzensportlern gut beobachtbar, weil die gesamte Handlung (Planung – Ausführung – Rückmeldung) unmittelbar nachvollziehbar ist, in Zeitraffung abläuft und für den Betroffenen harte und unmittelbare Konsequenzen hat. Aber im Grund folgt jeder Handungsprozeß diesen Schritten und ist von den gleichen Bedingungen bestimmt wie im Spitzensport.

Folgendes Schema verdeutlicht die Wirksamkeit des Feedbacks:

Feedback als Steuerungsgröße

kontingent gegebenes	erwünschtes Verhalten	unerwünschtes Verhalten
positives Feedback	wird verstärkt	wird verstärkt
negatives Feedback	wird blockiert	wird blockiert

Erläuterung: kontingent, d. h. zeitlich unmittelbar auf die Reaktion gesetztes Feedback verstärkt oder blockiert das weitere Verhalten.

Theoretisch können wir den Einsatz von Feedback als Steuerung von Mitarbeitern auf die Formel bringen:

> Erwünschtes Verhalten kann durch den kontingenten Einsatz von positivem Feedback aufgebaut, unerwünschtes durch den kontingenten Einsatz von negativer Verstärkung abgebaut werden.

In Umkehr dieser Formel ergeben sich die Verstärkungsfehler:

> Erwünschtes Verhalten kann durch den kontingenten Einsatz von negativem Feedback blockiert, unerwünschtes durch den kontingenten Einsatz von positivem Verstärkung aufgebaut werden.

Ein Ergebnis dieses Zusammenhangs ist uns allen bekannt: Erfolge (positives Feedback) verstärken Engagement und Leistung eines Menschen ebenso wie Mißerfolge (negatives Feedback) Engagement und Leistung vermindern.

Der sachliche Teil des Feedbacks, der sich unmittelbar aus der Leistung ergibt, läßt sich im allgemeinen schlecht steuern. Um so wichtiger ist daher das psychologisch-verbale Feedback, wodurch eine Führungskraft einen sachlichen Mißerfolg abschwächen kann, und dort, wo das sachliche Feedback unklar ausfällt, kann sie es durch ein verbales Feedback herausheben, verstärken.

Das verbale Feedback stellt für die Führungskraft eine der wesentlichsten Möglichkeiten dar, Mitarbeiter zu führen und hier kann sich jede Führungskraft verbessern. Wir haben für diesen Teil Regeln definiert, die wir im folgenden kurz darstellen und erläutern werden.

5.3.6.2 Anmerkungen zum Thema »Timing«

Timing meint den richtigen Zeitpunkt des Feedbackgebens.

Schon beim Begriff »Kontingenz« haben wir gesehen, daß das Feedback am wirksamsten ist, wenn es zeitlich unmittelbar auf das kritische Verhalten folgt. Wir haben ferner gesehen, daß Bestrafung häufig nicht nur das bestrafungswürdige Verhalten blockiert sondern auch Initiative, Engagement, Selbstvertrauen, Interesse, also auch sehr erwünschte Verhaltensweisen und Werte, wenn sie in Verbindung mit dem zu kritisierenden Verhalten vorkommen. Trotzdem erscheint es Führungskräften oft wichtig, einen Mißerfolg zu beachten, um ihn für die Zukunft ausschalten zu können. Timing meint hier die Wahl des geeigneten Zeitpunktes, um mit einem Mitarbeiter einen Fehler so besprechen zu können, daß Besserung wahrscheinlich wird.

Der psychologische Mechanismus, um den es hier geht, ist uns aus der eigenen Erfahrung bekannt. Nehmen wir folgendes Beispiel.

> *Ein Mitarbeiter hat vor einem größeren Kreis eine Präsentation gemacht. Sie hat uns nicht überzeugt, war eher farblos und langweilig. Unmittelbar nach dem Meeting fragt uns der Mitarbeiter nach Feedback. Ehrlich teilen wir ihm unsere Meinung mit. Das wahrscheinliche Ergebnis: Der Kollege rechtfertigt und verteidigt sich und ist über unser Feedback ungehalten.*

Hier wurde der falsche Zeitpunkt für das kritische Feedback gewählt, nämlich die aktuelle Situation. Je weiter die aktuelle Situation zurückliegt, desto eher ist ein Mitarbeiter in der Lage, ein sachlich kritisches Feedback konstruktiv anzunehmen.

Für den Feedbackgeber ist die Motivation konträr dazu: Er gibt Feedback am liebsten gleich in der aktuellen Situation, und je aktueller sie ist, desto emotionaler fällt es aus. Er sucht die Gelegenheit, sich möglichst rasch abzureagieren.

Halten wir fest:

- → Die Bereitschaft, ein sachlich kritisches Feedback anzunehmen, nimmt mit dem zeitlichen Abstand zu.
- → Die Motivation zu kritisieren, ist in der aktuellen Situation am stärksten, und je stärker wir selbst betroffen sind, desto stärker ist dieser Zusammenhang.
- → Es sollte deshalb nie in der aktuellen Situation ein kritisches Feedback gegeben werden, da es wie eine Provokation wirken kann. Der Kritisierte ist in dieser Zeit nicht in der Lage, die Kritik konstruktiv anzunehmen.

5.3.6.3 Anmerkung zum Thema »Lob«

Kann man, soll man loben, wenn die Leistung nicht stimmt?

Wir können auf diese Frage kein klares Ja oder Nein sagen. Statt dessen möchten wir auf drei Umstände hinweisen, die wahrscheinlich hilfreicher sind, als ein persönliches Bekenntnis.

→ Betrachten wir ein Ergebnis differenziert, so stellt sich eine Leistung nicht einfach als durchgängig schlecht dar, sondern in der Regel als ein »teils – teils«, gute Ansätze wechseln mit Unzulänglichkeiten. Statt zu sagen: »das ist eine katastrophale Leistung« können wir auch differenzierend darlegen: »Sie haben sich bemüht...«; »Die Aufgabe war nicht leicht zu erfüllen ...«. Damit meinen wir nicht das Schönreden einer schlechten Leistung, sondern das differenzierte Betrachten derselben.

→ Es gibt zu Kritik immer eine gute Alternative: die sachliche Analyse. In ihr werden Momente vorkommen, die man als Kritik werten kann und wird, aber wenn sie sachorientiert und ruhig vorgetragen wird, blockiert sie negative Gefühle. Die Analyse kann kombiniert werden, mit »Übergehen« oder »Ignorieren« von besonders krassen Fehlern.

→ Kritik hat das Ziel der Korrektur. Wirklich ändern können wir in einem bestimmten Zeitraum immer nur weniges. Es hat daher wenig Sinn, möglichst alle Schwachpunkte, die uns auffallen, zu kritisieren, sondern nur die und nur so viele, als verändert werden können. Damit vermeiden wir Überforderung und Mutlosigkeit, die nicht zu besseren Leistungen sondern nur zu neuen Fehlern führen.

Unter dem Blickpunkt der Leistung und Leistungsverbesserung erscheint tadelnde Kritik kaum jemals sinnvoll und nötig. Aber auch Führungskräfte haben ihre Emotionen nicht immer unter Kontrolle und die verletzende Kritik dient häufig wohl mehr dem eigenen emotionalen Gleichgewicht als der Leistungsförderung und Führung des Mitarbeiters.

5.3.7 Hilfsmittel für das Feedbackgespräch

In unserem »Qualifikationsworkshop« zur Auswahl von Coaches wird den Kandidaten folgende Aufgabe vorgegeben:

> *»Sie haben die Aufgaben- und Ergebnisvereinbarung einer Führungskraft mit einem Mitarbeiter auf Videoband aufgenommen und analysiert. Heute kommt diese Führungskraft zu einem Coachinggespräch zu Ihnen.«*

Der Kandidat hat nun die Aufgabe, seinem Coachingkandidaten das zu übermitteln, was er gesehen und erkannt hat. Nämlich: kein Beziehungsaufbau, keine wirksame Motivierung des Mitarbeiters, die angestrebten Ergebnisse sind nicht konkret und daher nicht kontrollierbar formuliert, viel negative Kritik, kaum Eingehen auf Beiträge des Mitarbeiters, usw.

Wir mußten feststellen, daß eher selten eine Führungskraft mit dieser Aufgabe gut zurecht kommt. Manche trauen sich nicht, kritische Punkte beim Namen zu nennen und reden um »den Brei herum«, andere kanzeln die Führungskraft ab. Wegen der großen Unsicherheit sind wir dazu übergegangen, den Kandidaten noch einen Leitfaden an Ratschlägen für das Gespräch mitzugeben. Den möchten wir auch Ihnen als Unterstützung mitgeben:

Richtlinien für das Feedbackgespräch:

→ Der Mitarbeiter soll sich die Einsichten selbst erarbeiten und nicht vom Coach vorgetragen bekommen.
→ Er soll konstruktive, lösungsorientierte Folgerungen aus seinen Einsichten ziehen und sie sollen konkret und umsetzbar sein.
→ Er soll eigene Fehler selbst erkennen und sie nicht von der coachenden Führungskraft gesagt bekommen.
→ Die coachende Führungskraft soll in der Rolle des Moderators bleiben und nicht in die Rolle des Lehrers, Erziehers schlüpfen.
→ Es hilft mehr, die kritischen Szenen zu beschreiben, als sie zu interpretieren und zu bewerten.
→ Konzentrieren sie sich, so zu fragen, daß der Mitarbeiter selbst die kritischen Punkte beschreiben, interpretieren und beurteilen muß.

Weitere Hinweise:

→ Positive Verstärkung (Lob, Zuwendung, materielle Zuwendung) ist die stärkste Form von Feedback
→ Vorwürfe, Kritik, Unterstellungen als Feedback gegeben, haben meist einen negativen Effekt
→ Kritik verändert das Verhalten eher, wenn sie in Form von Hilfestellung und Anleitung gegeben wird
→ Auch »Ignorieren«, »Schweigen« ist eine Form des Feedbacks. Es wirkt eher wie ein negatives Feedback und wird meist als Verweigerung der Zustimmung oder als Geringschätzung interpretiert.

Wir haben beobachtet, daß es seltene Naturtalente gibt, die mit Intuition, Spontaneität und Gespür für den anderen mit dieser Aufgabe gut zurecht kommen. Über 90% der Kandidaten jedoch versuchen es nach der Trial- und Error-Methode, d.h. sie probieren verschiedene Ansätze und brechen wieder ab, so daß sie meist selbst zum Schluß kommen: »Ich habe alles versucht, aber bei diesem Kandidaten hat nichts gefruchtet.« Es ist dies die genaue Beschreibung einer inkonsequenten Führung aufgrund von Unsicherheit. Inkonsequenz aber ist die schlechteste aller Führungsformen.

Feedbackgeben ist eine Aufgabe, die auf die Interaktionspartner Druck ausübt, daß der Feedbackgeber die Rolle des Lehrers und Besserwissers annimmt und entsprechend den Feedbacknehmer in die komplementäre Rolle des Schülers und Sünders drängt. Wir haben ein Schema entwikkelt, das diese Polarisierung der Rollen vermeidet.

Das Innerhofersche Feedbackschema	
1. Das persönlich gesetzte Ziel	Die coachende Führungskraft läßt den Mitarbeiter das Ziel sagen. »Was haben Sie sich vorgenommen?«
2. Die Fakten	Die coachende Führungskraft läßt den Mitarbeiter die Ergebnisse berichten. »Was haben Sie erreicht?«
3. Analyse als Vergleich von Ziel und Ergebnis	Die coachende Führungskraft läßt den Mitarbeiter das Ergebnis bewerten. »Was sagt Ihnen der Vergleich der Ergebnisse mit dem Ziel, das Sie sich gesetzt haben?«
4. Folgerungen	Die coachende Führungskraft läßt den Mitarbeiter die Folgerungen ziehen. »Welche Folgerungen ziehen Sie aus dem Vergleich des Ergebnisses mit dem Ziel?«
5. Neue Vereinbarung	Die Folgerungen werden in einer neuen Vereinbarung verbindlich gemacht.
6. Kontrollmaßnahmen	Schließlich wird noch festgelegt, wann und wie die Einhaltung der korrigierten Vereinbarung überprüft wird.

Regeln für ein kompetentes Feedbackgeben im Rahmen des Coachings

Regel 1: Wo Sie Begeisterung wecken wollen, sollten Sie niemals strafen!

Strafe in diesem Sinne ist jeder Tadel. Auch Geringschätzung, jemanden vor seinen Kollegen bloßstellen, einen Kollegen betont loben, – das alles sind Strafreize und vieles andere mehr.

Analyse der »Strafreize«:

Die wichtigsten Auswirkungen von Strafe sind: ein Aggressionspotential wird aufgebaut, Fehlleistungen werden häufiger, Vermeidungsverhalten gegenuber Personen, aber auch gegenüber der Arbeit, die zur Strafe geführt haben, das Selbstwertgefühl nimmt ab, ebenso die Belastbarkeit, die Aktivität und die Initiative. Konzentrationsschwächen treten auf, Ungeschicklichkeiten häufen sich. Als einzig Positives registrieren wir ein stärkeres Bemühen, sich anzupassen.

Es ist keine Frage, Strafe steht am Anfang vieler Mißerfolge. Warum lernt die Menschheit daraus so wenig?

Regel 2: Positives Feedback muß kontingent sein!

Feedback ist um so wirksamer, je enger der Zeitpunkt von Leistung und Feedback gewählt ist.

Analyse eines »Kontingenzfehlers«:

Als typischen Kontingenzfehler des Feedbacks wählen wir das Beispiel des Alkoholikers: der Genuß des Alkohols ist unmittelbar – also zeitlich kontingent – angenehm, d. h. positiv verstärkend. Die negativen Folgen des Alkohols wie körperliches Unwohlsein und die sozialen Folgen des Alkoholismus (negative Verstärkung) werden erst Stunden bis Tage später wirksam, sind also zeitlich nicht kontingent. Daher baut Alkohol einen selbstverstärkenden Regelkreis auf.

Regel 3: Das zu bewertende Verhalten muß differenziert wahrgenommen werden!

Feedback kann nur funktional eingesetzt werden, wenn zuvor die positiven, negativen und neutralen Bestandteile des Verhaltens differenziert wahrgenommen und auseinandergehalten werden.

Analyse eines undifferenzierten Wahrnehmens des Verhaltens:

Ein Mitarbeiter brachte eine schlechte Leistung und wurde dafür von der Führungskraft getadelt. Die Führungskraft sah jedoch nicht, daß der Mitarbeiter sich sehr bemüht hatte, wegen Überforderung aber nur eine fehlerhafte Leistung zustande brachte. Durch den Tadel wurde die Leistung zusammen mit dem ehrlichen Bemühen negativ verstärkt, d. h. blockiert.

Richtig wäre gewesen:

Das Bemühen positiv hervorzuheben und die Fehler sachlich zu analysieren und Hilfe anzubieten.

Regel 4: Erwünschtes Verhalten positiv hervorheben, unerwünschtes Verhalten niemals negativ kritisieren!

Es gehört zu den merkwürdigen Ergebnissen der Erziehungsforschung, daß negative Kritik häufig wie eine positive Verstärkung wirkt, obwohl sie nach der Einschätzung des Laien eine Bestrafung darstellt. Man erklärt sich dieses paradoxe Phänomen folgendermaßen: Viele Menschen haben ein Defizit an sozialer Zuwendung, sie werden insgesamt wenig beachtet. Unter diesen Bedingungen ist es für einem Menschen schon belohnend, überhaupt Aufmerksamkeit der Umgebung zu bekommen, selbst wenn diese in einer Kritik besteht. Führungskräfte und Erzieher bauen daher mit ihrer Kritik häufig unerwünschtes Verhalten bei den Mitarbeitern auf und erzielen das Gegenteil von dem, was sie damit beabsichtigen.

Analyse des häufigsten Fehlers:

Unerwünschtes Verhalten erregt unsere Aufmerksamkeit und darauf gehen wir mit Kritik und damit mit Beachtung/soziale Zuwendung ein. Damit wird unerwünschtes Verhalten positiv bekräftigt. Erwünschtes Verhalten wird übergangen und ignoriert und damit wird versäumt, es zu bekräftigen.

Das Gegenteil ist zu empfehlen.

Regel 5: Kritisches Feedback muß sachlich und emotionslos erfolgen!

Je brisanter, je emotionaler der Inhalt einer Kritik ist, desto sachlicher und emotional distanzierter sollte sie vorgebracht werden. Emotionen wecken Emotionen und wenn Kritik mit Ärger verbunden wird, ist es wahrscheinlich, daß sie auch beim Kritikempfänger Ärger und Widerstand auslöst. Damit erzielt das kritisierende Feedback das Gegenteil von dem, was damit beabsichtigt ist.

Regel 6: Feedback muß zum rechten Zeitpunkt erfolgen!

Für ein kritisches Feedback brauchen wir eine entspannte, ruhige Situation. Wir brauchen ferner ein gewisses Ausmaß an Zeit und Abstand, für die gemeinsame Analyse und Fehlerfindung. In der aktuellen Situation sollte man möglichst nicht kritisieren. Die Wahrscheinlichkeit, daß die Kritik konstruktiv wahrgenommen und daher positiv aufgenommen wird, ist sehr gering.

Diese Regel 6 widerspricht nicht der Regel 2 (kontingentes Feedback). In der Regel 6 ist das kritische Feedback angesprochen, das leicht als Strafe empfunden wird. Auch wenn es nicht als Strafe gedacht ist, und vielleicht in der Form auch sehr akzeptierend geäußert wird, kann es Eigenschaften eines Strafreizes haben und dies vor allem dann, wenn der Abstand zum Ereignis fehlt.

5.4 Das Beratungsgespräch

5.4.1 Abstract

Das Beratungsgespräch dient der Überwindung von Unsicherheit, Ratlosigkeit und sachlicher Überforderung. Unter Beratung verstehen wir die zielorientierte Unterstützung in einer Entscheidungssituation. Die Unterstützung kann im Aufzeigen von Alternativen liegen, in der Klärung der Motive des Ratsuchenden, oder in der Analyse der Entscheidungsbedingungen und Entscheidungsfolgen. Beratung ist von Fortbildung und Training abzugrenzen, bei denen es im Gegensatz zu Beratung um die Vermittlung von Fertigkeiten und Wissen, unabhängig von einer bestimmten Entscheidungssituation, geht.

5.4.2 Ausgangssituation und Motiv des Beratungsgespräches

Ein Beispiel zu Beginn:

> Als Key-Accountmanager eines größeren Unternehmens haben Sie einen Termin bei einem schwierigen Kunden. Es steht ein größerer Auftrag an, für den Sie sich beworben haben und auf den Sie schon mehrere Wochen hingearbeitet haben. Ihr Ansprechpartner beim Kunden hat Ihnen aber schon am Telefon mitgeteilt, daß der Auftrag wohl an einen Ihrer Mitbewerber vergeben wird und Ihr Besuch eigentlich nutzlos ist. Der Kunde hat in der Vergangenheit schon mehrmals gedroht zur Konkurrenz abzuwandern. Über zum Teil drastische Preisnachlässe haben Sie ihn aber immer noch halten können. Dieses Mal sieht es anders aus. Sie sind der Überzeugung, den Spielraum für Nachlässe ausgeschöpft zu haben. Die Angebote der Mitbewerber kennen Sie nicht, es besteht die Möglichkeit, daß der Kunde nur blufft. Sicher sind Sie sich aber nicht. Morgen ist der Termin. Wie werden Sie sich darauf vorbereiten?

Sie kennen solche Situationen sicher, vielleicht nicht aus dem Verkauf, aber in Ihrem Führungsalltag. In solchen Situationen haben Sie sich sicher auch schon oft gewünscht, jemanden zu haben, mit dem Sie sich besprechen könnten, jemand, der Ihnen unvoreingenommen begegnen würde, der ein guter Zuhörer wäre, aber auch genügend Sachverständnis hätte, um mit Ihnen gemeinsam die Situation von allen Seiten zu beleuchten und Sie bei der Entscheidung zu unterstützen. Ihren Mitarbeitern geht es tagtäglich nicht anders. Für sie soll dieser jemand die coachende Führungskraft, d. h. Sie sein. Das Beratungsgespräch ist die Form des Coachinggesprächs, die wir speziell für diese Anforderung entwickelt haben.

In der Beratungssituation steht der Mitarbeiter vor einer Entscheidung, zu deren Optimierung entweder Erfahrung notwendig ist, die der Entscheider selbst nicht hat oder die Komplexität des Problems es erfordert, daß es aus verschiedenen Perspektiven beleuchtet wird. Beratung ist immer dann erforderlich, wenn die eigene Kompetenz nicht ausreicht oder man einen kompetenten Gesprächspartner braucht, um die Ruhe zu finden, das Für und Wider gründlich und umfassend zu erörtern. Die erwünschte, ergänzende Kompetenz kann daher sowohl im Fachwissen, in der Erfahrung, als auch in der Routine liegen, Informationen zu sichten, zu analysieren und zu interpretieren.

Um den Stellenwert, den Beratung heute hat, zu verdeutlichen, wollen wir auf eine Evaluationsstudie mit Autohändlern verweisen. Im Rahmen dieser Studie haben wir Händler und Geschäftsführer von Autohäusern, die über mehrere Monate gecoacht wurden, über ihre Erfahrungen mit einem externen Coach befragt. 80% von ihnen gaben an, daß für sie das Wichtigste am Coaching ist, einen erfahrenen Berater zur Hand zu haben, der viele Autohäuser kennt und sagen kann, wie bestimmte Aufgaben in anderen Autohäusern erledigt und wie bestimmte Probleme gelöst werden. Die Beraterfunktion des Coaches sahen sie als dessen zentrale Aufgabe an.

5.4.3 Philosophie des Beratungsgespräches

In der Coachingliteratur wird häufig der Rat gegeben, der Coach möge sich aus der Beraterfunktion so weit wie möglich heraushalten und sich ganz auf die Prozeßsteuerung beschränken. In der amerikanischen Literatur wird Coaching sogar bewußt von Beratung (Counseling) abgegrenzt. Hierfür gibt es mehrere Gründe:

→ Als Coach wird in der Literatur zumeist immer noch der externe Trainer gesehen und nicht die interne Führungskraft.

→ Vielen externen Coaches fehlt aber für die Beratungstätigkeit die erforderliche fachliche Erfahrung, da sie ihre Dienste in ganz unterschiedlichen Unternehmen anbieten. Sie fühlen sich daher nicht kompetent genug und vertreten die Meinung, der Gecoachte müsse selber am besten wissen, wie er sich fachlich zu entscheiden habe.
→ Viele Coaches wollen sich auch nicht mit ihrer Meinung exponieren. Sie wollen sachliche Fehler vermeiden und nicht das Risiko eingehen, das mit Sachentscheidungen immer verbunden ist.

Das Konzept von Leadership Coaching, das für coachende Führungskräfte entwickelt worden ist, folgt einer anderen Philosophie. Hier wird die Prozeßsteuerung nicht als ein Vorgang betrachtet, der von den sachlichen Inhalten abgekoppelt werden könnte. Wir gehen davon aus, daß die Führungskraft über genügend Sachwissen verfügt. Sollte dies nicht der Fall sein, müßte über Fortbildung dieses Wissen erworben werden. Der fachlich inkompetente Coach hat nicht die Autorität, um im Sinne von Leadership Coaching führen zu können. Er muß gewiß nicht alles wissen und er muß schon gar nicht »alles besser wissen«, aber die Führungskraft, die sich dem fachlichen Gespräch nicht stellen kann, ist ungeeignet mit den »Mitteln der Information« zu führen.

Es liegt aber auch an den Problemfeldern, mit denen es die coachende Führungskraft im Normalfall zu tun hat, daß die Beraterfunktion immer wichtiger wird. Mitarbeiter sehen sich im Verdrängungswettbewerb immer öfter mit Entscheidungssituationen konfrontiert, die einen erfahrenen Berater erfordern. Die Qualitätsanforderungen steigen und mit ihnen auch die Gefahr der Überforderung. Wir haben an verschiedenen Stellen betont, daß Leadership Coaching den selbständigen Mitarbeiter, der Verantwortung übernimmt, braucht. Selbständig aber kann ein Mitarbeiter nur sein, wenn er auch die Möglichkeit hat, sich beraten zu lassen.

Indem die Führungskraft sich dem Mitarbeiter als Berater zur Verfügung stellt und ihn in Beratungsgesprächen professionell berät, macht sie einen großen Schritt vorwärts auf dem Weg des Mitarbeiters zu mehr Verantwortung und Selbständigkeit. Nirgendwo äußert sich das neue partnerschaftliche Verhältnis der Führungskraft zu seinem Mitarbeiter deutlicher als im Beratungsgespräch. Hier bekommt der Mitarbeiter zum einen die Sicherheit, daß er nicht alleine dasteht, daß er, wenn er einen Rat braucht, ihn auch bekommt, zum anderen aber erkennt er auch, daß er selbst verantwortlich ist für seinen Aufgabenbereich und ihm die Entscheidung nicht abgenommen wird. Beratung heißt immer auch die Verantwortung beim Ratsuchenden zu belassen. Hier sollte auch die Führungskraft als Coach keine Ausnahme machen, wenn sie natürlich auch im Beratungsgespräch sicherstellen sollte, daß der Mitarbeiter nicht eine grundsätzlich andere Entscheidung als die Führungskraft treffen kann.

Was sind die Voraussetzungen für eine professionelle Beratung?

Voraussetzungen für eine professionelle und effektive Beratung auf Seiten des Beraters sind:

- → Ein gründliches Fachwissen
- → Eigene Erfahrung im Sachbereich, in dem beraten werden soll
- → Reflexionsfähigkeit und Geduld gegenüber dem Ratsuchenden
- → Die Fähigkeit, einen komplexen Gegenstand einfach und übersichtlich darzustellen, zu analysieren und zu interpretieren
- → Emotionale Distanz, d. h. Freiheit von einer Absicht oder von persönlichen Vorteilen in Bezug auf die Entscheidung, die es zu treffen gilt

Die coachende Führungskraft wird nicht immer einen Vorsprung an Fachwissen und Erfahrung vor dem ratsuchenden Mitarbeiter haben. Es kann auch genügen, daß sie ein tieferes Verständnis für den Prozeß der Entscheidungsfindung mitbringt und daher dazu beiträgt, daß der Prozeß der Entscheidungsfindung effizient gestaltet wird. Ein tieferes Verständnis des Sachverhaltes, von dem die Entscheidung handelt, ist jedoch immer ein großer Vorteil.

Auch sollte die coachende Führungskraft möglichst andere Unternehmen und Arbeitsteams kennen, um Alternativen aufzeigen und Ideen einbringen zu können. Sie sollte über gute analytische Fähigkeiten verfügen. Von besonderer Bedeutung in der Beratung ist die Klarheit, wodurch Mißverstandnisse und Fehlinterpretationen vermieden werden. Sie braucht aber auch emotionale Distanz, d. h. sie muß neutral und unbefangen sein, damit die Objektivität garantiert ist. Sie muß in ihrem Urteil absolut sachorientiert sein, denn Beratung ist nicht ein Überreden, sondern das Aufzeigen von Alternativen, von möglichen Handlungsfolgen, von Chancen und Gefahren.

Zusammenfassend können wir zum Anforderungsprofil der coachenden Führungskraft als Berater sagen:

Beratung erfordert:

- → **Wissenskompetenz**: Die coachende Führungskraft hat von sich aus die Pflicht, sich zu informieren und sich ein tieferes Wissen anzueignen, damit sie zu einem optimalen Verständnis der Entscheidungssituation kommt.

→ **Analysekompetenz**: Die coachende Führungskraft muß in der Lage sein, die Entscheidungssituation zu analysieren und mögliche Entscheidungsalternativen zu erarbeiten.
→ **Beratungskompetenz**: Die coachende Führungskraft vermittelt ihre Erkenntnisse in einer Weise, daß der Ratsuchende nicht überredet und kein Widerstand den Vorschlägen des Beraters gegenüber geweckt wird.
→ **Entscheidungszurückhaltung**: Der ratsuchende Mitarbeiter wird zur Entscheidung geführt, für die er sich verantwortlich weiß. Die coachende Führungskraft gibt ihm die Sicherheit, daß er sich frei entscheiden kann, und daß nicht die coachende Führungskraft die Entscheidung trifft.

5.4.4 Erwartete Ergebnisse des Beratungsgespräches

Beratung dient ganz generell der Optimierung von Entscheidungen und der Vermeidung von Fehlentscheidungen.

Das beinhaltet die Bearbeitung der Materie aus verschiedenen Blickwinkeln, das sachliche Analysieren von Argumenten, die dafür und von Argumenten, die dagegen sprechen und das Abschätzen von Risiken.

Beratung sorgt aber auch dafür, daß Entscheidungen nicht verschleppt werden und daß sie klar getroffen werden.

Ziel des Beratungsgesprächs ist:

→ Das Treffen von Entscheidungen, bzw. das Verhindern, daß Entscheidungen verschleppt werden
→ Das Finden der besten Alternative
→ Das Entwickeln der Schritte, Methoden, Instrumente und Ansätze der Ergebniserreichung
→ Die Gewinnung von subjektiver Sicherheit und Entschlossenheit

5.4.5 Das Beratungsgespräch als Prozeß

5.4.5.1 Die Psychologie des Beratungsgesprächs

Beratung ist eine Form der Einflußnahme auf Entscheidungen eines Menschen und berührt daher seine Autonomie und sein Selbstwertgefühl. Um effektiv beraten zu können, ist daher die Kenntnis der psychischen Mechanismen, die der Beratungsprozeß in Gang setzen kann, vorausgesetzt. Dabei geht es vor allem um Widerstand und Verantwortungsübernahme.

Widerstand

Psychologisch gesehen werden im Beratungsprozeß beim Ratsuchenden zwei widersprüchliche Bedürfnisse berührt: Das Bedürfnis, eine Entscheidung durch die Inanspruchnahme von Wissen und Erfahrung eines Beraters zu verbessern, und das Bedürfnis nach Selbständigkeit, oder zumindest nach symmetrischer Gestaltung der Kommunikation. Der Ratsuchende möchte trotz der Hilfe in seinen Entscheidungen unabhängig und unbeeinflußt bleiben. Durch die Inanspruchnahme von Beratung wird jedoch für diesen Moment das Bedürfnis nach Autonomie zu Gunsten der Qualität der Entscheidung zurückgestellt.

Die Asymmetrie der Interaktion im Beratungsgespräch, die hier angesprochen ist, kann im Verlauf des Beratungsprozesses schnell zum Problem werden, dann nämlich, wenn die coachende Führungskraft ihre dominante Rolle ausspielt und den Ratsuchenden spüren läßt, daß sie einen Wissens- und Erfahrungsvorsprung hat, wodurch der Ratsuchende in die Position des Schülers gedrängt wird. Ist der Ratsuchende aufgrund negativer Erfahrungen in bezug auf Selbständigkeit und Abhängigkeit hypersensibilisiert (dafür kommen vor allem Kindheitserfahrungen in Frage), so kann auch schon die fachliche Überlegenheit des Beraters beim Ratsuchenden in einem Maße Widerstand wecken, daß ein Rat abgelehnt wird, selbst wenn er an sich sinnvoll und zweckmäßig ist.

Emotional begründeter Widerstand läßt sich teils an der inhaltlichen Argumentationsweise (sie wird persönlich und unsachlich), teils an der Argumentationsform erkennen (sie wird unangemessen heftig). Die coachende Führungskraft sollte für diese Problematik sensibilisiert sein, um Widerstand beim Ratsuchenden möglichst früh erkennen und zerstreuen zu können. Widerstand kann aufgelöst werden, indem man ihn direkt anspricht oder indem man vorschlägt, die Entscheidung aufzuschieben. Wichtiger aber als die Auflösung entstehenden Widerstandes ist, sensibel auf den Ratsuchenden einzugehen und sein Selbstwertgefühl zu stärken, indem man die Gründe sachlich und informationsorientiert vorträgt, Gegenargumente herausfordert und diese mit dem Ratsuchenden bespricht. Die Reaktion des Widerstandes ist oft übertrieben, in der Form unsachlich, zuweilen auch provokativ, meist aber ist sie Folge einer dominanten Haltung des Beraters, die sich in direkten oder indirekten Äußerungen kundtut. Hohe Sensibilität für die psychologische Komplexität des Beratungsprozesses und die Bereitschaft zu Selbstkritik ist eine Voraussetzung, um wirksam beraten zu können. Die Beratung sollte stets in einer Form erfolgen, die das legitime Bedürfnis des Ratsuchenden nach Selbständigkeit und Autonomie nicht verletzt.

Abhängigkeit kann aber auch durch das emotional positive Verhältnis des Ratsuchenden zum Berater zustandekommen. Jeder kennt die Befangenheit dem Berater gegenüber, wenn man seinem Rat nicht folgen möchte, man hat Sorge, ihn damit zu verletzen. Diese Erfahrung unterstreicht die Gefahren, die im Beratungsprozeß liegen. Die coachende Führungskraft sollte ihre Ratschläge in einer Weise vortragen, daß beim Ratsuchenden möglichst nur die Sachgründe für seine Entscheidung wirksam werden. Dies wird erreicht, indem die Gründe pro und kontra aufgeführt, aber auf eine Bewertung der Gründe verzichtet wird.

Die Verteilung der Verantwortung zwischen coachender Führungskraft und Mitarbeiter

Entscheidungen sind mit Folgen verknüpft und werfen die Frage nach der Verantwortung auf: Wer trägt die Folgen einer Fehlentscheidung? Der Spruch: »Der Erfolg hat viele Väter, der Mißerfolg ist ein Waisenkind«, kommt der Realität in den Betrieben leider sehr nahe.

Grundsätzlich entspricht es unserem Wertempfinden, denjenigen für die Folgen verantwortlich zu machen, der die Entscheidung schlußendlich getroffen hat. Das ist nicht die coachende Führungskraft, sie übernimmt in der Regel nicht die Verantwortung für die Entscheidung. Ist die coachende Führungskraft aber gleichzeitig der Vorgesetzte, so ist die Situation komplizierter. Hier greift ein anderes Grundverständnis, wonach nämlich Vorgesetzte primär entscheiden, und nicht beraten.

Leadership Coaching jedoch zielt darauf ab, Verbindlichkeit herzustellen und Eigenmotivation zu wecken, indem die Verantwortung an den ausführenden Mitarbeiter delegiert wird. Zu beachten ist dabei, daß der Mitarbeiter, der bei seinem Vorgesetzten Rat sucht, in einem nicht völlig unabhängigen Verhältnis steht. Die coachende Führungskraft kann in diesem Falle nicht davon ausgehen, daß für den Ratsuchenden die Verantwortungsverteilung völlig klar ist. Der Vorgesetzte als Coach muß das Problem selber ansprechen und Klarheit herbeiführen.

Vorgesetzte wie Mitarbeiter neigen dazu, die Entscheidungsverantwortung anderen zuzuschreiben, um bei einem negativen Ergebnis nicht dafür einstehen zu müssen und kritisiert zu werden. Vor allem bei hierarchischen Strukturen ist das Bestreben auszumachen, Verantwortung zu delegieren. Auch der Beratungsprozeß wird vom Bestreben mitbestimmt, Verantwortung auf andere zu delegieren, um sich vor den Folgen von Fehlentscheidungen zu schützen. Es muß das Anliegen des Beraters sein, nicht eine Verantwortung zu übernehmen, für die er nicht einstehen kann. An sich ist die coachende Führungskraft nicht der Entscheider, sondern nur derjenige, der hilft, Entscheidungen zu optimieren. Aber in unserem Falle, in dem die coachende Führungskraft zugleich der Vorgesetzte des Mitarbeiters ist, muß die Verantwortlichkeit im Detail geklärt werden.

Für den Beratungsprozeß gilt somit:

→ Die Verantwortung für die Entscheidung wird bei unklaren Fällen offen geklärt.
→ Die coachende Führungskraft muß im Vorfeld die Spielregeln in einer Weise klären, daß auch dem Ratsuchenden jederzeit klar ist, wieviel Verantwortung er übernimmt und wieviel Verantwortung die coachende Führungskraft.
→ Der Beratungsprozeß muß in einer Weise gestaltet werden, daß es zu einer sachlichen Entscheidung kommt und daß emotionale Abhängigkeiten möglichst ausgeschaltet werden.

5.4.5.2 Voraussetzungen auf Seiten des Ratsuchenden

→ **Offenheit.** Der ratsuchende Mitarbeiter muß bereit sein, der coachenden Führungskraft die nötigen Informationen zu geben, damit diese sich ein fachlich richtiges und genaues Bild von der Situation machen kann.

→ **Ehrlichkeit.** Der ratsuchende Mitarbeiter darf keine falschen oder irreführenden Angaben über Sachverhalte machen, die den Beratungsgegenstand und die Bedingungen einer Entscheidung betreffen.

5.4.5.3 Die Struktur des Beratungsgesprächs

Professionelle Beratung nutzt die Psychologie des natürlichen Entscheidungsprozesses, um zu einer Logik des Beratungsgespräches zu gelangen. Die Logik des Entscheidungsprozesses legt folgende Gesprächsstruktur nahe:

Schritt 1: Kontaktaufnahme

Den Anfang des Beratungsgesprächs bildet die Kontaktaufnahme. Die coachende Führungskraft geht in ihr auf die momentane Situation und Befindlichkeit des Ratsuchenden ein. Ziel ist die Herstellung einer entspannten und offenen Gesprächsatmosphäre, um Vertrauen zu wecken und Widerstand zu unterbinden und das sachliche Betrachten von Argumenten zu ermöglichen.

Schritt 2: Erstellung der Agenda für das Gespräch

Im zweiten Schritt wird eine Agenda für das Beratungsgespräch erstellt. Die Punkte, die zur Regelung anstehen, werden aufgelistet und in eine Rangordnung gebracht. Sie werden dann nach der Rangordnung besprochen. Die Agenda garantiert einen sparsamen und ökonomischen Gesprächsverlauf und sie garantiert, daß wichtige Schritte nicht übergangen werden.

Schritt 3: Abarbeiten der Agenda

Die auch für die Beratung grundlegenden Vorbereitungsschritte der Informationssammlung, Analyse und Bewertung sind im Abschnitt zwei mit den Themen: Informationserhebung und Analyse erläutert worden (siehe Schema in Abschnitt 4.3.6).

Schritt 4: Zusammenfassung und formelle Vereinbarung

Entscheidungen werden formell festgehalten. Diese können beinhalten: weiteres Beibringen von Informationen; Abwarten von Entscheidungen Dritter; weitere Klärung von Detailfragen.

Schritt 5: Beziehungsfestigung

Den letzten Schritt des Beratungsgesprächs bildet die Beziehungsfestigung zwischen Berater und Ratsuchendem. Hier ist Raum für das Besprechen von informellen Themen, für Feedback zur Beratungsstunde und für Entspannung gegeben.

5.4.6 Hilfsmittel für das Beratungsgespräch

Ergänzendes Schema für das Beratungsgespräch	
1. Sammeln der Fakten	→ Motivation → Ziele → Erfahrungen
2. Analyse der Information	→ Bedingungen → Absichten → Folgen
3. Ausloten des Handlungsspielraumes	→ alternative Erfahrungen → Chancen und Risiken
4. Lösungsfindung	→ Festlegung von Entscheidungsalternativen → Besprechung von Gründen und Gegengründen
5. Festlegung der Umsetzung	→ Erstellung eines Aktionsplans

Die wichtigste Regel für das Beratungsgespräch

> Jedes Beratungsgespräch beginnt mit einer umfassenden Informationsaufnahme, in der sich die coachende Führungskraft vom Ratsuchenden informieren läßt. Dieser Schritt ist selbst dann notwendig, wenn die coachende Führungskraft meint, bereits über genügend Information zu verfügen oder im Detail bereits einen großen Informationsvorsprung vor dem Mitarbeiter hat.

5.5 Das Konfliktgespräch

5.5.1 Abstract

Die Führungskraft als Coach wird in ihrer Arbeit immer wieder mit Konflikten konfrontiert werden. Dabei kann es sich um Konflikte zwischen der Führungskraft und einem Mitarbeiter, wie auch um Konflikte zwischen zwei oder mehr Mitarbeitern handeln. Konflikte jedoch wirken sich negativ auf die Leistungsfähigkeit und Motivation von Menschen aus. Es ist deshalb ein zentrales Anliegen im Leadership Coaching-Prozeß, Konflikte möglichst früh zu erkennen, aufzugreifen und wenn möglich zu lösen. Das Interaktive Konfliklösungsschema (IKS) gibt dem Coach im Konfliktgespräch eine Form an die Hand, die ihn bei dieser Aufgabe unterstützen soll.

5.5.2 Ausgangssituation und Motiv des Konfliktgespräches

Es gehört zu den Urerfahrungen des Menschen, daß sein Wollen auf Widerstand stößt, und daß sich daraus Auseinandersetzungen ergeben, die mit einem Sieg, einer Niederlage oder einem Kompromiß enden. Tagtäglich werden wir mit kleineren und größeren Konflikten konfrontiert. Auslöser sind der Parkplatz, der uns von einem anderen Fahrer weggeschnappt wird, der Partner, der uns mit seinen Fragen nervt, der Freund, der sich für dieselbe Stelle beworben hat, der Mitarbeiter, der uns eine schlechte Arbeit abgeliefert hat, usw. Konflikte sind allgegenwärtig. Hinzu kommt, daß wir bei genauerem Hinschauen feststellen müssen, daß die Menschheit als Gesamtes nur wenig konstruktiv mit Konflikten umzugehen versteht. Groß ist deshalb das Anliegen, Konfliktmanagement nicht dem Zufall zu überlassen, sondern sich umfassend, wissenschaftlich und pädagogisch mit diesem Thema auseinanderzusetzen, um unser Konfliktlöseverhalten zu optimieren.

Damit haben wir das Aufgabenfeld der coachenden Führungskraft beim Konfliktgespräch im Kern beschrieben. Es geht darum, in den täglichen

Konflikten, die mehr oder weniger mit den Konfliktlösungsmustern bearbeitet werden, die in der Kindheit erworben wurden, professionelle und effizientere Formen einzubringen, die gewohnheitsmäßigen Muster bewußt zu machen, und Einstellungen und emotionale Blockaden abzubauen. Die Aufgabe Konfliktmanagement ist mit dem Finden eines Kompromisses in einem bestimmten Einzelfall nicht erfüllt. Die Aufgabe ist weiter zu fassen, sie beinhaltet das Anstoßen, Fördern und Leiten eines Lernprozesses, der zu Lösungen führt, die im Ergebnis wie ein Kompromiß ausschauen, aber in Wirklichkeit die betroffenen Personen so verändern, daß neue Ziele, neue Erwartungen und Werte entstehen, so daß auch eine Identifikation mit dem gefundenen Kompromiß möglich wird.

Der Ort, wo Konflikte angesprochen, erörtert und gelöst bzw. entspannt werden, ist das Konfliktgespräch. Auch das Konfliktgespräch ist ein spezieller Gesprächstyp des Coachinggesprächs, für den wir ein erprobtes Schema (das Interaktive Konfliktlösungsschema) vorstellen möchten. Uns geht es in diesem Abschnitt aber primär darum, das Thema Konfliktmanagement einmal grundsätzlicher anzuschauen, das eigene Konfliktlösungsverhalten zu reflektieren, und naive und elaborierte Konfliktlösungsmuster zu analysieren. Die Einsicht in das eigene Konfliktverhalten wie in das Konfliktverhalten anderer ist die wichtigste Voraussetzung für das Führen von Konfliktgesprächen.

5.5.3 Philosophie des Konfliktgespräches

5.5.3.1 Konflikte: Ein Übel und eine Chance

Konflikte sind unausweichlich. Das Zusammenleben auf engstem Raum, das Angewiesensein auf die Mitarbeit von anderen Personen, die Unverträglichkeit verschiedener Interessen und Ziele, oder einfach die Tatsache, daß wir im Vergleich zu unseren Wünschen nur weniges erreichen können, stellen ein ungeheures Konfliktpotential dar. Hinzu kommen unterschiedliche Temperamente, Einstellungen, Arbeits- und Lebensstile und Mißverständnisse als verschärfende Faktoren. Schon das alltägliche Leben ist daher voll von kleineren und größeren Konflikten, die ständig verarbeitet werden müssen. Sie fallen im einzelnen gar nicht auf und werden als zum Leben dazugehörig empfunden, auch wenn sie sich in der Menge zu einer generellen Unzufriedenheit und Gestreßtheit aufaddieren können.

Konflikte sind unangenehm. Sie können die Arbeit, die Beziehung zu einem Menschen oder das Leben als Gesamtes belasten. Konflikte führen zu Verletzungen, zu Streit, gelegentlich auch zu physischen Aggressionen, zu Mißhandlungen, zu Kriegen. Es ist daher verständlich, daß man in Konflikten ein Übel zu sehen gewohnt ist, ein Übel, dem man am besten aus dem Weg geht. Andererseits wissen wir auch, daß wir bestimmten Konflikten nicht aus dem Wege gehen können, daß sie uns begleiten, wohin wir auch gehen mögen, ja daß sie uns nachlaufen.

Konflikte bergen aber auch eine Chance. Jede direkt vorgebrachte Kritik ist zugleich ein Kontaktangebot. Wer Kritik übt, zeigt Engagement. Es ist dem Kritiker daran gelegen, auf ein Problem aufmerksam zu machen, mit dem Ziel, das Problem aus der Welt zu schaffen oder zu verhindern, daß es in Zukunft wieder auftritt. Wer kritisiert, ist engagiert und exponiert sich.

In Konflikten liegt außerdem ein erhebliches Lern- und Innovationspotential. Die Spannungen, die Konflikte auslösen, setzen Energien frei, die auch konstruktiv genutzt werden können. Kritik zeigt auf, wie jemand uns sieht, was jemandem an uns wichtig ist und was jemanden an uns stört. Sie gibt wertvolle Hinweise für die persönliche Weiterentwicklung.

Sicher ist auch, daß es in der Regel wenig Sinn macht, Konflikte einfach zu ignorieren, zu verleugnen oder vor ihnen davonzulaufen. Oft genug basieren Konflikte nur auf Mißverständnissen, die aufzuklären sind. Ein Davonlaufen verlängert Konflikte unnötig oder führt dazu, daß ein Konflikt eskaliert und wir die Kontrolle verlieren. Basiert der Konflikt auf einem wirklichen Problem, so ergibt sich mit der Anhörung die Möglichkeit, das Problem zu erkennen und an seiner Überwindung zu arbeiten.

Schon früh in der Sozialforschung hat man begonnen, Konflikte zu analysieren, Konfliktschemata herauszuarbeiten und allgemeine Lösungsstrategien zu finden. Heute stehen dem Fachmann eine Vielzahl an Möglichkeiten zur Verfügung. Jede Therapieschule hat ihre eigenen Methoden hervorgebracht. Einige dieser Methoden haben ein theoretisches Fundament, andere sind schlicht aus der Praxis entwickelt worden. Manche sind auf die Lösung eines bestimmten Problemtypus zugeschnitten, andere umfassen eher allgemeine Regeln der Konfliktbewältigung.

5.5.3.2 Konfliktarten

Ein Konflikt besteht im Auftreten widersprüchlicher Erwartungen. Diese werden häufig von emotionalen Spannungen begleitet. Man kann daher einen Konflikt als das gleichzeitige Auftreten von widersprüchlichen Erwartungen zusammen mit den sie begleitenden emotionalen Spannungen bezeichnen. Wir unterteilen die Konflikte in drei Gruppen: Stehen die Erwartungen einer Person im Widerspruch zu Erwartungen einer anderen

Person, sprechen wir von einem **externen Konflikt**; stehen verschiedene Erwartungen einer einzigen Person miteinander im Widerspruch, sprechen wir von einem **internen Konflikt**; stehen überindividuelle Erwartungen, die an Rollen, Interessengruppen und Positionen geknüpft sind, miteinander im Widerspruch, sprechen wir von **strukturellen Konflikten**.

a. Die Gruppe der interaktiven Konflikte

Unter dem Gesichtspunkt der Konfliktlösung ist es sinnvoll, die interaktiven Konflikte in folgende Untergruppen einzuteilen:

Zielkonflikte. Zielkonflikte bestehen in der Unvereinbarkeit von bestimmten Zielen der Konfliktparteien. Beispiel: Zwei Bewerber wollen die gleiche Stelle haben. Da es nur eine Stelle gibt, ist ausgeschlossen, daß beide Konfliktparteien ihr Ziel erreichen. Die Ziele sind deshalb unvereinbar.

Zielkonflikte sind nur durch Miteinander-Reden nicht zu lösen. Sie können erst gelöst werden, wenn es gelingt, einen Kompromiß zu finden oder eine Kompensation für den Konfliktpartner, der sein Ziel aufgeben muß.

Sachkonflikte. Sachkonflikte bestehen in der Unvereinbarkeit von erwünschten Sachverhalten der Konfliktparteien. Beispiel: Einer möchte einen Mittagsschlaf halten, während ein anderer Klavier spielen will. Es sind in diesem Fall nicht die Ziele, die nicht vereinbar sind, es liegt vielmehr am speziellen Sachverhalt, daß Klavierspielen einen Mittagsschlaf ausschließt.

Auch Sachkonflikte können nicht einfach nur durch Reden gelöst werden. Wohl aber können die Konfliktparteien im Miteinander-Reden einen Kompromiß finden.

Emotionale Konflikte. Emotionale Konflikte haben ihren Ursprung in der persönlichen Verletzung einer Person. Beispiel: Jemand wird bloßgestellt, in seinem Selbstwertgefühl verletzt, oder getadelt. Eine solche Verletzung kann dann bewirken, daß der Verletzte anfängt den anderen zu ignorieren, seinerseits zu bestrafen, zu beschimpfen, zu provozieren, oder dergleichen.

Emotionale Konflikte können durch Miteinander Reden gelöst werden, da sie nicht an einer Sache festgemacht sind, sondern sozusagen von den Konfliktparteien kreiert wurden.

Mischformen. Am häufigsten findet sich der Fall, daß ein Sach- oder Zielkonflikt der Anlaß und Auslöser ist für einen emotionalen Konflikt. Jemand ist z. B. bei der Beförderung übergangen worden. Zunächst haben wir einen Zielkonflikt. Der Vorgesetzte verfolgt bei der Besetzung der relevanten Stelle ein Ziel, das mit dem Ziel des Mitarbeiters in Widerspruch steht. Aus dem Zielkonflikt kann aber schnell ein emotionaler Konflikt werden, wenn der Mitarbeiter etwa dem Vorgesetzten unterschiebt, ihn übergangen zu haben, um ihn zu bestrafen.

Die meisten Konflikte sind solche Mischformen, weil Menschen dazu neigen, Konflikte emotional auszutragen. Trotzdem ist die Unterscheidung von Sach-/Zielkonflikten und emotionalen Konflikten wichtig, weil der sachliche Teil eines Konfliktes nicht allein durch Worte dauerhaft gelöst werden kann. Es gilt daher bei der Konfliktlösung auf beide Teile separat einzugehen, bzw. den emotionalen Konflikt auf den Sach- bzw. Zielkonflikt zurückzuführen.

Vor allem auf diese letzte Form stützt sich unsere Methode der Konfliktlösung.

b. Die Gruppe der internen Konflikte

Ein Konflikt kann auch in gegensätzlichen Erwartungen ein und derselben Person liegen. Wir sprechen dann von internen Konflikten.

Rollenkonflikte: Von einem Rollenkonflikt sprechen wir, wenn eine Person zwei Funktionen ausübt, die miteinander konkurrieren, wie z. B. der Vorgesetzte, der die Arbeit des Mitarbeiters kontrolliert, und der Vorgesetzte, der als Coach des Mitarbeiters sein Vertrauen und seine Offenheit verlangt.

Interessenskonflikte: Den Rollenkonflikten verwandt sind die Interessenskonflikte, womit man z. B. die Unvereinbarkeit der Privatinteressen eines Politikers, der zugleich Unternehmer ist, bezeichnet. Ein häufiger Interessenskonflikt bei Führungskräften ist das sogenannte Abteilungsdenken: das Eigeninteresse, möglichst viele Kompetenzen in der Abteilung zu belassen und sich gegenüber anderen Abteilungen abzuschotten, kontrastiert mit dem Interesse des Unternehmens, Aufgaben möglichst ökonomisch und zeitsparend durchzuführen.

Wertekonflikte: Die Unvereinbarkeit kann auch zwei oder mehrere Werte betreffen. So steht der Arzt in einem Wertekonflikt, wenn er sich vor die Wahl gestellt sieht, einem Patienten die optimale Therapie zu vermitteln oder die ökonomischen Auflagen der Krankenkasse zu erfüllen. Wertekonflikte sind vor allem im Personalwesen häufig, wo das Individualgut gegen das Allgemeingut steht.

c. Die Gruppe der strukturellen Konflikte

Die strukturellen Konflikte sind im Wesentlichen Interessenskonflikte, die auf die Institutionen der Gesellschaft und auf die Unternehmen übertragen wurden.

Arbeitskonflikte. Sie basieren auf den strukturellen Gegensätzen und Widersprüchen von Arbeitnehmer und Arbeitgeber, und sie lassen sich im Ansatz auf Zielkonflikte zurückführen. Im weiteren Verlauf jedoch werden von den Konfliktpartnern unterschiedliche Einstellungen und Interpretationsmuster ausgebildet, so daß häufig auch in anderen Bereichen, wie in der Kommunikation, in der Lebensführung usw. Gegensätze zutage treten.

Konkurrenzkonflikte. Verschiedene Unternehmen bemühen sich um denselben Kunden, um dasselbe Produkt, um denselben Mitarbeiter und geraten aneinander. Hier ist nicht das Individuum Konfliktträger, sondern eine Körperschaft.

Auch die Gegnerschaft politischer Parteien, Kirchen und anderer Institutionen ist hier einzuordnen.

5.5.3.3 Konflikterkennung

Konflikte wurzeln in widersprüchlichen Erwartungen. Erwartungen aber müssen mitgeteilt werden, damit der Interaktionspartner davon wissen kann. Wohl wegen der Konfrontation, die damit verbunden ist, werden Erwartungen, sobald sie als konfliktreich eingeschätzt werden, nicht mehr ohne weiteres mitgeteilt. So kann es dazu kommen, daß jemand in einem Konflikt mit jemandem steht, aber gar nicht darum weiß. Verdrängungsmechanismen, die dazu führen, daß Teile der eigenen Realität nicht mehr bewußt wahrgenommen werden, können sogar dazu führen, daß jemand von den eigenen inneren Konflikten nichts weiß.

Wir sprechen von einem **offenen Konflikt**, wenn über ihn offen kommuniziert wird und von einem **latenten Konflikt**, wenn die widersprüchlichen Erwartungen unausgesprochen bleiben. Bei internen Konflikten ist es das Kriterium, ob die Person sich der eigenen widersprüchlichen Erwartungen bewußt ist oder nicht.

Mit latenten Konflikten verhält es sich ähnlich wie mit anderen bedrohlichen Ereignissen, über die man wegen ihrer Bedrohlichkeit nicht spricht: Sie werden verleugnet und machen darum hilflos. Man spricht nicht über sie, sondern verdrängt sie und sie werden größer und größer. Deshalb ist es besonders wichtig, die nonverbalen Signale und Indikatoren wahrzunehmen, die einen Konflikt anzeigen. Durch sie können latente Konflikte frühzeitig identifiziert und bearbeitet werden.

An folgenden nonverbalen und indirekten verbalen Signalen kann ein latenter Konflikt erkannt werden:

Signale für latente Konflikte (Konfliktsignale)

→ Gesten, die Abwehr bedeuten, wie z. B. »wegwerfende« Gesten oder eine abgewandte Körperhaltung
→ mimische Reaktionen, die ein Mißfallen ausdrücken, wie z. B. Stirnrunzeln oder ein demonstratives Unterbrechen des Blickkontaktes
→ eine gekünstelte Sprache und ein unnatürlich wirkender Ausdruck
→ Vermeidung jeder persönlichen Note und Offenheit
→ verletzende »Nadelstiche«, Sarkasmen, »spitze Bemerkungen«, ironische Bemerkungen, usw.
→ Sturheit, Dienst nach Vorschrift, Berufung auf allgemeine Richtlinien/Regeln oder Vorgesetzte
→ Passivität, Äußerungen der Angst oder der Resignation
→ Vermeidung von Kontakt und Auseinandersetzungen
→ Unfreundlichkeit und fehlende Sorgfalt im Umgang mit anderen Menschen
→ allgemeine Spannung und eine starke Irritierbarkeit

5.5.4 Erwartete Ergebnisse des Konfliktgespräches

Im Coachingprozeß kommt dem Konfliktmanagement große Bedeutung zu. Coaching, das die Leistungseffizienz von der Seite der Motivation angeht und das auch die Psychohygiene des Mitarbeiters im Auge hat, muß sich zuallererst in diesem Bereich bewähren. Konflikte vorherzusehen, ihre Anbahnung zu einem möglichst frühen Zeitpunkt wahrzunehmen, ihre Entwicklung zu analysieren und aus der Sicht der Konfliktparteien zu verstehen und schließlich sie in der Weise zu lösen, daß emotionale Blokkaden aufgelöst und die Motivation gestärkt wird, ist eine zentrale Anforderung des Coachings.

Im einzelnen erwarten wir von einem Konfliktgespräch,

→ daß Konflikte offen besprochen und gelöst werden
→ daß die Konfliktbearbeitung zu einer Verbesserung der Beziehungen unter den Konfliktpartnern führt
→ daß die Konfliktbearbeitung als Chance wahrgenommen wird, sich näher zu kommen und den Konfliktpartner besser zu verstehen

→ daß erkannt wird, daß Konflikte sehr wertvoll sein können, um Lebendigkeit in eine Beziehung und in die Arbeit zu bekommen
→ daß die Kraft des Konfliktes genutzt wird, um Leistungen zu verbessern und Ziele zu erreichen
→ daß die Notwendigkeit von Konflikten erkannt wird und ihre Funktion für ein kontinuierliches Lernen und Sich Weiterentwickeln.

5.5.5 Das Konfliktgespräch als Prozeß

5.5.5.1 Konfliktanalyse

Die subjektive Bedeutung eines Konfliktes wird oft erst verständlich, wenn man zurück in die Kindheitsfamilie geht. Sehr früh werden in der Familie die Verhaltensmuster gelernt, mit Konflikten umzugehen. Diese in der Kindheit erworbenen Konfliktlösungsmuster charakterisieren uns ein Leben lang. Ob jemand auf eine Verletzung spontan mit Rückzug reagiert oder ob er wie ein Stier auf den Gegner losgeht, ob er gelassen auf eine Provokation reagiert oder irritiert und zerfahren, immer und überall die Rivalität sucht oder allen Herausforderungen aus dem Weg geht, das alles ist in den Verhaltensmustern grundgelegt worden, die wir in Auseinandersetzung mit den Eltern und den Geschwistern erworben haben. Wer sein spontanes Konfliktlösungsverhalten verstehen will, muß bereit sein, seine Kindheitsfamilie näher anzuschauen und zu analysieren. Fragen wie »Was hat mich in der Kindheit gefährdet?« oder »Warum mußte ich in meiner Kindheitsfamilie kämpfen?« geben uns wichtige Hinweise, um das Konfliktlösungsverhalten im späteren Leben verstehen zu können. Immer dort, wo uns das Verhalten eines Menschen in einer Konfliktsituation fremd bleibt, haben wir es mit Bedeutungsmustern aus der frühen Kindheit zu tun.

Es sind zwei verschiedene Dinge, zu wissen, daß wir einen Konflikt haben und zu wissen, worin der Konflikt besteht, was der Kern des Konfliktes ist und wodurch er aufrechterhalten wird. Das Verständnis eines Konfliktes muß erst erarbeitet werden. Erst wenn wir dieses Wissen erlangt haben, tun sich Wege der Konfliktlösung auf.

Um zu Mustern allgemeiner Konfliktlösung zu kommen, müssen wir unsere eigenen Muster und jene anderer Personen beschreiben, müssen Lösungsschemata abstrahieren und Ergebnisse miteinander vergleichen. Diese Arbeit nennen wir **Konfliktanalyse**.

Die Konfliktanalyse hat es mit folgenden Kategorien zu tun:

Analysekategorie	Beschreibung
Konfliktkern	Er wird beschrieben, indem die konkurrierenden Erwartungen angegeben werden.
Konfliktfolgen	Sie beinhalten die Auswirkungen des Konfliktes auf die Konfliktpartner oder auf weitere Personen und Personengruppen.
Rahmenbedingungen	Darunter werden alle Bedingungen verstanden, die einen Einfluß auf den Konflikt und seine Lösung haben, aber selbst nicht Inhalt des Konfliktes sind.
Konfliktlösung	Veränderungen und Maßnahmen, die von den Konfliktpartnern als eine Beendigung oder Entschärfung des Konfliktes gewertet werden und emotionale Entspannung bringen.
Pseudolösung	Sie beinhaltet die Bewertung des Konfliktes von mindestens einem der Konfliktpartner als gelöst, unter Weiterbestehen der Konfliktfolgen.
Konfliktlösungsschema	Eine Folge von Verhaltenssegmenten, die eine Konfliktlösungsstrategie ergeben gleichgültig, ob die Lösung erreicht wird oder nicht.

Die Analyse des Konfliktes ist der erste Schritt, um zu einer befriedigenden Konfliktlösung zu gelangen. Das Anliegen der Analyse ist das Erkennen von Bedingungen oder Schemata der Konfliktlösung, einer Einschätzung der Ergebnisse bzw. der Folgen und das Verstehen der Motivation, die die Ausbildung und Aufrechterhaltung des Lösungsschemas bei einer bestimmten Konfliktart bedingt.

Folgendes Vorgehen hat sich bewährt:

Fragen Sie sich, welche Konflikte Sie in letzter Zeit hatten und schreiben Sie sie auf. Beginnen Sie mit den Konfliktsituationen heute und gehen Sie in ihrer Biographie zurück. Schreiben Sie alle auf, auch wenn Sie Ihnen momentan als belanglos oder als Ausnahmefälle erscheinen.

Konflikt-Analyse-Schema

Teil A:

Konfliktbeschreibung	Lösungsmuster	Veränderungswünsche

Teil B:

Ergebnisanalyse

kurzfristige Ergebnisse		langfristige Ergebnisse	
sachlich	**emotional**	**sachlich**	**emotional**

Wir stellen bei einer näheren Betrachtung fest, daß die meisten Menschen mit ihren Konflikten, die sie täglich zu bewältigen haben, gut zurechtkommen. Die Analyse des eigenen Konfliktlösungsverhaltens wird zeigen, daß wir eine Vielzahl an verschiedenen Mustern der Konfliktlösung beherrschen und daß wir die verschiedenen Muster sehr variabel und abgestimmt auf die Art des Konfliktes und die Konfliktsituation einsetzen. Der Mensch zeigt sich uns hier als ein psychologisch begabtes und kompetentes Wesen.

Es zeigt sich in der Regel aber auch, daß es einzelne Konflikte gibt, die sich wiederholen und mit denen wir nicht gut zurechtkommen. Das sind die Konflikte, die den Schlüssel zu ihrem Verständnis meist in der Kindheit haben. In diesen Fällen stellt sich der Mensch als ein sehr rigides Wesen dar, das nicht imstande ist, aus seinen Mißerfolgen zu lernen. Mit diesen Fällen werden wir uns noch eingehend beschäftigen.

5.5.5.2 Konfliktlösung

Konflikte sind – was die Lösungsmöglichkeit anbelangt – sehr verschieden zu betrachten, je nachdem ob es sich um einen bedeutsamen oder weniger bedeutsamen Konflikt handelt. Nur bei bedeutsamen Konflikten kommt es zu Fixierungen und Verhärtungen, die ein professionelles Vorgehen notwendig machen. Die meisten täglich anfallenden Konflikte werden mit naiven Konfliktlösungsmustern gelöst, die im allgemeinen auch ausreichen.

Naive Konfliktlösungsmuster

Lernen geschieht über den Druck der Umwelt. Der älteste in der Geschwisterreihe muß Verantwortung für die jüngeren Geschwister übernehmen, ist aber zugleich der stärkste unter ihnen und hat Macht. So lernt er Verantwortung zu übernehmen und mit Macht umzugehen. Überdurchschnittlich häufig finden wir unter den Führungskräften Erstgeborene. Das jüngste der Geschwister kann sich mit Kraft nicht gegen seine älteren Geschwister durchsetzen. So wird es gezwungen, Sonderwege zu gehen, Kompromisse zu suchen und sich durch geistige Originalität Aufmerksamkeit verschaffen. Und so finden wir unter den sanften Revolutionären, Außenseitern und Originalen überzufällig häufig das Jüngste in einer Geschwisterreihe.

Jeder Mensch lernt im Laufe seines Lebens, seine Konflikte irgendwie zu meistern und erwirbt hierfür verschiedene Konfliktlösungsschemata. Beobachten wir das naive Konfliktlösungsverhalten, so gewinnen wir eine Vielzahl von sehr unterschiedlichen Strategien und Mustern. »Naiv« werden solche Muster deshalb genannt, weil sie, schon in der Kindheitsfamilie gelernt, und methodisch mehr oder weniger unreflektiert entwickelt und angewendet werden.

Es gibt – wie bereits erwähnt – eher wenige Konflikte, mit denen der Mensch nicht gut umzugehen versteht. In diesen Fällen zeigt der Mensch ein sehr rigides Konfliktlösungsverhalten:

- → Es werden immer wieder die gleichen Lösungsmuster angewendet, auch wenn sie sich in der Vergangenheit als wenig erfolgreich erwiesen haben.
- → Die Muster sind in der Regel dem Konflikt nicht angemessen, sie vergrößern die Probleme eher als sie einzudämmen.
- → Das Defizit liegt weniger am Problemlösungsrepertoire des Konfliktträgers als vielmehr an seiner Motivation. Sie ist entweder zu stark oder kaum vorhanden, oder es ist Angst im Spiel.
- → Das Bedürfnis, durch Lernen eine Veränderung zu erzielen, ist relativ hoch.

Im Folgenden werden wir einige der naiven Konfliktlösungsmuster skizzieren:

Naive Konfliktlösungsmuster

Name	Beschreibung
1. Drohmuster	Wenn du mir nicht entgegenkommst, dann werde ich dich zerquetschen
2. Imponiergehabe	Ich bin so mächtig, darum ist es klug von dir, klein beizugeben
3. demonstrierte Hilflosigkeit	Ich weiß von nichts, kenne mich nicht aus, bin hilflos. Kannst du mir helfen?
4. Entgegenkommen kaufen	Ich bezahle, wenn du mir dann entgegenkommst.
5. Verhandeln	Wir handeln einen Kompromiß aus: jeder kommt dem anderen ein Stück entgegen, jeder bekommt einen Teil und gibt einen Teil auf.

Name	Beschreibung
6. Verdrängung	Ich will davon nichts wissen, es geht mich nichts an.
7. Kompensation	Alkohol, Drogen und andere Erfolge als Ersatz für eine Lösung des Konfliktes.
8. leere Versprechen	Ich tue alles mögliche, wenn du mir entgegenkommst.
9. Selbstbetrug	Es ist ja gar nicht so schlimm und nicht so bedeutsam.
10. Vogel-Strauß-Politik	Ich weiß von nichts, und ich sehe nichts.
11. Hilfestrategie	Ich werde mir Hilfe holen, um meine Position in der Auseinandersetzung zu stärken.
12. Soziale Lösung	Miteinander reden, dann findet sich eine Lösung.
13. Aufschiebe-Strategie	Wir werden uns des Konfliktes sicher annehmen, aber nicht jetzt, nicht heute.
14. Turnier	Ich ziehe gegen dich in den Krieg und ich werde dich besiegen.
15. Nachtragend	Ich gebe nach, aber ich will mit dir nie wieder etwas zu tun haben.
16. Rache	Ich gebe heute nach, aber irgendwann werde ich es dir heimzahlen.
17. Beschwichtigung	Es ist alles nicht so schlimm.
18. Versuch zu überreden	Dein Verlust ist überhaupt nicht groß, es sieht heute nur so aus.
19. Scharfmacher	Es ist alles noch viel schlimmer, der Verlust ist grenzenlos.
20. Verdrehungsmuster	Die Tatsachen sind ganz anders.
21. Lügenmuster	Ich schwöre, daß es so ist und nicht anders.
22. Zaudern	Ich kann mich noch nicht entscheiden.
23. Schlechtes Gewissen	Sie sind ein Übeltäter, wenn sie mir das antun.
24. Fait accompli	Den anderen vor vollendete Tatsachen stellen.
25. Täuschung	Was ich sage, ist etwas anderes als was ich dann tun werde.
26. Beschimpfung	Ich gebe nach, aber du bist ein Übeltäter, ein Halsabschneider, usw.
27. Ignorieren	Ich tue, als hätte ich nichts bemerkt.

Diese Anthologie an alternativen Konfliktlösungsschemata zeigt, wie breit gefächert das Verhaltensspektrum des Konfliktlösens ist. Jeder Mensch verfügt, wenn auch nicht über alle Möglichkeiten, so doch über eine große Auswahl und er setzt dieses Repertoire variabel ein. Berücksichtigt man jedoch die Konfliktinhalte und die situativen Bedingungen, so schälen sich bestimmte Neigungen heraus, ein Muster oder eine Kombination zu bevorzugen und andere ebenso konsequent zu meiden. Es gibt bestimmte Muster, die wir nie verwenden und andere, zu denen wir schnell greifen, unabhängig von den Konfliktbedingungen.

Emotionale Besetzung der Konfliktlösungssituationen und -schemata

Reflektieren wir unser Verhalten in Konfliktsituationen, so fällt uns auf, daß wir auf manche Konflikte sehr emotional reagieren, emotionaler, als es für uns charakterisitisch ist. Das hängt mit der Bedeutung zusammen, die der Konflikt bzw. der Ausgang der Auseinandersetzung für uns hat, aber nicht nur. Wir haben bereits mehrmals die Lerngeschichte angesprochen, die jeder Mensch im Zusammenhang mit Konflikten durchmacht. Begegnet uns im Alltag ein Konfliktmuster, das in der Kindheit bedeutsam war, so reagieren wir viel emotionaler und viel stärker, auch unkontrollierter, als in anderen Situationen. Wer sich gegen einen mächtigen Vater durchsetzen mußte und dabei häufig unterlag, reagiert weniger gelassen, wenn er einem mächtigen Chef gegenübertritt. Wer im Schatten des Bruders stand und sich schwer tat, Aufmerksamkeit zu gewinnen, reagiert auf rivalisierende Konstellationen stärker als ein anderer.

Diese Emotionen, die wir aufgrund eines Lernprozesses in der Kindheit mit Konfliktsituationen verbinden, nennen wir die »emotionale Besetzung von Konfliktlösungssituationen«. Sie vor allem machen uns Probleme und mit ihnen müssen wir uns deshalb auseinandersetzen.

Elaborierte Methoden der Konfliktlösung

Wir werden diesen Abschnitt mit einer theoretischen Einleitung beginnen, denn Konflikte sind ein Produkt kognitiver Strukturierung, und deshalb muß auch ihre Lösung mit dem Verständnis der Entstehungsbedingungen beginnen.

Theoretische Überlegungen

Fast jeder Konflikt mit einem Menschen, d. h. fast jeder interaktive Konflikt, ist aus einem Sach- oder Zielkonflikt hervorgegangen. Dieses Verständnis hilft uns, wenn es darum geht, Lösungen zu finden.

Am Anfang steht die Erfahrung, daß wir bestimmte Güter und Werte mit anderen teilen müssen, und daß manche dieser Güter und Möglichkeiten ausschließlich für einen reichen. Das ergibt die Ziel- und Sachkonflikte, die Freunde, Arbeitskollegen, Bekannte zu Konkurrenten machen. Meist tut es uns leid, daß wir zu einem bekannten Menschen in Konkurrenz stehen, der Konflikt wird uns in gewissem Sinne aufgezwungen.

Zum äußeren Sachkonflikt kommt daher häufig ein innerer, in dem wir einem Menschen etwas wegnehmen, dem wir eher etwas geben oder ermöglichen möchten. Ist uns die Beziehung sehr wichtig, so verzichten wir zuweilen auf das Erreichen eines Ziels, um nicht damit die Beziehung zu gefährden. Ehepartner lehnen es daher häufig ab, im gleichen Beruf zu arbeiten, um möglichen Sachkonflikten aus dem Weg zu gehen.

Ein drittes kommt in der Regel zum Konflikt hinzu. Konfliktverhalten wird durch negative Gefühle begleitet (Schuldgefühle, Enttäuschung, Sorgen, Angst, etc.) und diese Gefühle treten zeitlich und sachlich im Zusammenhang mit dem Mitbewerber auf. Das sind ideale Bedingungen, um sie auf ihn übertragen zu können (klassische Konditionierung). In der Folge wird diese Person nicht mehr als neutraler Mitbewerber wahrgenommen, der nur zufällig und wahrscheinlich gegen seinen Willen zum Mitbewerber geworden ist, sondern als eine Person, die zum Feind geworden ist. Man traut ihr die gleichen negativen Gefühle zu, die man selber empfindet und so kommen zu den Gefühlen der Enttäuschung, der Sorgen, der Angst und der Schuldgefühle noch Eifersucht, Neid und Haß hinzu. Der Sachkonflikt tritt in den Hintergrund und geht in einen emotionalen Konflikt über.

Im Altertum wurden die Überbringer der Nachricht einer Niederlage gelegentlich getötet. Es ist derselbe psychische Mechanismus, der auch in unserem Leben Konfliktträger gelegentlich zu Feinden und gehaßten Personen macht.

Konfliktverhalten und Schuldeinsicht

Das Konfliktverhalten und das Konfliktlösungsverhalten ist wesentlich davon bestimmt, daß die Konfliktpartner die Schuld des Konfliktes sehen. Es gibt sicherlich viele Fälle, wo sich jemand einfach einen Vorteil verschaffen will oder auf einen Vorteil nicht verzichten will, gleichgültig wie die Rechtssituation ist. Es gibt wahrscheinlich noch mehr Fälle, wo diese Schuldzuschreibung einfach dadurch geschieht, daß man sich der Frage nicht ernsthaft stellt und einfach einmal annimmt, daß die Schuld beim anderen liegen muß. Aber die Frage nach der Rechtmäßigkeit des Anspruchs spielt doch eine größere Rolle als man bei einer flüchtigen Betrachtung von Auseinandersetzungen anzunehmen bereit ist. Wird von einer autorisierten Instanz die Unrechtmäßigkeit eines Anspruches festgestellt, so vermindert sich für die meisten Menschen das Anspruchsdenken, und dies selbst dann, wenn der Schiedsspruch als ungerecht angesehen wird. Es besteht offensichtlich bei vielen Menschen eine Neigung zum Nominalismus: Die Beschreibung eines Sachverhaltes bestimmt die Wahrnehmung desselben.

Ziele einer Verbesserung des Konfliktlösungsverhaltens

Es sind vor allem vier mögliche Ziele zu nennen:

- → Stärkung der Konfliktlösungsmotivation durch eine Auseinandersetzung mit den Konfliktfolgen
- → Erwerb alternativer Formen an Mustern des Konfliktlösens, um das Repertoire auszuweiten und zu vergrößern
- → Verbesserung des Ergebnisses des Konfliktlösungsverhaltens durch eine optimalere Anwendung des Repertoires
- → Veränderung der Gefühle, die den Konflikt begleiten oder dem Konflikt zugrunde liegen

Vier Strategien der Lösung emotionaler Konflikte

Für die Bearbeitung von sachlichen Konflikten steht dem Menschen sein gesamtes Sachwissen zur Verfügung. Wenn wir es in einem bestimmten Fall doch nicht schaffen, einen Sachkonflikt zu lösen, dann liegt es in der Regel daran, daß Sachzwänge vorherrschen, die nicht behoben werden können und die eine Lösung unmöglich machen, oder daran, daß nicht genügend attraktive Kompensationsmöglichkeiten vorhanden sind.

Bei den emotionalen Konflikten sieht es anders aus. Sie können an sich immer gelöst werden, dazu sind nur psychogene Mittel notwendig. Kommt es dennoch zu keiner Lösung, liegen die Ursachen im fehlenden Wissen um diese psychogenen Mittel oder an mangelnder sozialer Kompetenz. Mit diesem Teil der Konfliktlösung haben wir es hier primär zu tun.

Konflikte stellen ganz allgemein eine Bedrohung dar, emotionale Konflikte aber tun dies in einer noch stärkeren Weise als Sach- und Zielkonflikte. Natürliche Reaktionen auf eine Bedrohung sind Flucht, Gegenwehr, Resignation, Verdrängung und die professionelle Form der Konfliktbearbeitung. In gewissem Sinn ist jede dieser Reaktionen eine – mehr oder weniger effiziente – Form der Konfliktlösung. Jede hat ihre Vor- und Nachteile.

Flucht als Konfliktlösung

Beispiele
- ein Mitarbeiter fühlt sich durch seinen Vorgesetzten ungerecht behandelt, spricht ihn jedoch nicht darauf an
- Kündigung, um eine Überforderung zu vermeiden

Vorteile
- die emotionale Spannung wird wirkungsvoll aufgelöst/abgebaut

Nachteile
- man nimmt u. U. größere Verluste in Kauf: seine Position, Achtung, Geld, Mittel

Flucht als Konfliktlösung wird meist negativ bewertet. Tatsächlich jedoch ist Flucht in vielen Fällen eine befriedigende Lösung, vor allem dann, wenn andere Lösungen nicht greifen und wenn der erlittene Verlust gut kompensiert werden kann. Es gilt aber, den Preis genau anzuschauen, den man für die Lösung der emotionalen Spannung zahlen muß.

Gegenwehr als Konfliktlösung

Beispiele
- ein Mitarbeiter, der auf eine Anschuldigung mit einer »Retourkutsche« antwortet
- der Verkäufer, der die Vertragserfüllung beim Kunden mit Rechtsmitteln durchsetzt
- die Führungskraft, die den Vorgesetzten zur Rede stellt, weil er sie übergangen hat

Vorteile
- Ein materieller oder immaterieller Nachteil wird abgewehrt
- Befriedigung, wenn man sich durchsetzt

Nachteile
- es kostet u. U. viel Kraft und Zeit, seine »Attacke« durchzuführen und sich dabei selbst zu schützen
- Beziehungen, die man später wieder braucht, zerbrechen
- der Sieg ist nicht immer sicher, und bei einer Niederlage droht Gesichtsverlust

Ob man sich bei einem Konflikt wehrt oder nicht, hängt zum Großteil von Gewohnheitsschemata ab, die man im Laufe seines Lebens erworben hat. Deshalb wird kaum je ernstlich überprüft, ob in einem bestimmten Fall die Aussichten auf Erfolg durch die Gegenwehr erfolgversprechend sind oder nicht.

Resignation als Konfliktlösung

Resignation bedeutet das Aufgeben von Widerstand, auf eine Lösung wird verzichtet.

Beispiel
- der Mitarbeiter, der nichts gegen seine mißliche Lage unternimmt, außer daß er darüber klagt

Vorteile/Gewinn
- weitere Verletzungen durch ein fruchtloses Bemühen werden vermieden
- er braucht sich nicht mehr anzustrengen
- er hat vor sich selbst eine Entschuldigung für seine schlechte Leistung
- er gefällt sich in der Opferrolle

Nachteile
- die emotionale Spannung bleibt und verbraucht Zeit und Kraft
- Verlust des Selbstwertgefühles
- Verbitterung und emotionale Verhärtung

Psychische Abwehrmechanismen als Konfliktlösung

die Verdrängung:
Der Konflikt wird subjektiv nicht mehr wahrgenommen

die Verschiebung:
der Konflikt wird auf eine andere Person übertragen, z. B. versucht eine Führungskraft, sich nicht mehr gegen den autoritären Chef aufzulehnen, sondern zeigt ähnlich autoritäre Muster gegenüber ihren Mitarbeitern

die Kompensation:
die Befriedigung wird nicht mehr in der Lösung des Konfliktes gesucht, sondern im Alkohol, in Drogen oder im Kranksein.

Vorteile/Gewinn
- alle bringen sie im Moment eine gewisse Erleichterung und das Gefühl, weiterleben zu können

Nachteile
- der Hauptnachteil der Konfliktverdrängung liegt darin, daß die Person subjektiv der Überzeugung ist, den Konflikt beseitigt zu haben und ist damit nicht mehr offen für eine Auseinandersetzung. Man reagiert auf entsprechende Versuche von außen besonders aggressiv, weil die Person sich in einer tieferen Weise bedroht fühlt. Da aber der Konflikt nicht wirklich gelöst ist, bestehen auch die Konfliktfolgen fort
- die nicht beseitigten Konfliktfolgen hinterlassen eine Ahnung, daß das Problem bestehen geblieben ist und auch das Gefühl der Bedrohung wirkt fort
- die unbestimmte Angst wirkt neurotisierend

Die neurotische Konfliktbearbeitung, wie man die Lösung mit Hilfe der Abwehrmechanismen auch nennt, wirkt selbst neurotisierend und zerstört bei längerem Andauern die Persönlichkeit. Eine neurotische Konfliktbearbeitung macht sich auch darin bemerkbar, daß die betroffene Person besonders negativ auf Versuche von außen reagiert, den Konflikt zu lösen. Dies wird verständlich, wenn man bedenkt, daß sie mit sehr viel Aufwand und gegen die tägliche Erfahrung der fortbestehen Konfliktfolgen, durchsetzen mußte, den Konflikt nicht wahrzunehmen, zu verdrängen und zu leugnen.

Professionelle Konfliktbearbeitung: Verschiebung und Objektivierung

Es sind verschiedene Formen einer professionellen Konfliktbearbeitung entwickelt worden. Theoretisch gesehen stehen zwei Möglichkeiten im Mittelpunkt unseres Interesses: die Verschiebung der negativen Emotionen auf andere Personen und die Objektivierung.

a. Die Verschiebung der negativen Emotionen

Besinnen wir uns zurück auf die Entstehung der emotionalen Konflikte. Es fiel uns auf, daß sie im zeitlich-semantischen Zusammentreffen der Konfliktträger mit negativen Emotionen wurzeln, die die Sachkonflikte eher zufällig begleiten. Theoretisch gesehen entstehen emotionale Konflikte eher beiläufig und zufällig, und oft gehört gar nicht viel dazu, einen emotionalen Konflikt zu vermeiden. Ich erinnere mich an einen Universitätsprofessor, der die Prüfungen zu seiner Vorlesung immer von einem Assistenten abhalten ließ. Die schlechte Benotung und die negativen Gefühle, die eine Prüfung im allgemeinen bei Studenten begleiten, wurden auf diese Weise auf den armen Assistenten übertragen. Der Professor hatte es geschafft, die negativen Gefühle von sich wegzubringen und abzuschieben auf eine andere Person und er genoß das Image eines studentenfreundlichen Lehrers. Der Konflikt wurde auf diese Weise nicht gelöst, aber der Konfliktträger, in diesem Falle der Professor, wurde vom Konflikt entlastet, er konnte den Konflikt auf eine andere Person übertragen.

Bedeutsam ist diese Lösungsstrategie für Konfliktsituationen, die sachlich nicht für beide Teile befriedigend zu lösen sind, in denen aber die Konfliktparteien trotzdem weiterhin kooperieren müssen. So werden z. B. für die Durchsetzung problematischer Personalentscheidungen in Betrieben externe Agenturen beauftragt, die die konfliktträchtigen Entscheidungen vorbereiten und begründen. Auch das Konfliktlösungsmuster »Sündenbock« ist hier einzuordnen. Alle Schuld wird auf jemanden abgeladen, der daraufhin entlassen /ausgestoßen wird. Mit Edelmut oder mit Gerechtigkeit hat das Ganze nichts zu tun, es sind Strategien des Machtdenkens und dienen dem Machterhalt.

Die christliche Religion hat dieses Problemlösungsmuster ins Mythische erhoben: Christus, der Sohn Gottes nimmt alle Schuld auf sich, damit Gott und die Menschheit wieder miteinander kommunizieren können.

b. Die Objektivierung

Die Objektivierung löst den Konflikt durch emotionales Lernen, der Konflikt wird auf seinen sachlichen Gehalt zurückgeführt.

Wir haben gesehen, daß sachliche Konflikte sehr schnell in einen emotionalen Konflikt übergehen. Der Konflikt wird auf die Beziehung übertragen, die sachlichen Nachteile als Schuld interpretiert und der Mensch, der damit in Beziehung steht, dafür verantwortlich gemacht. Was als sachlicher Zusammenhang beginnt, wird als Schuld, Versagen, böse Absicht interpretiert. Man hat dann zwar einen »Schuldigen«, an dem man seine Aggressionen abreagieren kann, und das hilft subjektiv, über den Verlust und die Benachteiligung hinwegzukommen, aber nicht nur Beziehungen zerbrechen darunter, sondern häufig genug auch die Betroffenen selbst, wenn es sich um einen bedeutsamen Konflikt handelt und ein Ausweichen nicht möglich ist.

Die Objektivierung versucht nun, den emotionalen Konflikt auf den ursprünglichen Konflikt, der ein sachlicher ist, zurückzuführen. Der emotionale Konflikt wird von den Konfliktträgern abgelöst, damit die Konfliktparteien wieder über ihre sachlichen Differenzen reden und verhandeln können. Während die Verschiebung diese Trennung von Konflikt und Konfliktträger dadurch erreicht, daß der Konflikt auf eine Randperson übertragen wird, strebt die Objektivierung die Entemotionalisierung mit kommunikativen Mitteln an. Die Einrichtung unserer Gerichtsbarkeit, mit einem neutralen Richter, den klagenden Parteien und einem Ritual der Konfliktdarstellung und Bearbeitung ist eine Form der Konfliktobjektivierung. Dieses Grundmuster der Konfliktlösung läßt sich in verschiedensten Formen weiterentwickeln.

Eine sehr einfache Form für die Lösung von Konflikten, die ein Gruppenleiter mit seiner Gruppe hat, ist z. B. die Methode, die vorgebrachte Kritik am Flipchart festzuhalten. Damit stehen die Vorwürfe auf dem Papier oder auf dem Flipchart gleichsam festgehalten und verbrieft. Jetzt wird es wieder möglich sein, auch andere Inhalte und Aspekte zu diskutieren und zu besprechen, ja es ist auch möglich, dem Gegner »wirklich« zuzuhören, d. h. nicht nur soweit zuzuhören, als man einen Anlaß darin findet, seine eigene Rechtsposition zu verteidigen (diese steht in diesem Falle ja schon für alle sichtbar auf dem Papier oder dem Flipchart).

Mit der Objektivierung wird der Konfliktinhalt von der Person getrennt, und es findet der umgekehrte Prozeß statt, der zuvor einen Sachkonflikt zu einem emotionalen Konflikt hatte werden lassen: alle Vorwürfe, Unterstellungen, Mutmaßungen werden ausgesprochen und aufgeschrieben. Damit ist auch der Ankläger exponiert und setzt sich der Beobachtung und Reflexion aus. Anteile des Anklägers werden sichtbar, die Subjektivität der Konfliktinterpretation durch die Konfliktträger wird deutlich, eine Rückbesinnung auf den sachlichen Gehalt wird als erforderlich erachtet. Der Sachkonflikt löst sich vom emotionalen Konflikt. Sachliche Lösungen werden möglich. Dieser Ansatz wird uns nun weiterhin beschäftigen. Auf ihm baut auch das von uns entwickelte Interaktive Konfliktlösungsschema (IKS) auf.

5.5.5.3 Das Interaktive Konfliktlösungsschema (IKS)

Es wurde bereits erwähnt, daß Sachkonflikte nicht allein durch Miteinander-Reden gelöst werden können, sondern daß der sachliche Grund beseitigt werden muß oder daß zumindest ein sachlich akzeptabler Ausgleich gefunden werden muß. Nur emotionale und Mischkonflikte können mit Hilfe von Konfliktgesprächen wesentlich entschärft und aufgearbeitet werden.

Schritte der Konfliktbearbeitung nach dem IKS

Charakteristisch für die vorausgegangenen Konfliktbearbeitungsmuster ist das isolierte Vorgehen. Die Konfliktträger versuchen für sich alleine eine Lösung zu finden unter Geheimhaltung der Strategie vor dem Konfliktpartner. Diese Anstrengungen verunsichern den Konfliktpartner eher als daß sie eine Entspannung bringen und werden von ihm nicht selten als erneuter Angriff empfunden.

Das Interaktive Konfliktlösungsschma ist eine Methode zur Objektivierung emotionaler Konflikte in Form eines Gesprächs. Sie geht von folgenden Annahmen aus:

Annahme 1: Die Konfliktpartner ordnen die Information über den Konflikt in einer Weise, daß die Schuld jeweils beim anderen liegt. Eigene Fehler werden entweder nicht gesehen oder unterschätzt. Daher steht jeweils der andere als der Böse da.

Annahme 2: Der verzerrte Wahrnehmungsraster wird im Laufe der Auseinandersetzung nicht korrigiert, sondern eher verschärft, indem nur die negativen Sequenzen registriert und die positiven ignoriert werden.

Annahme 3: Die Wahrnehmungsverzerrung kann nicht durch Beibringung einzelner Argumente korrigiert werden, sondern nur durch einen ganzheitlichen, erlebnisbetonten Ansatz, wie er zum Beispiel in einem Rollentausch provoziert wird.

Im Folgenden stellen wir ein Schema dar, emotionale Konflikte und Mischkonflikte konstruktiv aufzuarbeiten.

Die Vorbereitung

Jede Konfliktlösung wird durch eine sorgfältige Vorbereitung erleichtert und optimiert. In der Vorbereitung gilt es einige Fragen zu klären:

→ Was sind meine eigenen Erwartungen?
→ Was sind die Erwartungen des Konfliktpartners?
→ Was kann bei einer Lösung gewonnen werden?
→ Was kostet der Konflikt beide Konfliktpartner?
→ Was erschwert, was erleichtert eine Lösung?
→ Wo sind die Grenzen, bis wohin kann ich gehen?

Die vorangegangene Auseinandersetzung mit diesen Fragen erleichtert das Verständnis des Konfliktpartners und das Erkennen von Lösungsmöglichkeiten.

Phase 1: Die Objektivierung

In der ersten Phase bekommt der Konfliktpartner die Möglichkeit, seinen Ärger auszudrücken. In dieser Phase wird nichts entschieden und noch nichts gelöst.

Hilfreich kann es in dieser Phase sein, die Argumente und die Erwartungen des Konfliktpartners schriftlich auf Flipchart oder auf Papier festzuhalten, um ihm zu zeigen, daß sein Anliegen akzeptiert wird (Objektivierung).

Vom Zuhörer wird in dieser Phase viel Geduld und Selbstüberwindung verlangt. Er kann den Eindruck gewinnen, daß die Lösung einseitig auf seine Kosten erfolgt, da wir seinem Kontrahenten geduldig zuhören, seine Beiträge schriftlich festhalten, und seine Darstellung akzeptieren.

Wir müssen ihm glaubhaft machen, daß das Anhören und Objektivieren der Argumente des Gegners nicht bedeutet, daß dessen Position nun als verbindlich akzeptiert wird, sondern daß dies ein erster Schritt ist, auf dem mühevollen Weg, eine einvernehmliche Lösung zu finden.

Ist bei jenem, der eben seine Position darstellt, Entspannung eingetreten, kann zur nächsten Phase übergegangen werden. Wir sehen das Ende dieser Phase erreicht, wenn der Konfliktpartner beginnt, selbst Fragen zu stellen und seinen Monolog und seine Vorwürfe unterbricht. Jetzt ist er erst fähig und motiviert zuzuhören. Der Konflikt ist von seiner Seite aus objektiviert.

Nun werden die Rollen getauscht. Der zweite Konfliktpartner stellt nun seine Sichtweise des Konflikts dar. Nun hört der andere zu, versucht emotional mitzugehen und akzeptiert die gegnerische Position.

Der zweite Konfliktpartner können wir auch selbst sein. Dann gelten für uns dieselben Regeln der Gesprächsführung.

Diese Phase dauert u. U. länger, als uns lieb ist. Gehen wir jedoch zu schnell von der Phase 1 zur Phase 2 (Konfliktklärung), d. h. gehen wir zur Phase der Klärung über, ohne daß beim Konfliktpartner das Vertrauen entstanden ist, daß sein Anliegen wirksam wahrgenommen wird, kann die Phase 2 kaum gelingen.

Phase 2: Die Konfliktklärung

Nachdem ein erster Ausdruck des Ärgers geschafft ist, ist es nun vonnöten, genau abzuklären, was das Problem ist, und wie es zustandegekommen ist.

Nun können wir Fragen stellen mit dem Ziel, den Konfliktpartner und seinen Ärger zu verstehen. Der andere beantwortet die Fragen. Wiederum ist es hilfreich, die Beiträge schriftlich zu notieren, um die Objektivierung des Konflikts weiter voranzubringen.

→ Die Fragen an den Konfliktpartner geraten leicht zu Formen des Vorwurfs, womit sie verletzen und den anderen nicht öffnen, sondern erneut verschließen.
→ Die Antworten werden als Verzerrung der Wirklichkeit erlebt (was sie mehr oder weniger auch sind) und provozieren zur Korrektur und damit zum Widerstand.

Diese Hürden können nur genommen werden, wenn den Konfliktpartnern deutlich gemacht wird, daß im Verlauf dieses Verfahrens nichts geschieht, dem einer der beiden nicht zustimmen könnte, ja daß es zunächst überhaupt nur darum geht, den anderen anzuhören.

Das Ende der Phase 2 ist gekommen, wenn wir den Konflikt verstehen und wenn die Konfliktpartner ausdrücken, daß sie sich verstanden fühlen. Damit ist das Vertrauen weiterhin gewachsen, daß eine faire Konfliktlösung angestrebt wird und daß keiner der Konfliktpartner um den Erfolg bangen muß.

Phase 3: Das Akzeptieren

Die Konfliktpartner haben den Konflikt dargestellt und wir verstehen ihn. Jetzt brauchen sie noch die Bestätigung, daß wir den Konflikt anerkennen, daß sie mit ihren Problemen akzeptiert sind. Unseren Willen dazu haben wir bekundet, indem wir sie angehört und die Beiträge festgehalten haben.

Wir müssen die Akzeptanz ausdrücken. Etwa: »... ich verstehe, daß Sie verärgert sind«; »... ich könnte jetzt gut verstehen, wenn Sie auf mich sauer wären«.

Diese Phase läßt sich schwer planen, weder inhaltlich noch zeitlich. Sie hängt ganz von den Reaktionen der Konfliktpartner ab. Im allgemeinen braucht es einfach Zeit, um für sich das sichere Gefühl zu gewinnen, »ich bin in guten Händen«, oder »alle machen wir Fehler, es ist gut, gemeinsam zu überlegen, wie wir da wieder herauskommen«, usw.

Es sind nicht die vielen Worte, die die Akzeptanz bringen, sondern eher das nonverbale Verhalten, das Akzeptanz, Geduld und Offenheit signalisiert. Zeit-Haben und Sich-Zeit-Nehmen ist in diesem Moment das Wichtigste.

Phase 4: Die Rückdelegation

Der Konfliktpartner hat ein Problem vorgebracht und gibt uns damit die Verantwortung für eine Lösung. Damit ist die coachende Führungskraft in einer unguten Position: Er muß den Konfliktpartnern eine Lösung präsentieren, während diese u. U. nur darauf warten, mit der Kritik fortzufahren. Deshalb muß zumindest ein Teil der Verantwortung an die Konfliktpartner wieder rückdelegiert werden.

Die Rückdelegation der Lösungsverantwortung erfolgt am einfachsten dadurch, daß der andere um einen Lösungsvorschlag gebeten wird. Etwa so: »Wie könnten Sie sich vorstellen, wie wir dieses Problem aus der Welt schaffen?« Oder: »Ich bin da in einer schwierigen Situation, was wäre für Sie noch akzeptabel? Wie könnten Sie mir helfen? Könnten Sie mir einen Schritt entgegenkommen?«

So wird der andere in die Verantwortung mit eingebunden. Nicht vorschnell eine Lösung zu bringen, ist in dieser Phase das allerwichtigste, einfach warten, bis der andere etwas einbringt und dann sich darauf einlassen und auf ihn zugehen.

Eine Lösung einzubringen ist erst sinnvoll, wenn die emotionale Bereitschaft dazu vorhanden ist. Ist diese Bereitschaft noch nicht vorhanden, gilt es sich weiterhin in Geduld zu üben und auf den Zeitpunkt der Öffnung zu warten. Ein vorschnelles Übergehen zur nächsten Phase bringt nur Mißerfolg.

Phase 5: Die Lösungsfindung

Nun gilt es mehrere Lösungsalternativen zu entwickeln und dies möglichst mit den Konfliktpartnern zusammen.

Wiederum werden die Beiträge notiert und dann schlägt man dem Konfliktpartnern eine vor, oder wählt sich aus den Vorschlägen des Konfliktpartners eine aus.

Die »Gewinner-Verlierer«-Strategie

Das sachliche Ringen um ein Ergebnis artet oft in einen Kampf aus. Im Vordergrund steht dann nicht mehr, eine faire Lösung zu erreichen, sondern als Sieger das Turnier zu verlassen. Diese Form der Auseinandersetzung hat eine ganze Reihe an Nachteilen.

Nachteile der »Gewinner-Verlierer«-Strategie

→ Die Konfliktpartner verschanzen sich hinter Positionen, die sie einmal eingenommen haben. Kreative Lösungsmöglichkeiten werden nicht mehr gesehen oder nicht mehr in Betracht gezogen.
→ Jeder ist versucht, seine Position auch unter Anwendung unfairer Mittel wahrzunehmen. Aus Angst, eine Niederlage zu erleiden, führt dieses Verhalten häufig zur unnötigen Verhärtung der Standpunkte.
→ Es werden extreme Positionen bezogen, die dann vom Konfliktpartner als unfair wahrgenommen werden. Negative Emotionen werden geweckt, so daß es schwieriger wird, miteinander zu reden.
→ Es wird eine dogmatische Haltung gefördert, die lieber eine Verhandlung scheitern läßt, als dem anderen einen Vorteil zu gewähren.

Die »Gewinner-Gewinner«-Strategie

Die »Gewinner-Gewinner«-Strategie ist die kooperative Variante zur »Gewinner-Verlierer«-Strategie. Kern dieser Strategie ist der Versuch, die Auseinandersetzung um eine Konfliktlösung nicht zum Wettstreit werden zu lassen. Um dies zu verhindern, werden die Konfliktpartner, nachdem sie ihre Erwartungen ausgesprochen und sich verständigt haben (s. IKS Schritt 1–5), aufgefordert, zunächst im Stil eines Brainstormings

Lösungsmöglichkeiten zu suchen. Auf diese Weise wird verhindert, daß die Konfliktpartner sich vorschnell festlegen, was die Chancen erhöht, einen für beide Seiten annehmbaren Kompromiß zu finden.

Im nächsten Schritt werden die verschiedenen Möglichkeiten besprochen und bewertet. In diesem Schritt können die Partner ausloten, was für den anderen unannehmbar ist. Es wird vermieden, daß vorschnell eine Position eingenommen wird, von der man nur mit Gesichtsverlust wieder herunterkommt.

Vorteile der »Gewinner-Gewinner«-Strategie

→ Es werden mehr Lösungsmöglichkeiten in Betracht gezogen, und die Wahrscheinlichkeit, daß eine beide Seiten befriedigende Lösung gefunden wird, wächst.
→ Verletzungen des anderen werden vermieden, und damit bleibt die Bereitschaft zum Einlenken.
→ Damit sind auch gute Voraussetzungen geschaffen, daß man später wieder zusammenarbeiten kann. Die Beziehung geht gefestigt aus der Auseinandersetzung hervor.
→ Eine erfolgreich abgeschlossene schwierige Verhandlung stärkt das Selbstvertrauen.

Phase 6: Die Vereinbarung

Verschiedene Lösungsansätze und vielleicht auch fertige Lösungen sind besprochen oder zumindest angesprochen worden. Beide Seiten signalisieren die Bereitschaft zum Kompromiß. Nun ist die Zeit reif, eine verbindliche Vereinbarung mit den Konfliktpartnern zu treffen. Ohne diese verbindliche Vereinbarung am Schluß ist das ganze Gespräch wenig wert.

Eine verbindliche Vereinbarung beinhaltet die Leistung, den Umfang der Leistung, Termine und Rahmenbedingungen und dies in einer möglichst unmißverständlichen Form.

Verbindlich wird sie dadurch, daß sie schriftlich fixiert und von beiden unterschrieben wird, oder daß zumindest zum Schluß eine formale Zusammenfassung gegeben wird und die mündliche Zustimmung von beiden Seiten.

Damit ist eine Lösung erarbeitet und die Basis für den Ärger beseitigt. Die Konfliktpartner sind wieder entspannt.

Phase 7: Die Überleitung oder Verabschiedung

Konnte der Konflikt gut gelöst werden, so sind die Menschen wieder für einander offen und können sich frei begegnen. Hilfreich für die weitere Entwicklung der Beziehung ist das Schaffen gemeinsamer Erlebnisse: ein gemeinsames Essen, Blumen, eine Gefälligkeit, usw.

Zusammenfassung der Vorgehensweise der coachenden Führungskraft beim Bearbeiten von Konflikten

→ Die coachende Führungskraft wird als erstes versuchen, den Konflikt für sich zu analysieren. Dabei ist es wichtig, den Konfliktkern zu erkennen. Sie muß ferner einschätzen, was der Konflikt und was die Konfliktlösung die Konfliktparteien kostet, bzw. wer welchen Gewinn zu erwarten hat. Das bedeutet, daß sowohl die Folgen des Konfliktes als auch die Folgen der Konfliktlösung eingeschätzt und bewertet werden müssen.

→ Sie muß sich verschiedene Konfliktlösungen überlegen und jede in ihren Folgen für die Konfliktparteien richtig einschätzen. Grenzen des Verhandlungsspielraumes werden darin ebenso deutlich, wie auch die Spielräume und die Bandbreite von Kompromissen.

→ Im nächsten Schritt muß sie versuchen, die negativen Emotionen, die den Konflikt begleiten und die eine Auseinandersetzung um den Konflikt erschweren bis unmöglich machen, aufzulösen. Hier wiederum ist es wichtig, richtig einzuschätzen, was dem einzelnen zugemutet werden kann, bzw. vorherzusehen, wie der einzelne auf die Lösungsschritte reagieren wird.

→ Es werden, sachlich tragbare Lösungen im Gespräch entwickelt, besprochen und damit das praktisch Realisierbare ausgelotet.

→ Mit der Annahme eines Kompromisses findet die Verhandlung der Konfliktlösung ein vorläufiges Ende. In dieser Phase ist die coachende Führungskraft in Gefahr, etwas als eine Lösung zu akzeptieren, was im weiteren Verlauf nicht zu halten ist. Ergebnisse müssen, bevor sie verbindlich gemacht werden, ganz realistisch eingeschätzt werden und es darf nicht aufgegeben werden, bevor nicht eine ausgewogene Lösung gefunden ist.

→ Im weiteren Verlauf geht es darum, Rückschläge zu verhindern. Nach Beendigung der Verhandlungsphase wird es immer wieder Versuche geben, das Ergebnis nachzubessern.

Wir sind nicht darauf eingegangen, durch wen der Konflikt gelöst oder verursacht worden ist. Das ist mit Bedacht erfolgt. Man kann davon ausgehen, daß jeder jeweils den anderen als den Schuldigen sieht und daß die Klärung der Schuldfrage, wenn überhaupt, so erst nach erfolgter Lösung möglich ist. Aber auch dann bringt dieses Unterfangen in der Regel mehr Frust als Befriedigung. Wir tun gut, diese Frage den Juristen zu überlassen. Damit herrscht zumindest in dem einen Punkt Klarheit: die Klärung der Schuldfrage kommt zum Stehen.

5.5.6 Hilfsmittel für das Konfliktgespräch

Ergänzendes Schema für das Konfliktgespräch: Das Interaktive Konfliktlösungsschema (IKS)	
1. Vorbereitung	Die coachende Führungskraft analysiert den Konflikt für sich selbst. → Was sind meine eigenen Erwartungen? → Was sind die Erwartungen der Konfliktpartner? → Was kann bei einer Lösung gewonnen werden? → Was kostet der Konflikt beide Konfliktpartner? → Was erschwert, was erleichtert eine Lösung? → Wo sind die Grenzen, bis wohin kann ich gehen?
2. Objektivierung	Die coachende Führungskraft versucht, die negativen Emotionen, die den Konflikt begleiten und die eine Auseinandersetzung um den Konflikt erschweren bis unmöglich machen, aufzulösen, indem jeder Konfliktpartner die Möglichkeit erhält, seinen Ärger auszudrücken. Die Argumente und Erwartungen werden schriftlich für alle sichtbar festgehalten.
3. Konfliktklärung	Nachdem dem Ärger Ausdruck verschafft wurde, ist es nun vonnöten genau abzuklären, was das Problem ist, und wie es zustandegekommen ist. Nun können wir Fragen stellen mit dem Ziel, den Konfliktpartner und seinen Ärger zu verstehen. Der andere beantwortet die Fragen. Wiederum ist es hilfreich, die Beiträge schriftlich zu notieren, um die Objektivierung des Konflikts weiter voranzubringen.
4. Akzeptieren	Die Konfliktpartner haben den Konflikt dargestellt und verstehen ihn. Jetzt brauchen sie noch die gegenseitige Bestätigung, daß der andere den Konflikt anerkennt, daß sie mit ihren Problemen akzeptiert sind.
5. Rückdelegation	Die Konfliktpartner haben ihr Problem vorgebracht und geben dem Coach damit die Verantwortung für eine Lösung. Damit ist die coachende Führungskraft in einer unguten Position: Sie muß den Konfliktpartnern eine Lösung präsentieren, während diese u. U. nur darauf warten, mit der Kritik fortzufahren. Deshalb muß zumindest ein Teil der Verantwortung an die Konfliktpartner wieder rückdelegiert werden. Die Rückdelegation der Lösungsverantwortung erfolgt dadurch, daß die Konfliktpartner um einen Lösungsvorschlag gebeten werden.

Ergänzendes Schema für das Konfliktgespräch: Das Interaktive Konfliktlösungsschema (IKS)	
6. Lösungsfindung	Die coachende Führungskraft entwickelt gemeinsam mit den Konfliktpartner Lösungsalternativen bzw. man einigt sich auf eine Lösung.
7. Vereinbarung	Verschiedene Lösungsansätze und vielleicht auch fertige Lösungen sind besprochen oder zumindest angesprochen worden. Beide Seiten signalisieren die Bereitschaft zum Kompromiß. Nun ist die Zeit reif, eine verbindliche Vereinbarung mit den Konfliktpartnern zu treffen. Ohne diese verbindliche Vereinbarung am Schluß ist das ganze Gespräch wenig wert.
8. Überleitung oder Verabschiedung	Am Ende steht die Beziehungsfestigung zwischen den Konfliktpartnern im Vordergrund.

5.6 Das Motivationsgespräch

5.6.1 Abstract

Um das Thema Motivation kreist ein Großteil der Auseinandersetzungen um den richtigen Führungsstil. Konzepte kann man kaufen, ebenso Fertigungsmethoden; auch Know-how kann man mit der Anstellung kompetenter Mitarbeiter am Markt erwerben, oder über Fortbildung sich aneignen. Die Motivierung der Mitarbeiter aber kann keine Führungskraft delegieren oder zukaufen. Schafft sie die Motivierung der Mitarbeiter nicht, hat sie versagt. Und wollten wir in einem Satz ausdrücken, was Leadership Coaching seine Berechtigung gibt, so würden wir sagen: Leadership Coaching ist die Methode, hoch qualifizierte Mitarbeiter zu motivieren. Hoch qualifizierte Mitarbeiter motivieren ist das Grundthema aller Gesprächstypen und ist mithin schon fünfmal abgehandelt worden. Wir haben uns trotzdem entschieden, einen Gesprächstyp Motivationsgespräch anzubieten, weil häufig im Coachinggespräch kein anderes Thema ansteht, als den Mitarbeiter zu motivieren. Es wird in diesem Abschnitt nicht viel Neues stehen, und das ist auch nicht nötig, da sie in diesem Gespräch auf alles zurückgreifen können, was schon gesagt wurde.

5.6.2 Ausgangssituation und Motiv des Motivationsgespräches

Ein Phantasiebeispiel:

Stellen Sie sich vor, Sie seien Trainee in einer Marketingabteilung und bekommen den Auftrag, ein Konzept für eine Veranstaltung zu entwickeln.

Die Person, die Ihnen den Auftrag erteilt, fügt dann noch hinzu, daß es nicht so schlimm sei, wenn nichts herauskomme, da die Veranstaltung wahrscheinlich gar nicht stattfinden wird, und Sie bisher wenig Fähigkeiten bewiesen hätten, ein Konzept zu entwerfen, aber Sie sollten es einfach einmal versuchen. Stellen Sie sich weiters vor, Sie machen sich nun an die Arbeit und schreiben ein Konzept. Wie motiviert, denken Sie, werden Sie an die Arbeit gehen?

Stellen Sie sich nun noch einmal vor, Ihnen wird der Auftrag erteilt, ein Konzept für eine Veranstaltung zu entwickeln. Dieses Mal aber fügt Ihr Betreuer hinzu, daß Sie das letzte Mal eine wirklich tolle Arbeit geleistet hätten und Sie würden gute neue Ideen in die Abteilung bringen. Wie werden Sie jetzt an die Arbeit gehen?

Der Unterschied zwischen den beiden Beispielen ist offensichtlich: Im ersten Beispiel werden Sie demotiviert, bevor Sie an die Arbeit gehen, im zweiten hingegen motiviert. Die Arbeit bleibt in beiden Fällen die gleiche, und sie wird auch nicht leichter oder schwerer durch die Worte mit denen der Auftrag erteilt wird. Dennoch wird Ihnen die Arbeit im ersten Fall mühevoller sein und wahrscheinlich werden Sie auch keinen besonderen Einsatz zeigen und vielleicht sogar eine schlechte Arbeit verrichten. Im zweiten Fall hingegen wird die Arbeit leicht sein, ja Ihnen vielleicht sogar Freude bereiten, und Sie werden sich bestimmt besonders anstrengen, eine gute Arbeit zu erbringen.

Wir können daraus ableiten: Eine der Grundvoraussetzungen für Leistung ist Motivation. Schauen wir uns das aber noch differenzierter an.

Leistung hat vier Bedingungen:

1. fachliche Kompetenz
2. Rahmenbedingungen
3. extrinsische Motivation
4. intrinsische Motivation

Die fachliche Kompetenz ist in unserem Beispiel die Kompetenz, ein Konzept zu entwickeln. Es ist klar, daß, sollte diese Kompetenz fehlen, das Konzept nicht gut werden wird und somit auch die Leistung keine gute ist.

Rahmenbedingungen wären, ob Vorlagen zur Verfügung stehen, ob sie ein detailliertes Briefing erhalten, ob Sie genaue Kenntnis über die Teilnehmer, die Themen haben, etc.

Unter extrinsischer Motivation verstehen wir die Motivation, die durch äußere Einflußfaktoren bedingt ist, die nichts mit der Sache an sich zu tun haben. In unserem Beispiel ist eine gewisse extrinsische Motivation dadurch gegeben, daß Ihnen der Auftrag erteilt wird und Sie das wahrscheinlich nicht einfach ignorieren können. Das klassische Beispiel für einen extrinsischen Motivator ist Geld.

Unter intrinsischer Motivation verstehen wir die Motivation, die in der Sache liegt. In unserem Beispiel verbinden Sie mit dem Entwerfen eines Konzeptes wahrscheinlich die Vorstellung, Ihre kreativen Kräfte spielen zu lassen, das bringt intrinsische Motivation. Intrinsisch motiviert werden Sie aber auch durch die Wertschätzung bzw. Nicht-Schätzung Ihrer Leistung, also durch die Worte »Sie haben letztes Mal eine so gute Arbeit geleistet« bzw. »Das Konzept ist wahrscheinlich gar nicht nötig«.

Die moderne Motivationsforschung hat gezeigt, daß diese Bedingungen nicht isoliert nebeneinander bestehen, sondern in einer zum Teil sehr komplizierten Wechselwirkung. Wir wollen dieses Thema hier nur soweit aufgreifen, als es die Coachingaufgabe betrifft, also Motivierung im Rahmen des Coachingprozesses. Dabei wollen wir uns auf die Bedingung beschränken, die wir intrinsische Motivation genannt haben, also nicht auf Entlohnungssysteme, Prämien usw. eingehen, die als extrinsische Motivatoren bezeichnet werden. Uns interessiert hier nur die motivationale Wirkung, die aus der Interaktion zwischen Führungskraft und Mitarbeiter ausgeht, also das Motivieren mit den Mitteln der Information.

5.6.3 Philosophie des Motivationsgespräches

Die coachende Führungskraft im Leadership Coaching verteilt keine Prämien, sie setzt keine Incentives, sie kann nur durch ihre Person und durch Qualität motivieren. Beides hängt innerlich zusammen: Die coachende Führungskraft gewinnt Ansehen, weil sie Qualität ermöglicht und weil sie Qualität erfahrbar macht, indem sie:

→ Interesse für den Mitarbeiter und seine Arbeit zeigt und sich Zeit für den Mitarbeiter nimmt
→ sich vom Mitarbeiter begeistern läßt und damit wiederum Begeisterung zurück an den Mitarbeiter gibt
→ den Mitarbeiter zu qualitätsvoller Leistung ermuntert und dafür die nötige Hilfestellung gibt
→ Erfolge meßbar macht, Leistungen aufzeigt, und sie damit für den Mitarbeiter erfahrbar macht
→ unterstützt und Sachzwänge schafft, die die natürliche Motivation unterstützen

Auch für die Motivation gilt, daß die coachende Führungskraft mit den Mitteln der Information führt, nicht mit Druck und Zwang und nicht mit materiellen Anreizen. Sie schenkt Zeit und Aufmerksamkeit, sie gibt Ideen und hilft sich zu konzentrieren. Indem die coachende Führungskraft die Aufgabe des Motivierens übernimmt, reflektiert sie das Betriebsziel, schreibt es um in mögliche Betriebsergebnisse und versucht die Mitarbeiter dafür zu begeistern.

Bislang war die coachende Führungskraft mehr ein Fragensteller, Feedbackgeber, Moderator, und die Verantwortung lag beim Mitarbeiter, der gecoacht wird. Aber wir sehen, daß im Ausüben dieser Rolle motivationale Kraft freigesetzt wird, Kraft die zu Qualität führt. Vielleicht läßt sich nicht jeder Mensch auf diese Weise begeistern, vielleicht meint manche Führungskraft, es liege in diesem Konzept zu viel Idealismus. Wir würden antworten: Es gilt, Chancen wahrzunehmen und nicht sie durch den Verweis, daß es noch andere Möglichkeiten gibt, zu ignorieren.

Die Beziehung als Motivationsfaktor

Jeder Lehrer weiß, daß der sechsjährige Grundschüler nicht immer aus Freude an der Sache Lesen und Schreiben lernt, sondern auch aus Zuneigung zur Lehrerin. Er arbeitet und strengt sich an, um der Lehrerin zu gefallen und um ihr Lob und ihre Anerkennung zu bekommen.

Der reife Erwachsene ist in seiner Leistungsbereitschaft nicht mehr in diesem Ausmaß von Anerkennung und Lob abhängig. Wir können bei ihm eine sachliche Einstellung voraussetzen, d. h. die Bereitschaft zur Leistung, für die er entlohnt wird. Aber diese sachliche Einstellung genügt meist nicht, um eine beständige Qualität und Effizienz in der Arbeit sicherzustellen, da sie nur einen Mindesteinsatz des Mitarbeiters garantiert. Wir müssen davon ausgehen, daß der Mitarbeiter meist nur so viel Einsatz bringt, als nötig ist, um seine Entlohnung sicherzustellen. Wird von ihm eine höhere Leistung gefordert, braucht er zusätzliche Anreize, um den Forderungen nachzukommen. Dieser Anreiz besteht bei Leadership Coaching in der emotionalen Qualität des Führungsprozesses und in der Qualität des Führens, die zur Sache hinführt und für sie begeistert. Die emotionale Qualität hängt mit Personen zusammen, mit Anerkennung von Vorgesetzten, Kollegen, Mitarbeitern und Kunden; die sachliche Qualität mit der Kraft, sich weiterzuentwickeln.

Wir sprechen manchen Führungspersonen Charisma zu. Charisma einer Führungsperson ist die Fähigkeit, Mitarbeiter zu begeistern, sie über die sachliche Einsicht hinaus zu Leistungen zu motivieren. Charisma weckt Emotionen, Charisma bringt selber Emotionen ein. Nur wer selber brennt, kann Feuer weitergeben. Nur wer selber begeistert ist, kann andere anstecken.

Erkenntnis und Qualität als Motivationsfaktor

Forscher arbeiten oft über viele Jahre hinweg, bevor ihre Leistungen Beachtung finden. Erst wenn die Publikation draußen ist, kann das Echo folgen. Was motiviert sie trotzdem zu Höchstleistungen?

Es ist das Verstehen eines Gegenstandes, das Gefühl, als erster die Einsicht in einen komplizierten Sachverhalt zu gewinnen, oder einfach die Erfahrung, sich persönlich weiterentwickelt zu haben, sich in der Arbeit zu verwirklichen.

In ähnlicher Weise können Menschen an einer Arbeit Begeisterung finden, mit der eine besondere Qualität verbunden ist. Das vollkommene Kunstwerk, das Meisterwerk der Technik, Qualität, worin immer sie bestehen mag, begeistert und motiviert. Wahrscheinlich ist es dasselbe Bedürfnis nach Spitzenleistungen, das wir schon beim Forscher angesprochen haben, das wir beim Sportler finden und das natürlich auch in der Arbeit realisiert werden kann.

Am einfachsten können wir dieses Grundbedürfnis nach Selbstverwirklichung im Handeln beim Spiel beobachten. Obwohl es dabei in der Regel um keine materiellen Werte geht und obwohl auch Anerkennung oft nur eine untergeordnete Rolle spielt, sind Menschen ins Spiel oft so vertieft, als ob es um ihr Leben ginge. Dabei geht es um Qualität, Qualität, die sicherstellt, daß man der Beste ist, daß eine Spitzenleistung erbracht wird. Qualität begeistert, motiviert und bringt Menschen in Bewegung.

5.6.4 Erwartete Ergebnisse des Motivationsgespräches

An das Motivationsgespräch stellen wir die Erwartung, daß auf allen drei Ebenen, die die Motivation des Mitarbeiters nachhaltig bestimmen, Fortschritte erreicht werden: in der Beziehung des Mitarbeiters zum Coach, im Qualitätsverständnis und in der eigenen Weiterentwicklung.

→ Sich kontinuierlich mit der coachenden Führungskraft zu besprechen, soll die Beziehung Coach–Mitarbeiter festigen
→ Das Verständnis für die Qualität in der Arbeit soll vertieft werden und damit die Begeisterung für die Arbeit
→ Der Mitarbeiter soll erfahren, daß er sich in den Gesprächen mit der coachenden Führungskraft auch persönlich weiterentwickelt, daß er stärker wird und seine Aufgaben immer besser bewältigt.

5.6.5 Das Motivationsgespräch als Prozeß

Das Motivationsgespräch kann auf verschiedene Art und Weise geführt werden. Es erscheint uns nicht sinnvoll, ein starres Schema für die Motivierung vorzugeben, da es in der Natur der Aufgabe liegt, daß sie speziell auf die Situation und die beteiligten Personen abgestimmt werden muß. Wie ein Mitarbeiter motiviert werden kann, kann letztendlich nur die Führungskraft aufgrund ihrer Erfahrungen mit dem Mitarbeiter entscheiden.

Wir wollen nur einige generelle Punkte festhalten, die eine Orientierung geben sollen, welche Verhaltensweisen sich eher motivierend und welche sich eher demotiverend auswirken. Es sollte aber auch dabei nie vergessen werden, daß das, was den einen motiviert, einen anderen demotivieren kann.

→ **Festigung der Beziehung**
Lob ist ein einfaches (billiges) Instrument, eine Beziehung zu festigen. Es erfüllt dann den Zweck, wenn die Person, die lobt, für den Mitarbeiter einen hohen Stellenwert hat und der Kontakt spärlich ist. Es erfüllt dann nicht mehr den Zweck, wenn der Kontakt eng ist, weil der Mitarbeiter die Echtheit des Lobes am Verhalten des Coaches dem Mitarbeiter gegenüber zu testen beginnt. Es empfiehlt sich in diesem Fall, mit Lob eher sparsam umzugehen.
Wichtiger als Lob ist die Wertschätzung. Zeichen der Wertschätzung sind kleine Aufmerksamkeiten, das zuverlässige Einhalten von Versprechungen, das Akzeptieren von Entscheidungen, das Vermeiden indirekter Strafstimuli wie Ungeduld, ironische Bemerkungen, Unhöflichkeiten und vor allem das Teilhabenlassen an betrieblichen Informationen.

→ **Vertiefung des Verständnisses für Qualität**
Qualität ist immer das Zusammenspiel von mehreren Faktoren: Design, Konzept, Material, Ausführung, Überprüfung. Deshalb stellt sich Qualität nicht nach einem Kraftakt ein, sondern allmählich nach einem langen Prozeß des Bemühens und der Auseinandersetzung.
Diese Auseinandersetzung erfordert Zeit, Mut zum kritischen Gespräch, Geduld. Was wir selbst erkannt haben, erscheint uns einfach und wir können oft nicht verstehen, daß der Gesprächspartner lange braucht, um auch zur Einsicht zu gelangen. Seine Fragen erzeugen Ungeduld und die Neigung, das Gespräch abzubrechen oder abzukürzen.
Das Verständnis für Qualität vertiefen, bedeutet, sich den ermüdenden Fragen, Einwänden und Mißverständnissen zu stellen, nicht aufzugeben, immer wieder zu versuchen, den anderen zu gewinnen.

→ **Sich selbst weiterentwickeln, sich selbst verwirklichen**
Voll befriedigend ist eine Arbeit dann, wenn die Erfahrung dazu kommt, sich selbst mit ihr weiterzuentwickeln. Die Entwicklung kann die berufliche Erfahrung betreffen (sie wird immer nur eine gewisse Zeit anhalten, bis man die Arbeitsabläufe beherrscht), das Wissen und die kognitiven Fertigkeiten, oder die Weiterentwicklung als Persönlichkeit. Dieser Gedanke bedarf der Erklärung.
Bedenken wir, daß das Unternehmen vom Mitarbeiter erwartet, daß er sich mit seinen Zielen nicht nur identifiziert, sondern daß er sich kontinuierlich damit beschäftigt, wie sich das Ergebnis verbessern läßt. Er soll sich für den Betrieb so einsetzen, als wäre es sein eigenes Unternehmen. Der Mitarbeiter, der sich in dieser Weise für das Unternehmen einsetzt, erwartet im Gegenzug, daß das Unternehmen sich um die Zukunft des Mitarbeiters annimmt, und sich für seine Weiterentwicklung verantwortlich weiß. Geben und Nehmen müssen in einer Balance sein.

Das Unternehmen hat viele Möglichkeiten, seinen Mitarbeitern zu helfen. Die wichtigsten davon: regelmäßige Weiterbildung und Höherqualifizierung; Karrieregespräche; Aufzeigen von Perspektiven im Betrieb; Unterstützung bei privaten Plänen (Wohnung, Hauskauf, Ausbildung der Kinder, etc.).

6. Einführung von Leadership Coaching in Unternehmen

In diesem Kapitel wollen wir uns mit der Frage der Einführung von Leadership Coaching in einem Unternehmen beschäftigen. Wer Leadership Coaching in seinem Betrieb oder in seinem Verantwortungsbereich einführen will, braucht eine Vorstellung vom Prozeß der Einführung.

Halten wir zu Beginn nochmals fest: Leadership Coaching ist nicht ein genereller Ersatz für traditionelles Führen. Es gibt Bereiche, die durch traditionelles Führen besser betreut werden können. Wir sagten bereits, daß Leadership Coaching dort ansetzt, wo ein hohes Maß an Eigenverantwortlichkeit auf Seiten des Mitarbeiters gefordert ist. Voraussetzung dafür ist auf Seiten der Führungskraft eine starke Fähigkeit zum analytischen Denken sowie die Bereitschaft, Verantwortung zu delegieren und sich zurückzunehmen, gleichwohl aber im Informationsmanagementprozeß immer mit dabei zu sein. Es gilt zuerst zu prüfen, ob diese Voraussetzungen erfüllt sind.

Die lernende Organisation

Leadership Coaching bedeutet eine Umstellung in der Führungspraxis und eine Änderung im Rollenverständnis. Damit die Umstellung ohne Effizienzverlust und in kurzer Zeit gelingen kann, ist es notwendig, daß sich Führungskräfte und Mitarbeiter mit diesem Führungsinstrument zuvor gründlich auseinandersetzen. Es muß allen Beteiligten klar sein, daß die Verantwortung und die Aufgaben bleiben, sie werden nur neu verteilt und auch die Sachzwänge ändern sich nicht mit der Einführung eines neuen Führungsstils. Ein Prozeß des Sich-aufeinander-Einstellens muß einsetzen, der durch einen regen Informationsaustausch gestützt wird.

Was die Führungskraft lernt

Die coachende Führungskraft muß lernen sich gründlicher informieren zu lassen und die Informationen systematisch zu analysieren. Sie muß lernen, mit Informationen zu führen, was mehr Offenheit und eine direktere Kommunikation erfordert als dies wahrscheinlich bisher der Fall war.

Sie muß ferner lernen, die Durchführungsverantwortung beim Mitarbeiter zu lassen, sich nicht in die Durchführung einzumischen, sondern statt dessen konsequent die Kontrollen durchzuführen und kontinuierlich den Ergebniserreichungsgrad im Auge zu behalten.

Sie muß sich auch dazu überwinden, die Ergebnisse ungeschönt zu kommunizieren und sie muß lernen, nicht selbst Konsequenzen einzuleiten, wenn Informationen zeigen, daß die Ergebniserreichung gefährdet ist, sondern den Mitarbeiter zu fordern.

Sie muß ferner lernen, konsequent Hilfsmaßnahmen zu organisieren und durchzusetzen, wenn und sobald sich abzeichnet, daß die Zielvereinbarung nicht eingehalten werden kann.

Und schließlich muß sie sich die Zeit nehmen, die Statusgespräche systematisch durchzuführen und in deren Folge auch andere Formen des Leadership Coachings. Um es nochmals zu betonen: Es ändern sich mit der Einführung von Leadership Coaching nicht die Aufgaben und Anforderungen, sondern nur die Art und Weise sie zu erfüllen.

Was der Mitarbeiter lernt

Auch der mit Leadership Coaching zu führende Mitarbeiter muß dazulernen. Er hat nun einen größeren Handlungsspielraum aber er ist auch für die Durchführung der Ergebnisvereinbarung stärker als bisher verantwortlich.

Er muß lernen, daß er in regelmäßigen Abständen und konsequent an der Einhaltung der Ergebnisvereinbarung gemessen wird, und daß konsequent Maßnahmen ergriffen werden, wenn ihre Einhaltung gefährdet erscheint. Ein Zuwarten oder Wegschauen gibt es nicht mehr.

Er muß lernen, daß Vereinbarungen eingefordert werden und daß keine Ausreden akzeptiert werden. Das setzt voraus, daß er systematisch kontrolliert wird und daß er bei der Kontrolle aktiv mitarbeitet.

Was für viele gänzlich ungewohnt ist, das ist das offene Durchdenken von Aufgaben, Zielen und Maßnahmen, von Fehlern, Versäumnissen und Überforderungen. Das sind Mitarbeiter zumeist nicht gewohnt und das Muster, alles zu wissen und zu können und den Einblick in die tatsächliche Kompetenz zu verwehren, muß erst überwunden werden. Hier gilt es für die meisten Mitarbeiter dazuzulernen.

Ein gründliches und detailliertes Besprechen der neuen Anforderungen ist eine Voraussetzung für das Gelingen der Einführung von Leadership Coaching.

Schritte der Einführung

Die Einführung umfaßt einen vorbereitenden Teil, in dem das Anliegen, Vorgehensweise und Instrumente vermittelt werden und die Ausführung.

Die Praxis von Leadership Coaching gibt uns die Inhalte und die Reihenfolge vor, die es umzusetzen gilt.

Schritt 1: Die Vorbereitung

Die Vorbereitung ist die Phase vom Kennenlernen von Leadership Coaching bis zur Entscheidung, Leadership Coaching einzuführen.

1. Zur Vorbereitung muß das Management Leadership Coaching diskutieren und es muß eine klare Entscheidung dafür getroffen werden. Veränderungen und Konsequenzen für die tägliche Arbeit müssen dem Mitarbeiter wie der Führungskraft aufgezeigt werden.
2. Eine klare Entscheidung muß getroffen werden. Man kann Leadership Coaching nicht »ein bißchen« einführen. Systematik und Konsequenz, die Leadership Coaching voraussetzen, lassen sich nur erreichen, wenn eine klare Entscheidung für diesen Weg getroffen wird.
3. Ein Organisationsteam ist einzusetzen, das die Arbeiten koordiniert und überwacht.
4. Die schriftlichen Unterlagen und Hilfsmittel sind auf das Unternehmen und seine spezifische Situation anzupassen.
5. Ein Ablaufplan muß konzipiert und Verantwortlichkeiten müssen festgelegt werden.

Schritt 2: Die Kommunikation im Unternehmen

Die Phase der Kommunikation umfaßt die Maßnahmen zur Einbindung aller Führungskräfte und Mitarbeiter des Unternehmens.

1. Kommunikation des Konzeptes im Unternehmen: Das Konzept muß zunächst den Führungskräften und im Anschluß daran ihren Mitarbeitern kommuniziert werden
2. Auch für die Kommunikation müssen schriftliche Unterlagen bereitgestellt werden und es muß ein Diskussionsforum eingerichtet werden, wo sich der Mitarbeiter Informationen holen kann
3. Notwendig ist in dieser Phase oft auch die Standardisierung von Führungsprozessen und die Einführung von Standards, ein Prozeß, auf den wir hier nicht weiter eingehen können

Schritt 3: Training der Führungskräfte

Für das Training von Führungskräften haben wir einen Film entwickelt, der das Coachinggespräch exemplarisch darstellt.

→ Vermittlung der Gesprächsstruktur
→ Training der Regeln der Gesprächsführung (s. Anhang)
→ Hilfestellung bei der Erstellung der Aufgabenlisten
→ Durchführung von Gesprächen unter Supervision

Schritt 4: Einführung eines Qualitätsmanagements

Das Qualitätsmanagement hat die Aufgabe die Durchführung zu überprüfen und Hilfestellung anzubieten:

→ Erarbeiten der Führungsstandards
→ Entwicklung von Erhebungsinstrumenten
→ Einführung des Qualitätsmanagements

6.1 Die Schwierigkeiten in der Phase der Einführung

Jede Veränderung bedeutet zunächst einmal den Verlust des Gewohnten, während der Gewinn des Neuen nur als »Versprechen« gegenwärtig existiert. Es ist daher verständlich, daß zu Beginn Unsicherheit das vorherrschende Gefühl ist. Wenn Menschen unsicher sind, reflektieren sie viel, sie bleiben bei den Vorteilen hängen, die sie mit dem Neuen verlieren werden, und zweifeln, ob die Vorteile, die sie mit dem Neuen gewinnen werden, auch eintreten werden. Deshalb sind in dieser Phase die kritischen Einwände das Tagesgespräch. Risiken, neue Belastungen, Verlust von Vorteilen werden akzentuiert, vertieft, breit gewalzt. Das ist Alltag von Change Management und soll nicht beunruhigen. Veränderung ist die Chance, daß sich Erwartungen erfüllen und das Risiko, daß sich Befürchtungen bewahrheiten. Es gibt aber einige Einwände, mit denen wir uns genauer auseinandersetzen müssen.

Der Einwand: »Leadership Coaching kostet viel Zeit und die haben wir nicht«
Die Coachinggespräche sind eine zusätzliche Aufgabe, die die Führungskraft übernimmt. Die Übernahme einer zusätzlichen Aufgabe bedeutet mehr Arbeit und wenn der Terminkalender bereits voll ist, dann kommt das Gefühl auf, »ich habe die Zeit nicht für die zusätzlichen Coachinggespräche«. Für die regelmäßigen Coachinggespräche ist nur Zeit vorhanden, wenn es gelingt, alte Aufgaben abzugeben, alles andere ist unrealistisch und führt zu unguten Gefühlen.

Überprüfung der Priorität der bisherigen Aufgaben. Wir versuchen Zeit zu gewinnen, indem wir die Aufgaben durchgehen, die in den letzten zwölf Monaten den Terminkalender gefüllt haben. Dabei machen wir die Erfahrung, daß manche Aufgaben nützlich, aber nicht unbedingt notwendig waren; andere wiederum kann man kürzen. Es ist unsere Erfahrung, daß das Durchforsten der Aufgaben zu einer Zeiteinsparung von 15 bis 30% führt.

Ersetzung von Aufgaben. In einem zweiten Schritt ist zu überlegen, welche Aufgaben fallen mit der Einführung der Coachinggespräche weg. Dabei ergibt sich: Die Aufgaben- und Ergebnisvereinbarung übernimmt das in vielen Unternehmen bereits praktizierte »Zielvereinbarungsgespräch am Beginn des Jahres«. Wo es nicht praktiziert wird, ist es leicht, Führungskräfte von der Notwendigkeit dieser Gespräche zu überzeugen. Die regelmäßigen Coachinggespräche ersetzen viele zufällige Gespräche, das Einholen von Informationen, das Durchdenken von Aufgaben, von Problemfällen, von Planungsvorhaben. Er stellt sich bei genauerem Hinsehen heraus, daß die Coachinggespräche keine zusätzliche Aufgabe bedeuten, sondern das Systematisieren von bereits wahrgenommenen Aufgaben. Zeitlich belastend ist also nur die Regelmäßigkeit der Gespräche.

Der erfahrene Nutzen. Verfügbare Zeit ist eine Frage der Priorität. Wenn sie mit Hilfe der regelmäßigen Coachinggespräche die Ergebnisse erreichen, dann haben sie für die Coachinggespräche alle Zeit der Welt, denn an der Ergebniserfüllung werden sie am Ende des Jahres auch selbst gemessen. Wenn die Führungskraft sieht, daß sie mit den regelmäßigen Coachinggesprächen weiß, was der Mitarbeiter tut um seine angestrebten Ergebnisse zu erreichen und wo er damit steht, wenn sie also die Erfahrung macht, mit den Coachinggesprächen die Entwicklung im Griff zu haben, dann hat sie dafür auch die Zeit. Diese Erfahrung macht sie nicht schon im ersten Gespräch, aber mit jedem Gespräch wächst ein Stück dieser Erfahrung.

Der Einwand: So haben wir immer schon geführt

Ist also Leadership Coaching nichts Neues? Sicherlich trifft zu, daß ein Großteil der Führungskräfte das Repertoire, das Leadership Coaching ihnen abverlangt, beherrscht, sonst könnten wir es ja gar nicht einführen. Je mehr eine Führungskraft von diesem Konzept bereits realisiert, desto stärker hat sie die Vorzüge erfahren und ist sicherlich motiviert ihren Stil weiterzuentwickeln. Bei ihnen geht es darum, von der Systematik von Leadership Coaching zu profitieren und sie zu nutzen, um zu einer konstanten Leistung zu kommen.

Oft aber schätzen sich Führungskräfte zu optimistisch ein und glauben nur, sich entsprechend Leadership Coaching zu verhalten, weil es vernünftig und erfolgversprechend klingt. Die Korrektur des Selbstbildes ist ein mühevolles Unterfangen. Am schnellsten wächst das Vertrauen in Leadership Coaching, wenn die Möglichkeit geboten wird, selber unmittelbar Erfahrungen zu machen.

Der Einwand: Das kann nur gelingen, wenn alle sich so verhalten
Sollen also die anderen mit gutem Beispiel vorangehen, bis wir uns selber auf den Weg machen wollen? Es ist eine Hilfe, wenn ein gesamtes Unternehmen sich zu Leadership Coaching verpflichtet, und Tiefpunkte werden schneller überwunden. Aber letztlich muß sich immer jeder einzelne für sich bemühen, seine Aufgabe als Führungskraft zu bewältigen und der Verweis auf die Kollegen ist kein stichhaltiges Argument, sich selber nicht zu bewegen.

6.2 Das erste Coachinggespräch

Leadership Coaching ist ein Führungsstil, der für die Mitarbeiter zu Beginn relativ ungewohnt ist. Sie müssen sich erst mit der neuen Rolle ihrer Führungskraft vertraut machen, bevor sie ihr die Offenheit und das Vertrauen entgegenbringen können, die für Leadership Coaching essentiell sind. Sie testen die Führungskraft, ob sie es mit dem neuen Rollenverständnis auch ernst meint.

Hierbei können Sie die Mitarbeiter unterstützen, indem Sie sich Zeit nehmen, ihnen das Konzept und die Idee von Leadership Coaching zu erläutern. Doch unabhängig davon, wie Sie Ihre Mitarbeiter im Vorfeld informiert haben, sollte das erste Coachinggespräch dazu benutzt werden, noch einmal den Coachingprozeß und die typische Vorgehensweise deutlich zu machen, und Regeln für die Zusammenarbeit in den Coachinggesprächen festzulegen. Ein besonders kritischer Punkt wird hierbei die Verschwiegenheit bzw. der Informationsfluß an Dritte sein.

Das erste Coachinggespräch ist ein Coachinggespräch wie jedes andere. Nichts verdeutlicht dem Mitarbeiter mehr, was Coaching ist, als es direkt zu erleben.

7. Zusammenfassung

Wir alle wissen, daß im modernen Unternehmen jeder Mitarbeiter die Verantwortung für sein Handeln übernehmen muß. Wollen wir es nicht bei guten Vorsätzen belassen, so müssen wir von der Führungskraft verlangen, die Mitarbeiter so zu führen, daß jeder Mitarbeiter seinen Teil der Verantwortung auch übernehmen kann. Dies wird nur möglich sein, wenn eine neue Führungskultur entsteht und diese Führungskultur muß schon im Ansatz die Verantwortung anders verteilen. Sie verlangt, daß die Führungskraft ihre Rolle neu definiert, nur dann können die Mitarbeiter folgen. Leadership Coaching liefert hierzu die Orientierung und konkrete Hinweise für die Umsetzung.

Bei Leadership Coaching steht das Informationsmanagement im Mittelpunkt. Es lehrt die Kunst, mit Informationen zu führen. Neue Informationssysteme sind hierzu notwendig und sie müssen konsequent durchgesetzt werden. Das Offenlegen von Informationen als einen wesentlichen Faktor im Führen und Motivieren von Mitarbeitern wird aufgezeigt.

Zum Informationsmanagement gehört auch das objektive und systematische Erheben von Informationen und die professionelle Analyse derselben, aus der sich der Bedarf an Hilfe ergibt und die Notwendigkeit, Entscheidungen zu revidieren oder durchzusetzen. Der Faktor »Einsicht« und »Verständnis« wird hier in systematischer Weise eingesetzt, um Kompetenz und Motivation aufzubauen.

Diese neue Form im Umgang und Einsatz von Informationen ermöglicht es der Führungskraft, stärker im Hintergrund zu bleiben, verlangt aber zugleich, daß Ziele und ihre Umsetzung im täglichen Handeln unter Einbeziehung des Mitarbeiters genau und verbindlich definiert werden. Es verlangt in der Kommunikation eine neue Form der Offenheit. Ergebnisse, wie immer sie aussehen mögen, müssen in sehr direkter Weise aufgegriffen, angesprochen und einer Lösung zugeführt werden.

Ein wesentlicher Zug von Leadership Coaching sind Systematik und Konsequenz. Die Systematik und Konsequenz beginnt beim Informationsmanagement. Informationen werden systematisch erhoben und analysiert und zum Fundament von Entscheidungen über Maßnahmen und Lösungen gemacht. Leadership Coaching vermeidet allen Aktionismus. Die

Führungskraft wird in der Rolle des Steuermanns und Moderators gesehen, die dafür verantwortlich ist, daß Informationen aufgenommen, kommuniziert und zur Grundlage von Entscheidungen gemacht werden. Und die in der Umsetzung darüber wacht, daß Vereinbarungen konsequent umgesetzt werden.

Der spezifische Beitrag von Leadership Coaching liegt

→ im Schaffen von Klarheit über Anforderungen und Erwartungen, indem Aufgaben in gemeinsam erarbeiteten Zielvereinbarungen festgelegt werden
→ in der systematischen und objektiven Erhebung von Informationen und Daten über den Fortgang der Arbeit als Grundlage für weitere Zielvereinbarungen
→ in der Teilung der Verantwortung, indem der Mitarbeiter mit der Führungskraft gemeinsam Lösungswege erarbeitet oder der Mitarbeiter Vorschläge einbringt, die mit der Führungskraft besprochen werden
→ in der Schaffung eines Unterstützungssystems, indem Aufgaben und Prozesse zu einem frühen Zeitpunkt von der coachenden Führungskraft auf den Mitarbeiter dargestellt und analysiert werden und eine Entscheidung über nötige Hilfestellung getroffen wird.

8. Anhang

8.1 Tools

Erläuterung zum Ausfüllen der Aufgabenlisten:

Auf die Leadership Coaching-Gespräche bereiten sich Mitarbeiter und Führungskraft schriftlich vor. Dies geschieht mit Hilfe der Aufgabenlisten.

→ Aufgabenliste für den Mitarbeiter: Diese Liste wird vom Mitarbeiter ausgefüllt. Mit ihr wollen wir einen Überblick über sämtliche Aufgaben und angestrebten Ergebnisse des Mitarbeiters gewinnen, die er ausgeführt hat und die er hätte ausführen sollen.

→ Aufgabenliste für die Führungskraft: Diese Liste wird von der Führungskraft ausgefüllt. Mit ihr wollen wir einen Überblick über sämtliche Aufgaben und angestrebten Ergebnisse des Mitarbeiters gewinnen, wie ihn die Führungskraft des Mitarbeiter sieht.

Erläuterung zum Ausfüllen der Aufgabenlisten:

→ **Zeitbedarf:** Wieviel Zeit Sie die Aufgabe gekostet hat, einmalig bzw. bei sich wiederholenden Aufgaben insgesamt über den Zeitraum eines Jahres.

→ **Priorität:** Welche Priorität hat die Arbeit. Ersehen möchten wir, welche Aufgaben sind unbedingt zu erledigen und welche können erledigt werden, wenn noch Zeit ist, bzw. welche könnte man delegieren oder ganz absetzen.

Die Aufgaben werden nach ihrer Priorität laut folgenden Kategorien eingeschätzt:
A = Aufgaben, die auf jeden Fall vom Mitarbeiter selbst zu erledigen sind.
B = Aufgaben, die wichtig sind, aber die erledigt werden, soweit neben den A-Aufgaben noch Zeit vorhanden ist und die eventuell auch delegiert werden können.
C = Aufgaben, die delegiert oder übergangen werden sollen.

→ **Entwicklungsbedarf:** Feststellung, daß Sie eine Veränderung wünschen bzw. sinnvoll erachten. Wenn möglich, sollten sie auch angeben, in welche Richtung sie eine Veränderung befürworten.

Aufgabenliste Mitarbeiter: Ist-Zustand

Instruktion: Im ersten Schritt werden alle Aufgaben, die im Laufe des letzten Jahres erledigt wurden niedergeschrieben. z. B. Fortbildung, Messebesuche, Kundenbesuche, Meetings, etc. Sie können dabei auch Ihren Terminkalender mit zu Hilfe nehmen.

Im zweiten Schritt wird zu jeder Aufgabe ein Ergebnis definiert. Dies lehnt sich im Normalfall an dem vereinbarten bzw. tatsächlich erreichten Ergebnis des Vorjahres an.

Im dritten Schritt werden die Aufgaben durchgegangen und der Analyseteil ausgefüllt. z. B.: Zeitbedarf, Priorität, Entwicklungsbedarf.

Es können je nach Bedarf Zeilen hinzugefügt werden.

Nr.	Aufgabe	Ergebnis	Zeitbedarf	Priorität	Entwicklungsbedarf

Aufgabenliste Mitarbeiter: Planung

Instruktion: Nun werden auch jene Aufgaben für die Planung aufgeschrieben, die im letzten Jahr nicht wahrgenommen wurden, die aber im kommenden Jahr wahrgenommen werden sollen.

Im zweiten Schritt wird zu jeder Aufgabe ein Ergebnis definiert.

Im dritten Schritt werden die Aufgaben durchgegangen und der Analyseteil ausgefüllt. z. B.: Zeitbedarf, Priorität, Entwicklungsbedarf.

Es können je nach Bedarf Zeilen hinzugefügt werden.

Nr.	Aufgaben, die neu in Angriff genommen werden sollten	Ergebnis	Zeitbedarf	Priorität	Anmerkungen

Aufgabenliste Führungskraft: Ist-Zustand

Instruktion: Im ersten Schritt werden alle Aufgaben niedergeschrieben, für die der Mitarbeiter verantwortlich ist, z. B. Fortbildung, Messebesuche, Kundenbesuche, Meetings, etc. Es kann dabei auch die Arbeitsplatzbeschreibung oder das sogenannte Pflichtenheft mit herangezogen werden.

Im zweiten Schritt wird zu jeder Aufgabe ein Ergebnis definiert. Dies lehnt sich im Normalfall an dem vereinbarten bzw. tatsächlich erreichten Ergebnis des Vorjahres an.

Im dritten Schritt werden die Aufgaben durchgegangen und der Analyseteil ausgefüllt. z. B.: Zeitbedarf, Priorität, Entwicklungsbedarf.

Es können je nach Bedarf Zeilen hinzugefügt werden.

Nr.	Aufgabe	Ergebnis	Zeitbedarf	Priorität	Entwicklungsbedarf

Aufgabenliste Führungskraft: Planung

Instruktion: Nun werden für die Planung auch jene Aufgaben niedergeschrieben, die der Mitarbeiter im letzten Jahr nicht wahrgenommen hat, aber im kommenden Jahr wahrnehmen sollte.

Im zweiten Schritt wird zu jeder Aufgabe ein Ergebnis definiert.

Im dritten Schritt werden die Aufgaben durchgegangen und der Analyseteil ausgefüllt. z. B.: Zeitbedarf, Priorität, Entwicklungsbedarf.

Es können je nach Bedarf Zeilen hinzugefügt werden.

Nr.	Aufgaben, die neu in Angriff genommen werden sollten	Ergebnis	Zeitbedarf	Priorität	Anmerkungen

Aktivitätenplan

Instruktion. Jede Aufgabe, die verändert werden soll, übertragen wir auf die Ergebnisvereinbarung.

Aufgabe: Als erstes wird die Aufgabe beschrieben

Auflistung der Teilaufgaben und Teilergebnisse: Teilaufgaben und erwartete Teilergebnisse werden aufgelistet, die mit der Aufgabe erreicht werden sollen

Weg: Der Weg dahin mit den Aktivitäten und den dazu erforderlichen Unterstützungsmaßnahmen wird detailliert dargestellt

Wann: der Zeitraster gibt an, wann die Teilaufgabe bzw. Aktivität erledigt sein soll

Kontrolle: Hier wird angegeben, wie die Ausführung kontrolliert wird und welche Maßnahmen gesetzt werden, sollte sich herausstellen, daß das Ergebnis nicht erreicht werden wird

Nr.	Aufgabe	Teilaufgaben, Teilergebnisse und Aktivitäten:	Termin	Kontrolle

Datum	Unterschrift – Führungskraft	Unterschrift – Mitarbeiter

Schema für die Aufgaben- und Ergebnisvereinbarung

Schritt	Verhalten
1. Begrüßen	Die Führungskraft begrüßt den Mitarbeiter und »holt ihn ab«, um eine positive Atmosphäre zu schaffen.
2. Orientieren	Das Anliegen und erwartete Ergebnis des Gesprächs wird skizziert und ein Ablauf vereinbart.
3. Bearbeiten der Aufgabenlisten	Jede Aufgabe aus der Aufgabenliste wird für sich nach der unten stehenden Struktur bearbeitet.

Schritt	Verhalten
4. Vorstellung einer Aufgabe mit den angestrebten Ergebnissen durch den Mitarbeiter anhand seiner Aufgabenliste	Der Mitarbeiter greift eine Aufgabe aus seiner Aufgabenliste heraus und erläutert die Aufgabe und das Ergebnis.
5. Ergänzung der Aufgabe und der angestrebten Ergebnisse durch die Führungskraft anhand ihrer Aufgabenliste	Hat der Mitarbeiter seine Darstellung abgeschlossen, geht die Führungskraft darauf ein und ergänzt bei Bedarf durch Informationen aus der eigenen Aufgabenliste, die sie für den Mitarbeiter erstellt hat.
6. Analyse der Aufgabe und der angestrebten Ergebnisse	Führungskraft und Mitarbeiter analysieren gemeinsam die Aufgabe und das Ergebnis, um Chancen einer Weiterentwicklung und Optimierung erkennen zu können.
7. Gemeinsames Vereinbaren der Aufgabe und der angestrebten Ergebnisse	Ist die Analyse abgeschlossen, kann daran gegangen werden, die Aufgabe nochmals genau zu formulieren und das Ergebnis der Aufgabe festzulegen, so daß die Vereinbarung überprüfbar wird. Es empfiehlt sich, gleich hier das Instrument zu definieren, mit dem die Ergebniserreichung überprüft wird und den Zeitpunkt, zu dem überprüft wird.
8. Vereinbaren der Termine für die Coachinggespräche	Falls dies noch nicht geschehen ist, werden dann die Termine für die regelmäßigen Coachinggespräche vereinbart werden.
9. Verabschieden	Die Führungskraft versichert sich, daß der Mitarbeiter das Gespräch als fair erlebt hat, stellt sich seiner Kritik und festigt die Beziehung.

Schema für das Coachinggespräch

Schritt	Verhalten
1. Begrüßen	Die Führungskraft begrüßt den Mitarbeiter und »holt ihn ab«, um eine positive Atmosphäre zu schaffen.
2. Orientieren	Die Aufgaben und Punkte, die bearbeitet werden sollen, werden gemeinsam aufgelistet und priorisiert.
3. Bearbeiten der Aufgaben und Punkte der Agenda	Jede Aufgabe wird für sich nach der unten stehenden Struktur bearbeitet.
4. Rückblick	Die coachende Führungskraft läßt sich vom Mitarbeiter berichten, was sich seit der letzten Vereinbarung in Bezug auf die einzelne Aufgabe ergeben hat.

Schritt	Verhalten
5. Ergebnisfestlegung bzw. -korrektur	Das vereinbarte Ergebnis wird reflektiert und evtl. korrigiert bzw. falls noch keines definiert wurde, ein neues festgelegt.
6. Analyse und Interpretation	Es werden hemmende und fördernde Bedingungen der Ergebniserreichung gesammelt.
7. Lösungsfindung	Die Führungskraft stellt dem Mitarbeiter die Fragen, die ihn zwingen, den Weg zum angestrebten Ergebnis im Detail zu erarbeiten. Hier wird eine Aufgabe u.U. in Teilaufgaben zergliedert, zu denen wiederum ein Teilergebnis formuliert werden kann und es werden Aktivitäten erarbeitet, wie die Aufgaben bzw. Teilaufgaben anzugehen sind.
8. Aktivitätenplan	Der Mitarbeiter hält die erarbeiteten Teilaufgaben, Teilergebnisse und Aktivitäten schriftlich im Aktivitätenplan fest.
9. Vereinbaren	Führungskraft und Mitarbeiter stimmen den Vereinbarungen zu und unterschreiben den Aktivitätenplan.
10. Verabschieden	Die Führungskraft versichert sich, daß der Mitarbeiter das Gespräch als fair erlebt hat, stellt sich seiner Kritik und festigt die Beziehung.

8.2 Anmerkungen zum Coachinggespräch

Menschen treffen sich am Arbeitsplatz und besprechen ihre beruflichen Anliegen. Es geht dabei um Produkte und Dienstleistungen, um Arbeitsbedingungen und Entlohnung, um Waren, die produziert und verkauft werden. Die Rollen sind »Mitarbeiter«, »Führungskraft«, »Anbieter«, »Kunde«. Für die Art der Informationsverarbeitung in diesem Kontext ist charakteristisch, daß primär nur Aspekte berücksichtigt werden, die Sachzusammenhänge betreffen. Persönliche Momente der sozialen Interaktion bleiben oft unerwähnt, unbeachtet, vergessen. Wo aber Menschen zusammenkommen, werden immer auch psychische Fakten geschaffen. Hypothesen werden da aufgestellt und unüberprüfte Annahmen gemacht, Bestärkung wird zuteil und Verletzungen werden erfahren. Fragen, die die Person betreffen, ihr Selbstwertgefühl, das Bedürfnis nach Anerkennung und sozialer Zuwendung beeinflussen aber im Hintergrund die Bereitschaft, einen Vorschlag zu akzeptieren oder abzulehnen, Kompromisse einzugehen, sich zu engagieren, zu kaufen und sich kaufen zu lassen.

Neben der sachlichen Arbeit läuft ein Prozeß ab, der von Gefühlen bestimmt ist. Sie entstehen in der sozialen Interaktionen und können die sachliche Arbeit unterstützen und fördern, aber ebenso – aus den gleichen Gründen – blockieren und verhindern. Ein paar Anmerkungen scheinen uns vonnöten, um diesen Prozeß zu verdeutlichen. Wir wollen verstehen, was sich da im Verlauf der Coachingsitzungen in den Menschen und ihren Beziehungen zueinander abspielt, und warum es sich so abspielt. Dieses Verständnis wird uns den Menschen näher bringen und uns die Möglichkeit geben, in der Arbeit – bei gleichen ökonomischen Bedingungen – menschlicher zu sein.

8.2.1 Das Coachinggespräch betrachtet als »Verhandlung«

Coachinggespräche sind Verhandlungsgespräche, die der eine verkauft, der andere kauft, wobei die Rollen Käufer und Verkäufer laufend wechseln können. Die Ware in diesem Spiel ist die Information. Der Mitarbeiter liefert im Gespräch Informationen, die zum Großteil subjektiver Art sind, d. h. daß sie mehr oder weniger durch die Intention des Mitarbeiters gefärbt sind. Verdeutlichen wir den Vorgang an einem Beispiel.

Ein Abteilungsleiter hat ein schlechtes Delegationsverhalten. Die Aufträge werden unpräzise formuliert, so daß die Mitarbeiter nicht genau wissen, was von ihnen verlangt wird. Zwischenkontrollschritte werden kaum vereinbart. Das führt dazu, daß Arbeiten häufig nicht termingerecht ausgeführt werden und es zu Kundenreklamationen kommt. Im Coachinggespräch werden die Themen »Kundenreklamationen« und »Termintreue« angesprochen. Was wird der Abteilungsleiter der coachenden Führungskraft für Informationen liefern?

Er wird die Informationen in einer Weise selektieren, verwischen oder entschärfen, daß er selber möglichst gut dasteht. Er wird die Häufigkeit der Kundenreklamationen herunterspielen (»das kommt schon mal vor«), er wird den Grund bei den Kunden suchen (»das war nie fest zugesagt worden«), er wird die Mitarbeiter verantwortlich machen (»es ist heute schwer, gutes Personal zu bekommen«), er wird das Unternehmen verantwortlich machen (»wir haben zu wenig Personal«). D. h. der Abteilungsleiter wird versuchen, sich möglichst gut zu verkaufen.

Dieses Gespräch funktioniert nach der Regel:

Für den Mitarbeiter:
»Wähle Informationen so aus, oder ändere sie entsprechend ab, daß du gut dastehst. Suche die Schuld für Versagen immer bei den anderen und schreibe Erfolge deiner Kompetenz zu.«

Für die coachende Führungskraft:
»Du darfst den Mitarbeiter nicht der Lüge bezichtigen, auch wenn dir seine Informationen noch so unglaublich erscheinen. Du darfst seine Informationen indirekt anzweifeln, mußt aber doch so tun, als ob sie wahr wären.«

Wir haben festgestellt, daß Führungskräfte in dieser Situation sehr hilflos sind. Manche ziehen die Aussage des Mitarbeiters in Zweifel und stellen ihr ihre eigene Interpretation entgegen. Damit aber werden sie repressiv und steigen aus der Coachingrolle aus und übernehmen die Rolle einer traditionellen Führungskraft. Dabei neigen sie dazu, nun selbst zu überziehen und setzen sich selbst ins Unrecht. Andere wiederum spielen das Spiel widerwillig mit, wodurch das Gespräch zur Farce wird und sie am Ende das Gefühl haben, vom Mitarbeiter ausgespielt worden zu sein. Die Führungskräfte schätzen die Situation meist realistisch ein, sie wissen aber nicht, wie sie zur Wahrheit zurückfinden können, ohne die sozialen Regeln des Gespräches zu verletzen und ohne die verständnisvolle und vertrauenswürdige Rolle des Coaches aufzugeben.

Es ist für die coachende Führungskraft wesentlich, zu einem möglichst frühen Zeitpunkt den Charakter des Gespräches zu erfassen, zu erkennen, was ihr »verkauft« wird. Er muß über die kognitive und soziale Kompetenz verfügen, das »Spiel« zu durchschauen und – wenn es angebracht ist – auszusteigen.

Es gibt einen Weg, das unfruchtbare Spiel zu vermeiden: genau nachfragen. Ausreden sind immer dadurch charakterisiert, daß sie auf die Frage nicht genau passen, daß sie vage und allgemein sind, daß sie Vorurteile aufgreifen. Wir möchten daher das Informationsverhalten, in dem wir einen wesentlichen Erfolgsfaktor des Coaches sehen, in folgende Regel bringen:

Die **zweite Informationsregel** von Leadership Coaching lautet:

> »Erscheint Ihnen eine Information als Ausrede oder als Scheinargument, so fragen Sie genau nach, werden Sie konkret, vermeiden Sie Interpretationen, erheben Sie nur beobachtbares Verhalten. Wann ist es zum letzten Mal aufgetreten? Wer von den Mitarbeitern war beteiligt? Gibt es Unterlagen dazu? usw.«

Für schlechte Informationen ist nicht der Mitarbeiter, sondern das Frageverhalten der coachenden Führungskraft verantwortlich zu machen. Es ist ihre Angelegenheit, was sie sich als »Wahrheit« verkaufen läßt oder nicht.

8.2.2 Die Rolle des Selbstwertgefühles

Das Selbstwertgefühl spielt im Coachinggespräch eine große Rolle. Sein Gelingen ist zu einem großen Teil davon abhängig, daß das Selbstwertgefühl des Mitarbeiters nicht verletzt wird, oder daß es gelingt, den Mitarbeiter darin zu bestärken. Das hat nicht nur für den einfachen Mitarbeiter Gültigkeit sondern auch für die höhergestellte Führungskraft.

Das Selbstwertgefühl ist eine labile Größe. Man möchte meinen, daß die Selbsteinschätzung einmal erfolgt und dann für eine gewisse Zeit Gültigkeit hat, ähnlich wie wir die Eignungsbeurteilung von Mitarbeitern ja auch nicht jeden Tag korrigieren. Nur wenige Mitarbeiter sind sich jedoch ihrer Qualität so sicher, daß sie nicht durch eine unkluge Äußerung einer Führungskraft in ihrem Selbstwertgefühl verunsichert werden könnten. Selbsteinschätzungen erfolgen immer wieder aufs Neue. Schon ein unbedeutender Mißerfolg kann zu einer generellen Verunsicherung führen.

Erstaunlich ist ebenfalls die starke Abhängigkeit der Selbsteinschätzung von Personen, die uns sonst gleichgültig sind und die wir selbst vielleicht gar nicht schätzen. Das Selbstwertgefühl erscheint stärker vom Urteil der sozialen Umgebung als von der tatsächlichen Leistung abhängig zu sein. Vieles spricht dafür, daß die Selbsteinschätzung unabhängig von der tatsächlichen Leistung erfolgt, weshalb einfache Mitarbeiter eher ein starkes Selbstwertgefühl haben als höhere Führungskräfte. Es ist da ein Schamgefühl am Werk, das unsere Freiheit erheblich einschränkt.

Beantworten Sie für sich folgende Fragen:

→ Verschweigen Sie in Preisverhandlungen, daß Sie sich etwas nicht leisten können, weil es ihre finanziellen Möglichkeiten übersteigt? Kommt das auch bei Personen vor, die ihnen nicht nur gleichgültig sondern auch völlig fremd sind, wie z. B. beim Autokauf in einem Autohaus?
→ Haben Sie Hemmungen in einem Kinosaal oder in einem Restaurant einen lauten Ausruf der Freude oder des Mißfallens zu machen? Und dies obwohl Sie niemand kennt?
→ Wie würden Sie sich fühlen, wenn Sie in einer fremden Stadt, wo Sie niemand kennt, Passanten anbetteln müßten, um sich ein Essen zu leisten?
→ Würden Sie im Freundeskreis zugeben, daß Sie beruflich überfordert sind und wenig Anerkennung im Betrieb genießen?

Jüngst kam in der Werbung der Slogan »Warum kaufen sich Menschen Dinge, die sie nicht brauchen, um Menschen zu gefallen, die sie nicht mögen?« Ist Ihnen aufgefallen, daß wir uns in Gesprächen mit Bekannten oft ganz bewußt positiver darstellen, als wir sind, daß wir uns selber loben, daß wir Mißerfolge verschweigen und dies, obwohl wir wissen, daß die Gesprächspartner uns genau kennen und sich nichts vormachen lassen?

Auffällig daran ist:

→ daß wir uns selber loben, obwohl wir wissen, daß es nur darauf ankommt, daß der andere das Lob ausspricht
→ daß wir uns selber loben, obwohl wir wissen, daß »Eigenlob« ein Hinweis auf Schwäche ist
→ daß wir uns häufig vor Menschen brüsten, die uns gleichgültig sind.

Nur in wenigen Situationen sind wir uns unseres Wertes sicher. Deshalb findet in Gesprächen ständig ein Werben um eine positive Wertschätzung statt und wir fühlen uns ständig in der Wertschätzung angegriffen und verunsichert. Für viele Menschen ist dies die Achillesferse, die sie von Mitarbeitern, Kunden und Kollegen erpreßbar macht: »der Zwang, eine positive Wertschätzung kaufen zu müssen«.

Diese Fragen erscheinen banal, es sind ja Fakten, auf die wir ständig stoßen. Aber woher kommen diese Erlebnismuster, die unser Verhalten erheblich einschränken? Woher kommt dieses starke Bedürfnis, untadelig und vollkommen zu erscheinen, obwohl niemand daran glaubt, auch wir selber nicht, denn es sind zu viele und zu eindeutige Erfahrungen, die dagegen sprechen?

Wir möchten keine Antworten geben, aber die Tatsache sollten wir uns einprägen: Der sensible Umgang der Führungskraft mit dem Selbstwertgefühl der Mitarbeiter ist für die Akzeptanz ganz entscheidend. Verletzungen des Selbstwertgefühls sind tiefe und nachhaltige Verletzungen, die eine unkontrollierte Aggressivität freisetzen.

Ausschnitt aus einem Coachinggespräch (C = Coach; M = Mitarbeiter) im Rahmen eines Qualifikationsworkshops:

C: »Wie viele Kundenkontakte hatten Sie die letzte Woche?«

M: »Wieso fragen Sie? Sind Sie mit meiner Arbeit nicht zufrieden?«

C: »Nein, ich weiß, daß Sie sich sehr bemühen.«

M: »Wenn ich mehr Unterstützung bekäme, wenn ich wenigstens stundenweise auf die Sekretärin zurückgreifen könnte«

C: »Sie bekommen von mir die Unterstützung, die Sie brauchen...«

Dieser kurze Ausschnitt aus einem Gespräch zeigt, daß ständig das Selbstwertgefühl angesprochen wird und die Reaktionen mitbestimmt und es zeigt, daß die Struktur des Gespräches nachhaltig von dieser Frage bestimmt wird.

8.2.3 Die Schuldzuweisung, ein unfruchtbares Gesellschaftsspiel

Es besteht in vielen Teams eine Tendenz, Probleme zu personalisieren, d. h. die Ursachenforschung dahin zu lenken, daß zum Schluß eine Person als Schuldige dasteht. Jeder weiß zwar, daß es bei diesem Spiel nur Verlierer gibt, weiß, daß es sinnvoller ist, nach vorne zu blicken und Lösungen zu suchen, aber man verfängt sich schließlich doch wieder in der Schuldzuweisung nach dem Motto »Für Versäumnisse und Mißerfolge ist eine Person verantwortlich. Versuche den Missetäter namhaft zu machen.«

Das Unfruchtbare solcher Diskussionen besteht darin, daß die Zuweisung von Schuld, denjenigen, dem sie zugeschrieben wird, belastet und diskriminiert, für einen Fehler aber meist mehrere Personen verantwortlich sind. Das Suchen nach einem Schuldigen kann aber auch zu einem Spiel »Bäumchen wechsle dich« führen, wo jeder die Schuld von sich weist und sie statt dessen beim anderen nachzuweisen sucht. Es geht dabei nicht um eine differenzierte Sicht der Dinge, sondern um das Loswerden des »Schwarzen Peters«. Selbst im optimalsten Falle, in dem man fündig wird, befriedigt das Ergebnis nicht, zum einen, weil der Schuldige dies ganz anders sieht, zum anderen weil die Gruppe insgesamt frustriert worden ist und die Beziehung zueinander Schaden gelitten hat.

Die coachende Führungskraft weiß um die Neigung eines Teams, bei Fehlern einen Sündenbock zu suchen. Und sie weiß, daß dieses Spiel die wirklichen Ursachen von Fehlern kaum aufdecken wird und dementsprechend auch nicht beseitigen hilft. Sie wird daher versuchen, Probleme zu versachlichen, d. h. sie wird versuchen, sie als Folge sachlicher Bedingungen und Vorgänge zu verstehen. Mit der Veränderung dieser Bedingungen werden dann auch die Probleme verschwinden.

Die Ursachenforschung bei Versäumnissen und Mißerfolgen hat also nicht das Ziel, eine Person ausfindig zu machen, die dafür verantwortlich zu machen ist, sondern die Bedingungen zu erkennen, die das Versäumnis und den Mißerfolg begünstigt, oder möglich gemacht haben.

Von den Amerikanern wurde die Forderung »Denke positiv« übernommen. Und das heißt: Nicht Probleme sind gefragt, sondern Lösungen.

Diese Aufforderung, das Positive zu sehen und ihm die Aufmerksamkeit zu schenken, wirkt befreiend, wenn man sich der langen und nutzlosen Diskussionen um die Verantwortung eines Fehlers erinnert. Gleichwohl kann auch dieser Ansatz pervertiert werden, wenn die Fehleranalyse insgesamt als destruktiv vereitelt wird. Das ist dann so, als ob man z. B. bei einem löchrigen Eimer ständig Wasser nachfüllen wollte, statt nachzuschauen, wo das Loch sitzt, um es zu stopfen.

Zum Lösen von Problemen gehört in der Regel mehr, als nur sein Sprachverhalten zu ändern. Es ist notwendig, seinen Denkstil zu ändern. Notwendig ist eine sachliche Einstellung zu Fehlern und zu Versagen, die die Suche nach den Gründen versachlicht und nicht personalisiert.

Die **Regel zur Analyse von Versäumnissen und Mißerfolgen** lautet:

> »Verhindern Sie, daß bei der Analyse von Versäumnissen und Mißerfolgen von Personen geredet wird. Fokussieren Sie statt dessen die äußeren Bedingungen, die das Versäumnis oder den Mißerfolg begünstigt oder möglich gemacht haben.«

8.3 Beziehungspsychologie

Über Beziehung wird im Rahmen von Coaching viel gesprochen. Doch Beziehung ist ein schillernder Begriff. Wir möchten versuchen, ihm einen bestimmten Inhalt abzugewinnen, und das zu präzisieren, was mit seiner Hilfe ausgesagt werden soll.

8.3.1 »Beziehung«, – ein schillernder Begriff

Der Begriff Beziehung wird beruflich vor allem im Kontext des Verkaufens und der Kundenbindung verwendet.

Wenn Herr Maier zum Kiosk um die Straßenecke geht und sich eine Zeitung kauft, hat er dann zum Mann, der ihn bedient, eine Beziehung? Und wenn er jeden Tag seine Zeitung dort kauft? Vielleicht kauft er nicht nur seine Zeitung dort, sondern auch seine Zigaretten, etwas zum Knabbern, Fahrscheine. Was meinen wir, wenn wir im Geschäftsleben von einer »Beziehung« sprechen?

Um in dieser Frage eine Antwort zu finden, müssen wir zum Thema »Beeinflussung von Entscheidungen« wechseln. Fragen wir z. B., was alles die Kunden beim Kauf oder bei der Bindung an eine Marke beeinflußt, so stoßen wir neben den Variablen Bedarf, Produkteigenschaften und Preis auch auf den Faktor »Beziehung«.

Wenn wir hier von Beziehung sprechen, meinen wir einen Faktor, der berufliche Kontakte, Gespräche und Verhandlungen beeinflußt und dem, der damit umgehen kann, einen Vorteil verschafft. Im Geschäftsleben wird der Begriff »Beziehung« immer positiv gebraucht, eine »Beziehung zum Kunden« oder zum Mitarbeiter ist also immer ein Faktor, der das Geschäft günstig beeinflußt, also eine positive Beziehung.

Gemeint ist immer ein Zweifaches:

eine **sachliche Dimension**:	Geschäftspartner mit Beziehung haben gemeinsame Interessen. Beide profitieren sie vom gemeinsamen Geschäft. Geben und Nehmen sind in einer Balance.
eine **emotionale Dimension**:	Geschäftspartner mit Beziehung haben Vertrauen zueinander und man ist offener in den Gesprächen. Man hat Zeit füreinander. Es »redet sich leicht« gemeinsam.

Beide Dimensionen hängen eng zusammen und das gemeinsame Band ist die gemeinsame Lerngeschichte. Der sachliche Vorteil liegt zwar in der Regel in der Gegenwart und nimmt nur in dem Sinne Bezug auf die Zeit, als man zuweilen ein Geschäft eingeht bei dem der Vorteil in den Folgegeschäften gesehen wird. Aber die emotionale Qualität hat eine geschichtliche Dimension. Vertrauen entsteht in der Regel langsam, und es sind dafür positive Erfahrungen über einen längeren Zeitraum notwendig. Für die Festigung der Beziehung des Verkäufers zu seinen Kunden ist daher ganz entscheidend, wie die Geschäfte in der Vergangenheit gelaufen sind. Wurde ein Kunde übervorteilt oder schätzt er ein Geschäft so ein, so wird Vertrauen zerstört. Beziehungen sind immer geschichtlich: Man hat gemeinsame Erfahrungen. Meist handelt es sich dabei um Erfahrungen aus einem früheren Geschäft. Positive Erfahrungen mit einem früheren Geschäft stiften am schnellsten eine Beziehung.

Aus dieser Erfahrung ergeben sich zwei Auswirkungen mit Folgen: Man geht davon aus, daß auch das nächste Geschäft die Qualität haben wird wie das vorausgegangene: Termingerechte Lieferung, hochwertiges Produkt, guter Service, ausgewogenes Preis-Leistungsverhältnis. Die Leistung, die dem Geschäftspartner gutgeschrieben wird, begründet das Vertrauen und die Wertschätzung. Vertrauen und Wertschätzung begünstigen zukünftige Geschäfte und alles, was damit zusammenhängt: Die Erlaubnis anzurufen, einen Termin zu vereinbaren, Zeit in Anspruch zu nehmen, etc.

Beziehung im Kundengeschäft und am Arbeitsplatz steht auf einem anderen Fundament als die Beziehung in der Familie oder im Freundeskreis. Sie ist primär sachlich motiviert. Eine karitative Komponente wird eher als ungewöhnlich und unangemessen bewertet. Die Bitte des Verkäufers, der Kunde solle aus Nächstenliebe bei ihm kaufen, würde wohl als sehr befremdlich ankommen. Desgleichen werden Liebesbeziehungen am Arbeitsplatz oder zu Geschäftspartner eher als Problem empfunden. Verkäufer müssen also ihre Kunden nicht lieben und die Führungskraft muß nicht als gütiger Samariter auftreten.

Dieser Beziehungsbegriff kann ohne Abstriche auf die Beziehung Coach und Mitarbeiter übertragen werden. Das sachliche Fundament ist hier nicht das Geschäft und der Prozeß ist nicht ein Verkaufsaktion sondern Führung und verbindliche Vereinbarung, Übernahme von Verantwortung, Schaffen von Freiräumen, überzeugen und sich überzeugen lassen.

Fassen wir kurz zusammen: Der Erfolg eines Geschäfts oder einer gemeinsamen Arbeit bewirkt Vertrauen und ein gutes Gefühl ausgedrückt in Wertschätzung. Daraus wiederum ergibt sich die Bereitschaft und die Motivation zu weiteren Kontakten. Damit haben wir die Grundelemente beisammen, die die berufliche Beziehung bestimmen. Alles weitere sind Variationen, Ergänzungen und weitere Folgerungen.

8.3.2 Beziehung ist immer auch Bedürfnisbefriedigung

Beziehung bedeutet Einheit, die Verbindung von zwei oder mehrerer Personen. Die Triebfeder sich zu verbinden ist die Erfüllung von Bedürfnissen. Beziehung ist Bedürfnisbefriedigung und die Unterschiede in den Bedürfnissen begründen Unterschiede in den Beziehungen. Die Form der Einheit ist die Bindung.

Arten von Bedürfnissen

	kurzfristige Bedürfnisse	langfristige Bedürfnisse
Erlebnisbedürfnis: Liebe, Abenteuer, Action		
Sinnbedürfnisse: persönliche Erfüllung, Selbstverwirklichung		
Soziale Bedürfnisse: Ansehen, Anerkennung, Helfen		

	kurzfristige Bedürfnisse	langfristige Bedürfnisse
Macht – Freiheit: etwas bewegen, entscheiden können, Unabhängigkeit		
Geld – Ökonomie: Einkommen, Sparsamkeit, Gewinn, Vermögen		

Wir unterscheiden im Coaching Bedürfnisse, auf deren Erfüllung der Mitarbeiter ein Anrecht hat (mit einem kompetenten Berater die eigene Situation besprechen können; fachliche Informationen bekommen; Anregungen und Ideen bekommen; sich mitteilen können, etc.) und solche, auf deren Erfüllung er im Rahmen des Coachingprozesses kein Anrecht hat (in der coachenden Führungskraft einen Freund finden, geliebt werden, etc.).

Bedürfnisse sind nichts Stabiles. Und es kann sein, daß beim Mitarbeiter zu Beginn das Bedürfnis vorherrscht, den Coach möglichst bald wieder loszuwerden.

Im Laufe der Arbeit merkt er vielleicht, daß er vom Coach profitiert und es wächst das Bedürfnis, ihn immer häufiger heranzuziehen, um Entscheidungen zu treffen.

Schließlich lernt er den Coach auch als Menschen schätzen und findet persönlichen Halt an ihm, er wird ihm zum persönlichen Berater und vielleicht gar zum Freund.

Entscheidend für das Gelingen des Coachingprozesses ist, daß der Coach die gegenwärtigen Bedürfnisse des Mitarbeiters erfaßt und daß er darauf eingeht, und daß er nicht Bedürfnisse hypostasiert, die nicht vorhanden sind und meint, sie befriedigen zu müssen.

Auf folgende Fragen möchten wir eine Antwort geben:

→ Was kann man sich von einer beruflichen Beziehung erwarten?
→ Wie kann eine berufliche Beziehung entwickelt werden?
→ Was fördert und was belastet eine berufliche Beziehung?

8.3.3 Beziehung als Erfolgsfaktor von Coaching

Traditionelles Führen gewinnt durch Vertrauen, für Leadership Coaching ist Vertrauen eine Voraussetzung. Mit den Mitteln der Information kann nur geführt werden, wenn Offenheit erreicht wird, und Offenheit setzt Vertrauen voraus. Die coachende Führungskraft ist darauf angewiesen, daß der Mitarbeiter ihn informiert und das setzt das Vertrauen des Mitarbeiters voraus. Wenn das Vertrauen nicht vorhanden ist, öffnet sich der Mitarbeiter nicht. Er braucht das Vertrauen auch, wenn er über Einsicht zu führen sucht. Wahrnehmen, Verstehen, Annehmen, das sind die notwendigen Schritte im Coachingprozeß und sie sind allesamt vom Vertrauen abhängig.

Vertrauen ist davon abhängig, daß der Mitarbeiter sich vom der coachenden Führungskraft verstanden fühlt, daß er aus dem Coachingprozeß Kraft, Zuversicht, Sicherheit schöpft. Der Coachingprozeß muß sich für den Mitarbeiter als Quelle von »beruflichem Erfolg« erweisen, nicht mehr und nicht weniger, damit er Vertrauen entwickelt. Die coachende Führungskraft muß sich den Mitarbeiter nicht kaufen, er muß ihn nicht andauernd loben oder ihm etwas vormachen, keine Ansprüche und Anforderungen zurücknehmen. Das Fundament ist Zuverlässigkeit, kompetente Beratung, Hilfe bei Überforderung, Information.

8.3.4 Werden Beziehungen gemacht?

Ist eine gute Beziehung der coachenden Führungskraft zu ihrem Mitarbeiter von den unkontrollierbaren und weitgehend zufälligen Bedingungen wie Sympathie und »Übereinstimmung in der Chemie« abhängig, oder kann eine Beziehung ganz bewußt und gezielt aufgebaut werden? Ist es ein Zufall, wenn sich die coachende Führungskraft und der Mitarbeiter gut verstehen?

Sicher ist, daß Emotionen nicht so planbar und gezielt steuerbar sind wie Geschäfts- oder Arbeitskonditionen. Wie aber das Beispiel der Angstforschung zeigt, folgen auch Emotionen im Entstehen und in ihrer Auflösung bestimmten Gesetzen. Wer sie kennt, kann behutsam ihre Entwicklung beeinflussen.

Beziehung entsteht durch Gemeinsamkeit. Betrachten wir »Beziehung« aus einem sehr abstrakten Blickpunkt, so zeigen sich uns zwei Prinzipien, die Beziehung ausmachen: Einheit und Abgrenzung. Es sind im Grunde zwei Seiten desselben.

Das **Prinzip der Einheit**: Sich verbinden, Gemeinschaft bilden (Schutz, Hilfe, Geborgenheit, Sicherheit)

Das **Prinzip der Vielheit**: Sich als einmalig von anderen abgrenzen (Freiheit, im Blickpunkt stehen, Anerkennung)

Dabei ist der Zusammenhang durchaus komplex. Die Abgrenzung einer Gruppe von allen anderen kann ein wesentliches Element der Einheit der

Gruppe sein. Es ist nicht der gemeinsame Nenner zwischen Individuen, welche zu Zugehörigkeitsgefühl und Gleichheit führt, sonder die daraus resultierende Abgrenzung anderen Gruppen gegenüber. D. h. Einheit und Abgrenzung tragen beide, wenn auch in konträrer Weise, zur Gemeinschaftsbildung bei. Die Stabilität und damit die Belastbarkeit einer Beziehung hängt davon ab, wieweit es gelingt, Gemeinsamkeit und Abgrenzung in Balance zu halten. Zu große Nähe und Abhängigkeit führt zum Verlust an Freiheit und führt zum Gefühl des Abhängigseins und weckt damit das Verlangen nach Veränderung oder gar nach Abbruch der Beziehung. Zu große Distanz führt zu Verkrampfung und Einsamkeit und führt wiederum zum Bedürfnis nach Veränderung, die bis zum Abbruch der Beziehung gehen kann. Bindung und Abgrenzung brauchen einander, stärken sich gegenseitig und machen eine Beziehung belastbar.

Es ist bekannt, daß Kunden unter Umständen nicht mehr bei einem guten Bekannten einkaufen, wenn die Beziehung zu eng wird. Und oft müssen wir feststellen, daß eine ganz enge Beziehung plötzlich in die Brüche geht. Wenn die halbwüchsigen Kinder mit Krach von zu Hause ausziehen, so bedeutet dies in den allermeisten Fällen nicht, daß die Beziehung schlecht war, sondern daß die Balance von Nähe und Abgrenzung, von Bindung und Freiheit nicht gestimmt hat, bzw. daß sie mit dem Auszug wieder hergestellt worden ist.

Auch zwischen der coachenden Führungskraft und dem Mitarbeiter bestehen der Wunsch nach Verbindung und nach Abgrenzung nebeneinander. Dies macht die Dynamik einer Beziehung aus, an der sie wächst oder zerbricht.

Aus diesem Verständnis von Beziehung können Hinweise gewonnen werden, eine Beziehung aufzunehmen, zu pflegen oder bei Konflikten wieder herzustellen:

→ Herstellung von Gemeinsamkeit: gemeinsame Erlebnisse, gemeinsame Ziele, gemeinsame Feinde und Freunde, gemeinsame Erfolge.
→ Herstellung von Symbiose: gegenseitige Unterstützung, Informationsaustausch, gemeinsames Erarbeiten eines Ziels, Aufmerksamkeit und Zeit schenken. Führungskraft und Mitarbeiter ergeben eine natürliche Symbiose.
→ Sich von Drittpersonen abgrenzen: Für den anderen Partei ergreifen, sich für ihn einsetzen.

Dabei spielt die Aufmerksamkeit und damit die Zeit eine wesentliche Rolle.

Gemeinsamkeit als Prinzip des Beziehungsaufbaus

Eine zentrale Rolle beim Beziehungsaufbau spielt das Herstellen von Gemeinsamkeit. Wie aber kann man zu einem Menschen zielbewußt Gemeinsamkeit herstellen? Ist das nicht eher das Ergebnis spontaner Zufälle?

Es gibt zwei grundlegend verschiedene Formen von Gemeinsamkeiten: die Gleichheit und die Symbiose.

Die Gleichheit ist die Gemeinsamkeit in Eigenschaften und anderen Merkmalen.

Beispiele: Anhänger der gleichen Sportmannschaft, Mitgliedschaft in gleichen Club, gleiche Sprache, usw.

Die symbiotische Einheit (Ergänzung/Komplementarität) ist die Gemeinsamkeit der Ergänzung und der Komplementarität, ist die Gemeinsamkeit, in der zwei oder mehrere Menschen miteinander ein Ganzes bilden. Die ursprüngliche Art dieser Einheit sind Mutter und Kind. Hier ist die Ergänzung von der Natur vorgegeben.

Weitere Beispiele:

→ Berater und Ratsuchender
→ Lehrer und Schüler
→ Unternehmer und Kunde
→ Führungskraft und Mitarbeiter
→ usw.

Die tragende Einheit im Coaching sollte die symbiotische Einheit sein und die Grundlage dafür ist die »gute Leistung«. Coach und Mitarbeiter ergeben eine ergänzende Einheit. Der eine bietet eine Leistung an, die der andere benötigt. Auf diese ursprüngliche Beziehung muß sich die coachende Führungskraft beim bewußten Aufbau einer Beziehung zum Mitarbeiter besinnen. Sollte diese Beziehung nicht tragen so deshalb, weil sie mißbraucht worden ist. Der Mitarbeiter, der sich »reingelegt« fühlt, reingelegt durch eine coachende Führungskraft, die nicht imstande war, die Probleme lösen zu helfen, die nur Zeit kostet, oder die die Beziehung mißbraucht hat für ihre Zwecke.

Freundlichkeit, kleine Geschenke etc. sind demgegenüber nebensächlich. Auf ihnen sollte die Coachingbeziehung nicht gegründet sein.

Die Gleichheit kann sich für den Beginn als nützlich erweisen, aber auch ihr sprechen wir nicht mehr als eine Initialzündung und ergänzende Kraft zu. Tragend für die Coachingbeziehung ist die symbiotische Ergänzung.

Die ersten Minuten in der Begegnung:

Die ersten Minuten einer Begegnung haben große Bedeutung. Nicht etwa, weil der Ersteindruck eine besondere Gültigkeit hätte oder weil der Ersteindruck später nicht mehr korrigiert werden könnte, sondern weil der Ersteindruck vielfach darüber entscheidet, ob sich zwei Menschen nochmals begegnen und sich weiterhin miteinander auseinandersetzen werden oder nicht.

Die ersten Minuten einer Begegnung
Entscheidungen aufgrund des Ersteindrucks

Positiver Eindruck	**Negativer Eindruck**
ich finde dich interessant	Ich finde dich uninteressant
ich möchte dich näher kennenlernen	ich möchte den Kontakt abbrechen
du machst auf mich einen kompetenten Eindruck	du machst auf mich einen inkompetenten Eindruck
hervorstechende positive Merkmale wie Sympathie, positive Ausstrahlung, Aufmerksamkeit, Originalität, Menschlichkeit	hervorstechende negative Merkmale wie Arroganz, Interesselosigkeit, Oberflächlichkeit
Entdeckung von Gemeinsamkeiten / Kongruenz	Entdeckung von Unterschieden / Inkongruenz

Was hat Beziehung mit Gefühlen zu tun?

Beziehung ist Einheit. In den Liebesbeziehungen sind das einigende Band die positiven Gefühle, die man mit dem anderen erlebt. Und da die Liebesbeziehung der Prototyp von Beziehung ist, hat sich die Meinung verbreitet, Beziehung und Gefühl gehörten zusammen. Aber die Einheit einer Beziehung kann auch in anderen Momenten liegen. Eine berufliche Beziehung wird eher vom Band gemeinsamer Interessen getragen sein, und das Gefühl, das man füreinander hat, spielt eine untergeordnete Rolle.

Soviel jedoch ist für jede Beziehung zu postulieren: Beziehung setzt Vertrauen voraus, ob Liebesbeziehung oder Geschäftsbeziehung, ohne Vertrauen besteht die Einheit, die wir Beziehung nennen nicht. Ebenso gehört u. E. zu einer Beziehung auch die Wertschätzung.

Beziehung: Nähe und Distanz

Beziehung hat auch etwas mit »Nähe« zu tun, ein Begriff, den jeder kennt und der dennoch sehr schwer zu objektivieren ist. Wir verstehen unter Nähe – Distanz eine Eigenschaft der verbalen und averbalen Kommunikation in einer Beziehung. Dabei wiederum spielen Offenheit und Akzeptanz eine wichtige Rolle. Teilt sich jemand offen mit, und vermittelt er darin Wertschätzung wird er als »näher« empfunden. Wertschätzung ist eine Form der Gemeinsamkeit.

Die Offenheit / Verschlossenheit kann auch im averbalen Bereich liegen. Blickkontakt, Körperkontakt, aktives Zuhören sind averbale Kommunikationsformen, die die Bereitschaft Nähe herzustellen signalisieren.

Einen Sonderfall stellt die »räumliche Nähe« dar. Die räumliche Nähe kann auch hergestellt werden durch die Häufigkeit von Kontakten.

Es ist eine verbreitete Erfahrung, daß bestimmte Menschen in der Lage sind, jemanden stark emotional anzusprechen, ohne daß Nähe und Vertrauen entsteht. Wir versuchen dieses Phänomen als Folge des Fehlens von Gemeinsamkeit zu erklären. Das folgende Schema soll das erläutern.

Beziehungsaufbau

Sachdimension Gefühlsdimension	Gemeinsames wird betont	Trennendes wird betont
jemanden emotional stark ansprechen	Nähe wird erlebt und Vertrauen entsteht	Distanz wird erlebt und Mißtrauen entsteht
jemanden emotional nicht ansprechen	die Beziehung wird funktional erlebt	die Distanz wird funktional erlebt

Jemanden emotional ansprechen bedeutet nur, daß das Gefühl angesprochen wird. Nur wenn damit zugleich Gemeinsamkeit hergestellt wird, entsteht Nähe, ansonsten Distanz. So erscheinen »emotionales Ansprechen« und »Nähe herstellen« zwei sehr verschiedene Variablen zu sein, die nicht miteinander auftreten müssen. Man kann einen Menschen sachlich ansprechen, wenn die Sache im Vordergrund steht, und man kann ihn emotional ansprechen, wenn die Gefühle im Vordergrund stehen. Wenn jemand stark emotional angesprochen wird und es wird zugleich Gemeinsamkeit erlebt, dann entsteht eine positive Beziehung der Akzeptanz. Wenn jemand hingegen stark emotional angesprochen wird und es wird zugleich Distanz erlebt, so entsteht eine negative Beziehung der Ablehnung. Diesen Fall haben wir, wenn jemand als arrogant eingeschätzt wird.

Jemanden emotional ansprechen bedeutet:

→ Gefühle wecken – positive oder negative
→ die Aufmerksamkeit auf die Gefühle lenken – positive oder negative
→ die Sache in den Hintergrund drängen
→ über Ereignisse reden
→ Emotionalisieren und Personalisieren

Jemanden sachlich ansprechen bedeutet:

→ Interesse für eine Sache wecken
→ mit einer Sache in Beziehung bringen
→ eine Beziehung zu einer Sache herstellen
→ über Funktionen reden
→ Gefühle in den Hintergrund drängen
→ Gefühle löschen, entemotionalisieren

Es gibt Menschen, die andere emotionalisieren, wie es Menschen gibt, die entemotionalisieren. Wenn wir sagen, ein Mensch habe Charisma, so meinen wir in der Regel, er hat die Fähigkeit, Menschen emotional anzusprechen, Gefühle zu wecken.

8.3.5 Beziehung und das Gefühl von Echtheit

Gefühle der Zuneigung und der Wertschätzung sind ein kostbares Gut, und sie sind in der Lage das Vertrauen von Kunden und Partnern zu gewinnen. Leider stehen sie nur sehr begrenzt zur Verfügung. Worte der Zuneigung und der Wertschätzung hingegen können ohne Mühe und Aufwand jederzeit gesagt werden und man benötigt hierzu keine Gefühle. Daher unterscheiden wir einen echten von einem verlogenen Ausdruck der Zuneigung und der Wertschätzung. Die Unterscheidung ist für einen Kunden nicht immer leicht, aber es gibt einige Techniken dafür.

Das Timing: Ein recht zuverlässiges Unterscheidungsmerkmal ist das Timing. Wird ein Kunde vor der Unterzeichnung des Vertrages mit Wertschätzung bedacht, so bedeutet das nicht viel. Wird ihm jedoch Wertschätzung auch danach entgegengebracht, so sagt er: »Die Wertschätzung ist echt.« Das macht die Zeitkomponente zu einem bedeutenden Faktor im Aufbau von Beziehungen. Vertrauen gewinnt man nicht in einem Anlauf. Die Wiederholung, die Konstanz, die Perspektive, sind wesentliche Komponenten.

Die Konstanz: Mit der Zeitkomponente hängt noch ein zweites Unterscheidungsmerkmal zusammen: die Konstanz. Vertrauen hat viel mit Konstanz, Transparenz, Übersicht, Beständigkeit zu tun. Wiederum können wir sagen: Vertrauen gewinnt man nicht in einem Anlauf, sondern über die Zeit.

Die Ausnahme: Der echte Gefühlsausdruck wird noch an einem weiteren Merkmal erkannt, an der Bereitschaft zur Ausnahmehandlung. Ausnahmen sind im Gegensatz zu den Routinen emotional aufwendig. Deshalb benötigt die Ausnahme eine besondere Motivation und diese Motivation kann aus der Wertschätzung für einen Menschen kommen. Routinen sind ohne Gefühl (zum Beispiel das ritualisierte »Guten Tag«), das Gefühl verlangt nach dem Besonderen, um sich selber Ausdruck verleihen zu können (z.B. eine kleine Aufmerksamkeit).

Formen des Mißbrauchs der Beziehung Coach – Mitarbeiter

Worin kann der Mißbrauch bestehen?

Beispiele:

→ eine gute Beratung wurde versprochen, aber dem Coach fehlte die entsprechende Kompetenz
→ die wirklich brisanten und schwierigen Probleme werden nicht angegangen, so daß der Mitarbeiter auch nach der Beratung mit ihnen alleine ist
→ die Arbeit des Coaches führt zu nachhaltigen Störungen in der täglichen Arbeit, ohne daß eine Besserung zu erkennen ist
→ Probleme werden nur diagnostiziert und besprochen, aber es kommt nicht zu effektvollen Veränderungen
→ um den Mitarbeiter zu schonen, werden Probleme unter den Teppich gekehrt

Wie kann Vertrauen wieder zurückgewonnen werden? Durch eine solide Leistung. Das ist Beziehungsarbeit.

8.4 Techniken und Instrumente zum Informationsmanagement

Wir haben die verschiedenen diagnostischen Ansätze und Instrumente zur Datenerhebung im Informationsmanagement zu acht Gruppen geordnete: Verhaltensbeobachtung, Fragebögen und Befragungen in strukturierter schriftlicher Form, Interviews und diagnostische Gespräche, Diagnosemeetings, Erstellung von Problemkatalogen, Prozeßanalyse, Dokumentenanalyse und Verkaufssteuerungs- und Warenwirtschaftsprogramme.

8.4.1 Verhaltensbeobachtung

Wo immer es darum geht, Informationen über das Verhalten von Mitarbeitern zu gewinnen, ist die direkte Verhaltensbeobachtung des Mitarbeiters ein unverzichtbarer Teilschritt. Handelt es sich um einfache Situationen, reicht die unsystematische Beobachtungen aus, um sich ein treffendes Bild machen zu können. Es ist aber immer hilfreich, sich eingehender mit dieser Methode der Informationsgewinnung auseinanderzusetzen.

Im Coaching setzen wir die Verhaltensbeobachtung vor allem dann ein, wenn ein Prozeß sehr genau erfaßt werden muß, wie z. B. bei der Analyse sozialer Interaktionen oder bei der Analyse der Arbeitsplätze. Durch die Teilnahme an Assessmentcenters habe viele Führungskräfte Erfahrungen in der Durchführung von Beobachtungsaufgaben sammeln können. Es ist eine offene Frage, wieweit ein Coach über Fertigkeiten verfügen sollte, auch eine systematische Verhaltensbeobachtung und Verhaltensanalyse durchzuführen, oder ob er dabei immer den Experten heranziehen sollte. Wir meinen, er sollte zumindest über soviel Kenntnisse verfügen, daß er weiß, wo eine unsystematische Verhaltensbeobachtung ausreicht und wo eine professionelle durchgeführt werden muß.

Die Verhaltensbeobachtung bringt der Führungskraft Informationen aus erster Hand über das Verhalten von Mitarbeitern. Diese Information ist grundlegend für die Beurteilung von Mitarbeitern und ihrer Leistung. Sie liefert die Grundlage für ein tieferes Verstehen. Sie liefert der Führungskraft darüber hinaus auch die Informationen, um Arbeitsplätze, Aufgaben und Ergebnisse richtig einschätzen und verstehen zu können.

8.4.1.1 Wann sollte die Führungskraft sich über Beobachtungen ein Bild machen?

Auf die direkte Beobachtung von Mitarbeitern kann die Führungskraft nicht verzichten. Beobachtung ist vor allem dann unverzichtbar

→ Wenn es darum geht die Kompetenz von Mitarbeitern einzuschätzen im Umgang mit Kunden (Verhandlungen, Reklamationsbearbeitung, Präsentationen)
→ Wenn es darum geht, Führungskräfte im Umgang mit Mitarbeitern einzuschätzen
→ Delegationsverhalten und Motivierung von Mitarbeitern
→ Aber auch die Ausführung bestimmter Arbeiten, die spezielle manuelle Fertigkeiten erfordern

8.4.1.2 Die Fragestellung im Hintergrund von Alternativen

Beobachten beginnt immer mit einer Fragestellung. Die Fragestellung legt fest, was man sehen will und das geschieht am besten, indem Alternativen genannt werden. Hierzu reicht es nicht aus global zu fragen: Wie verhandelt der Verkäufer? Es reicht auch nicht zu fragen: Wird im Betrieb effizient gearbeitet?

Eine gute Fragestellung kann sein: Erkennt der Verkäufer die Kaufsignale des Kunden und beendet er dann die Verhandlung? Oder: Sind die Handlungsschritte sinnvoll aufeinander aufbauend, oder wird die Ausführung dadurch verlängert daß der zweite Schritt vor dem ersten gemacht wird?

8.4.1.3 Das Beobachtungsprotokoll

Das vorgefertigte Beobachtungsprotokoll legt kritische Ereignisse fest, und die Alternativen, die sich hernach ergeben.

Das Einwandverhalten des Verkäufers kann z. B. so beobachtet werden:

Kritisches Ereignis	Handlungsalternativen
Der Kunde macht einen Einwand	Alternative 1: Der Verkäufer wiederholt den Einwand und erwähnt, warum der Einwand sinnvoll ist und erst dann widerlegt er ihn Alternative 2: Der Verkäufer reagiert auf den Einwand gleich mit seiner Widerlegung

Das Delegationsverhalten der Führungskraft kann z. B. so beobachtet werden:

Kritisches Ereignis	Handlungsalternativen
Die Führungskraft hat den Mitarbeiter mit einer Aufgabe betraut	Alternative 1: Die Führungskraft prüft, ob der Mitarbeiter den Auftrag in ihrem Sinne verstanden hat Alternative 2: Die Führungskraft überprüft nicht das Verständnis des Mitarbeiters

Das Ergebnis einer Beobachtung, die in dieser kontrollierten Weise durchgeführt wird, schränkt zwar den Ausschnitt, der beobachtet wird stark ein, kann aber eine sehr objektive, präzise und differenzierte Antwort liefern.

8.4.1.4 Beobachtungsfehler

Unsere Erfahrung in Assessmentcenters hat ergeben, daß in der Beobachtung und Bewertung von Verhaltensproben nicht speziell geschulte Führungskräfte eine Reihe an Beobachtungsfehlern unterliegen. Sie neigen dazu, stark vorurteilsgeleitet zu beobachten, bestimmte Ereignisse ohne Bezug zum Gesamtergebnis zu beurteilen und sich bei der Beurteilung von unrealistisch hohen Qualitätserwartungen leiten zu lassen. Je bewußter dem Beobachter jedoch die Fehlerquellen sind, desto eher kann er Fehler vermeiden oder sie korrigieren.

Neben den bereits erwähnten Beobachtungs- und Interpretationsfehlern sind folgende noch zu nennen:

→ Eine zu starke **Generalisierung**: Man hat nur wenige Verhaltensstichproben beobachtet und schließt daraus auf das generelle Verhalten des Mitarbeiters.
→ Der **Halo Effekt**: Beeinflussung der Beurteilung von Einzelmerkmalen einer Person durch den Ersteindruck oder durch eine hervorstechende Eigenschaft der beobachteten Person.
→ Die **Übertreibung**: Die Ausprägung einer Eigenschaft wird positiv oder negativ überzeichnet.
→ Das Nichtbeachten der **Rahmenbedingungen**: Verhaltensweisen werden nicht in Bezug zu den Rahmenbedingungen gesehen und dadurch falsch eingeschätzt.

Zu erwähnen ist ferner, daß beim Beobachten ohne feste Methodologie, Ereignisse nur per Zufall registriert werden. Ein Ereignis hat vor allem dann wenig Chancen bemerkt zu werden

→ wenn es unauffällig ist wie z. B. Pausen
→ wenn es simultan mit einem hervorstechenden Ereignis auftritt, z. B. Blickkontakt, wenn zu gleicher Zeit geredet wird
→ wenn sich der Beobachter auf eine Dimension festgelegt hat, z. B. auf das gesprochene Wort
→ wenn ein ausgeprägtes Vorurteil in Bezug auf das Verhalten des Mitarbeiters vorliegt.

Um das zu verhindern, ist eine Methodik des Beobachtens unbedingt notwendig.

8.4.2 Fragebögen und Befragungen in strukturierter schriftlicher Form

8.4.2.1 Fragebögen

Fragebögen eignen sich besonders, Meinungen, Einstellungen, Werte und Überzeugungen zu erheben. Fragebogen sind leicht zu erstellen und ökonomisch in der Durchführung einer Befragung. Ergebnisse von Fragebögen gelten jedoch als wenig valide, gültig. Sie können aber andere Daten sinnvoll ergänzen.

8.4.2.2 Checklisten

Jede Checkliste kann als Diagnoseinstrument eingesetzt werden, wenn durch Zusammentragen von Einzelberichten Trends, Häufungen und Widersprüche aufgedeckt werden sollen. Sie eignen sich auch gut zur schnellen Standortbestimmung in laufenden Prozessen.

8.4.3 Interviews und diagnostische Gespräche

Eine Studie an 246 OE-Beratern (HITT & MATHIS, 1983) fand, daß Interviews die gebräuchlichste Technik zur Datensammlung in OE-Programmen darstellen. Zu einer ähnlichen Einschätzung gelangt eine weitere Studie von BURKE, CLARK & KOOPMAN. Auch sie fanden, daß das Interview mit 87% die gebräuchlichste Methode zur Datensammlung war, gefolgt von der direkten Beobachtung mit 60%, Gruppengesprächen mit 52%, Fragebögen mit 45% und bereits bestehenden Informationen mit 37%. Die Befragungen können sich an alle Mitglieder, an eine repräsentative Stichprobe oder an einige Meinungsführer (Delphi-Methode) richten oder eine Kombination aller Möglichkeiten darstellen.

Das Interview bieten im Vergleich mit Fragebögen den Vorteil eines mehr direkten, persönlichen, flexiblen und der Situation angepaßteren Vorgehens, deren Systematik aber eine Schulung voraussetzt. Ein weiterer Vorteil der Interviewtechnik liegt darin, daß subjektive Daten erhoben werden können, die keiner anderen Methode zugänglich sind wie Normen, Einstellungen und Werte. Nachteilig wirken sich die Dauer, die erforderliche Interviewerschulung des Coaches, der Widerstand des Interviewten und die Schwierigkeiten beim Vergleich verschiedener Interviews aus.

Anmerkung zum Interview: Essentielle und existentielle Fragetechnik
Das Interview ist zugleich das einfachste und schwierigste Diagnoseinstrument. Es ist das Instrument, mit dem im Einzelfall in kurzer Zeit am

meisten Informationen gewonnen werden können, wenn der Interviewer sein Handwerk versteht.

Wir unterscheiden eine existentielle Fragetechnik, die das historische Ereignis exploriert von einer essentiellen Fragetechnik, in der es primär um die begriffliche Repräsentanz geht. Im Ergebnis unterscheiden sich die beiden Ansätze zu interviewen darin, daß mit der existentiellen der emotionale Hintergrund erfaßt wird, während mit der essentiellen nur eine rationale Darstellung erreicht wird.

Technik der existentiellen Fragekunst: Kurze Sätze, Pausen provozieren, sparsames Intervenieren. Das Gespräch verlangt Ruhe, kein Drängen.

1. Zunächst muß die Motivsituation (siehe Basisschema H) rekonstruiert werden:
   »Wann ist es zum letzten Mal geschehen?«, »Berichten Sie eine Erfahrung!«, »Wo war es?« »Wie war der Raum?« »Wer war dabei?« »Namen!« »Was sehen Sie?« »Was hören Sie?« »Was wird gesprochen?« »Was fühlen Sie?«
2. Dann wird die Handlung nachgezeichnet, so daß sie erlebt wird:
   »Wer hat das Gespräch begonnen?«, »Was waren seine Worte?« »Was ging Ihnen dabei durch den Kopf?« »Was haben Sie gefühlt?«
3. Jetzt wird sie analysiert.

Zu einer Vertiefung kommt es, indem die Sinne einzeln angesprochen werden: »Was sehen Sie?« »Was hören Sie?« »Was fühlen Sie?« »Was riechen Sie?« »Was spüren Sie?«

8.4.4 Diagnosemeetings

Leadership Coaching sieht die gemeinsame Erhebung von Informationen von Coach und Mitarbeitern vor. Eine Form, in der diese Methoden der Datenerhebung voll zum Tragen kommt, sind diagnostische Meetings, diagnostischen Sitzungen und die sogenannten Diagnoseworkshops.

Sensing Meetings

Diese Sensibilisierungstreffen dienen dazu, ein Problembewußtsein zu schaffen, indem die Teilnehmer darüber diskutieren, was sie stört, was ihnen Sorge macht und was man ihrer Meinung nach besser machen könnte und wie.

Es gibt »horizontale« (= verschiedene Organisationsbereiche) und »vertikale« (= Vertreter verschiedener hierarchischer Ebenen) Sensings. Wichtig ist, daß bei den Meetings keine Entscheidungen fallen, sondern nur Fakten zusammengetragen werden

8.4.5 Erstellung von Problemkatalogen

Bei dieser Methode werden Mitarbeiter aufgefordert, Probleme, die sie kennen oder von denen sie betroffen sind, zu schildern.

Überschaubare Gruppen von etwa 12–16 Teilnehmern, die während des Ablaufs von Seminaren oder der regulären Arbeitszeit vor Ort zusammenkommen, erstellen mit Hilfe der Moderationstechnik einen Problemkatalog. Die Moderationstechnik hat die Funktion, Meinungsbeeinflussung durch Gruppeneffekte zu verhindern. Leitformulierungen wie

»Für mich ist es ein Problem, daß . . .«
»Was macht man, wenn . . .«
»Mich ärgert schon lange, daß . . .«
»Wenn ich hier was zu sagen hätte, würde ich . . .«

erleichtern dem Teilnehmer die Arbeit. Im Anschluß daran können eventuell Gruppendiskussionen oder eine schriftliche Befragung erfolgen. Die aufgelisteten Probleme werden entweder sofort oder später strukturiert und nach Prioritäten geordnet und können als Einstieg in einen Problemlöseworkshop dienen.

8.4.6 Prozeßanalyse

Die Prozeßanalyse geht von der Annahme aus, daß Ziele nicht irgendwie erreicht werden sollen, sondern daß dies mit einem guten Verhältnis von Aufwand und Ergebnis geschehen muß. Es geht nicht primär um die Vermeidung von Fehlern, sondern vielmehr um die Frage, ob das Ergebnis nicht auch anders erreicht hätte werden können (kürzer, schneller, problemloser, etc.).

Die Teilnehmer analysieren und beurteilen ihr Kommunikations- und Verhaltensmuster unter dem Gesichtspunkt des Lernens. Man betreibt gleichsam Geschichtsforschung über abgelaufene Ereignisse, um daraus Nutzen für zukünftige Situationen zu ziehen.

8.4.7 Dokumentenanalyse

Aus schriftlichen Unterlagen können in ökonomischer Weise Informationen zu den betriebswirtschaftlichen Fakten und zur Organisation des Betriebes gewonnen werden. Oft sind diese Informationen systematisch aufbereitet und sie stehen dem Coach unmittelbar zur Verfügung. Wichtig ist, sie so zu speichern, daß sie gut verfügbar sind und der Coach muß sie mindestens einmal durchgearbeitet haben um zu wissen, über welche Informationen er verfügt. Wir empfehlen, diese Informationen soweit sie seine Arbeit betreffen, auswendig zu lernen, um sie jederzeit verfügbar zu haben. Der Coach sollte so viel Interesse für das Unternehmen aufbringen, daß er motiviert ist, ein Grundwissen über den Betrieb zu beherrschen.

Unter die Dokumentenanalyse fällt aber auch die Analyse von Berichten, Protokollen, Verträgen, usw., also von Dokumenten, die über Arbeitsregelungen und Arbeitsabläufe, über Arbeitszufriedenheit usw. Aufschluß geben können.

8.4.8 Verkaufssteuerungs- und Warenwirtschaftssysteme

Verkaufssteuerungs- und Warenwirtschaftssysteme zählen im Zeitalter der elektronischen Datenverarbeitung zu den wichtigsten und zugleich bequemsten Informationsquellen. Sie sind natürlich nur dann zu gebrauchen, wenn sie zuverlässig und sorgsam mit Informationen gespeist werden. Damit steht es jedoch in vielen Unternehmen nicht zum Besten. So kann es eine der ersten Aufgaben eines Coaches sein, die Mitarbeiter zu motivieren, konsequent die erforderlichen Informationen kontinuierlich einzugeben.

Ist ein Verkaufssteuerungssystem a jour, so ist es eine unersetzliche Quelle nicht nur sich einen Überblick über die Arbeit zu verschaffen, sondern auch einzelne Prozesse zu analysieren.

8.5 Externes Coaching

Leadership Coaching ist ein Coachingansatz für Führungskräfte. Oft aber ist es ratsam, Teilaufgaben an einen externen Coach zu delegieren. Was ist dann dessen Part?

Beim Coaching durch einen externen Coach werden Probleme von Führungskräften oder von Mitarbeitern gelöst, indem eine zweite Person, der externe Coach, sein Wissen, seine Kraft, seine Zeit für einen begrenzten Einsatz zur Verfügung stellt. Wir können hier nur einige mögliche Szenarien aufzeigen:

→ Eine Führungskraft ist mit einer Aufgabe fachlich überfordert, sie kennt sich in der Materie wenig aus. Hier ist die Aufgabe des externen

Coaches die Probleme mit der Führungskraft zu analysieren und fachliche Beratung anzubieten. Coaching kommt damit in die Nähe der Unternehmensberatung.

→ In einem anderen Fall besteht das Problem der Führungskraft in einer emotionalen Verstrickung. Hier steht die Stärkung der Persönlichkeit und die Entflechtung von Beziehungen im Vordergrund. Coaching kann in diesem Falle Züge einer Therapie annehmen.

→ Auch eine Rollenkonfusion ist nicht selten der Grund für mangelnden Erfolg, für Überhandnehmen der Probleme und für persönlichen Diskomfort. Der externe Coach wird hier versuchen, Klarheit in das Netz von Erwartungen zu bringen und mit Hilfe von Vereinbarungen und Abgrenzungen eine Entlastung der Führungskraft bringen. Der Coach als Troubleshooter.

→ Wieder eine andere Führungskraft erstickt in Arbeit und der Streß macht sie ineffizient. Coaching wird hier zur analytischen Planungshilfe. Entlastung von Teilaufgaben kann in einem solchen Falle durchaus mit zu den Aufgaben eines externen Coaches gerechnet werden. Coaching als Planungshilfe.

→ Nicht selten bestehen bei einem Außendienstmitarbeiter hartnäckige motivationale Probleme oder größere Persönlichkeitsstörungen wie Alkoholismus. Der externe Coach kann eingesetzt werden, um eine Führungskraft zu motivieren oder seine Persönlichkeitsprobleme zu bearbeiten. Der Coach wird zum Motivator.

→ Das Defizit kann auch in einer mangelnden Übersicht, fehlenden Zielklarheit und Zielvereinbarung liegen und in der Unklarheit von Erwartungen. Hier kann sich Coaching des Führungsinstrumentes der Zielvereinbarung bedienen und steuernden Charakter annehmen. Coaching als temporäres Führen.

Organisation von externem Coaching

Das Coaching eines Mitarbeiters oder einer Führungskraft durch einen externen Coach kann verschieden organisiert werden.

→ stundenweise
→ tageweise
→ Teilnahme an einer Coachinggruppe

Wann ist ein externes Coaching sinnvoll?

Die Unterstützung durch einen externen Coach ist vor allem dann sinnvoll:

→ wenn eine persönliche Thematik Neutralität verlangt
→ wenn die notwendige Offenheit besonderes Vertrauen verlangt
→ wenn die angewandte Methodik eine Kompetenz verlangt, die die Führungskraft nicht hat

Ferner ist es sinnvoll

→ bei Übernahme einer neuen Position, vor allem wenn die Führungskraft noch nicht eingearbeitet ist
→ zur Unterstützung bei besonderen Aufgaben, wie z. B. bei einem Vertragsabschluß, bei einer schwierigen Akquisition
→ zur Optimierung der Arbeit
→ in Krisensituationen

Rahmenbedingungen für externes Coaching

Folgende Rahmenbedingungen unterstützen externes Coaching oder machen es erst möglich:

→ Transparenz des Verfahrens
Der Auftrag an den Coach wird vor dem Gecoachten vor dem Coaching offengelegt, und es finden keine geheimen Verträge zwischen Coach und Gecoachtem während des Coachings statt. (Dies gilt für den Fall, daß der Auftrag von einer 3. Person gegeben wird: im anderen Fall handelt es sich ohnehin um eine direkte Vereinbarung zwischen Coach und Gecoachtem.)

→ Freiwilligkeit des Gecoachten
Der Gecoachte stimmt dem Auftrag an den Coach zu. Die Teilnahme ist freiwillig und jederzeit widerrufbar.

→ Schweigepflicht des Coaches
Die Gesprächsinhalte des Coachings werden vom Coach nicht weitergegeben. Ihr Inhalt ist streng vertraulich.

Unterschiede zwischen externem Coaching und Leadership Coaching

Im folgenden wollen wir die Unterschiede zwischen Leadership Coaching und externem Coaching kurz skizzieren. Sie zeigen Grenzen auf und sensible Punkte, auf die unsere besondere Aufmerksamkeit gerichtet sein muß.

→ **Beziehung Coach – Gecoachter**. Im externen Coaching ist die Beziehung Coach – Gecoachter ein Verhältnis von freien Partnern. Der Coach ist als externer Vertragspartner unabhängig und trägt unternehmerische Verantwortung wie die Führungskraft, die er coacht; die Führungskraft auf der anderen Seite ist dem Coach in keinerlei Weise untergeordnet. Die Beziehung ist im kommunikationstheoretischen Sinne als symmetrisch zu bezeichnen. Beim Leadership Coaching ist der Coach der Vorgesetzte des Mitarbeiters, mit all den Implikationen, die die Beziehung Vorgesetzter – Untergebener mit sich bringt.

→ **Verantwortung**. Im externen Coaching bleibt die Verantwortung für das, was später in der Arbeit umgesetzt wird, bei der gecoachten Person. Der Coach übernimmt nur für den Coachingprozeß die Verantwortung. Im Leadership Coaching hingegen trägt die coachende Führungskraft weiterhin letztlich den wesentlichen Teil der Verantwortung, auch wenn der Mitarbeiter, soweit als möglich, selbstverantwortlich handeln sollte.

→ **Informationsstand**. Auch der Informationsstand ist verschieden. Der externe Coach bekommt den Großteil der Informationen von der Person, die er coacht. Die coachende Führungskraft hat direkten Einblick in die Prozesse und erhält ihre Informationen aus verschiedenen Quellen des Unternehmens.

→ **Machtgefälle**. Der externe Coach hat keinerlei disziplinarische oder fachliche Gewalt über die gecoachte Person. Er hat nie die Rolle einer Führungskraft und trägt keinerlei Führungsverantwortung. Die coachende Führungskraft hingegen ist dem Mitarbeiter fachlich oder disziplinarisch vorgesetzt und trägt die Führungsverantwortung.

→ **Wahlmöglichkeit**. Den externen Coach kann die Führungskraft selbst auswählen und sie auch wieder entlassen, wenn das Vertrauensverhältnis nicht mehr gegeben ist. Auch der Coach übernimmt den Coachingauftrag freiwillig und kann ihn – wenn die Voraussetzungen nicht gegeben sind – wieder beenden. Der Mitarbeiter beim Leadership Coaching hingegen kann sich seine Führungskraft nicht aussuchen und muß mit ihr auskommen, auch wenn das Vertrauensverhältnis einmal gestört sein sollte. Ebenso kann auch die Führungskraft die Zusammenarbeit mit einem Mitarbeiter nicht einfach beenden, wenn ihr die Zusammenarbeit nicht paßt.

Wenn wir diese Unterschiede betrachten, so wir deutlich, daß Leadership Coaching und externes Coaching sehr verschiedene Dinge sind.

Da externes Coaching viel Geld kostet, unterliegt es den Spielregeln des Marktes. Diese Regeln sehen vor, daß nur das finanziert wird, vom dem das Unternehmen einen Gewinn hat. Dies führt zuweilen dazu, daß Coaching so herausgestellt wird, als ob es geradezu eine Verkaufsmaßnahme sei. Das aber ist Coaching sicherlich nicht.

Wer sich mit dieser Problematik eingehend auseinandergesetzt hat, für den ist es keine Frage, daß sich Coaching, wenn es problemorientiert und professionell eingesetzt und durchgeführt wird, für das Unternehmen rechnet. Die Schwierigkeit, den monetären Nutzen nachzuweisen, bleibt.

Coaching von Geschäftsführern und Topmanagern durch einen externen Coach

Betrachten wir die soziale Situation der Geschäftsführer und der Topmanager, so fällt ihre herausgehobene Stellung auf, die zu einer stark selektierten Kommunikation und in Einzelfällen auch zu Einsamkeit führt. Jeder Mitarbeiter beansprucht das Recht, beachtet, gefördert und betreut zu werden. Das Topmanagement hat häufig niemandem, der ihm in kritischen Situationen beisteht. Von ihm wird viel erwartet, und es ist in der Regel niemand da, der den Topmanager oder den Geschäftsführer betreut, motiviert und aufrichtet, wenn Mißerfolge zu verarbeiten sind.

Die hervorgehobene Stellung ist noch in anderer Hinsicht belastend. Jeder Mitarbeiter versucht, auf den Geschäftsführer oder den Topmanager Einfluß zu nehmen, so es ihm durch die Nähe zu diesem möglich ist. Das geschieht durch das Weitergeben von Informationen, die – wie sollte es anders sein – stark selektiert werden. Der Manager muß daher damit rechnen, daß er falsch informiert wird und daß eine Tendenz besteht, ihn von wichtigen Informationen abzuschneiden. Bei der Kommunikation mit ihm achtet jeder Mitarbeiter darauf, seine eigene Stellung zu verbessern. Man kommuniziert, was dem Geschäftsführer schmeichelt, was einem selber in ein gutes und Kollegen bzw. Konkurrenten u. U. in ein schlechtes Licht bringt. Dadurch kann ein einseitiges Bild entstehen, Gefahren werden nicht erkannt, Fehlentscheidungen wahrscheinlich gemacht.

Die Informationsverzerrung und damit die einseitige Beeinflussung geschieht schon allein dadurch, daß nicht alle Mitarbeiter gleichen Zugang zum Geschäftsführer haben.

Dem externen Coach kommt die Funktion des neutralen Informationsträgers und Informationsanalysanden zu. Als Externem ist ihm eine interessefreie Betrachtung aller das Unternehmen betreffenden Themen eher möglich. Der interne Coach ist auch Teil des Systems und er bringt daher auch seine eigenen Interessen ins Spiel.

Das Coaching von Topmanagern und Geschäftsführern kann nur ein externer Coach wahrnehmen. Die Gründe dafür liegen auf der Hand: Der Coach muß vom Gecoachten unabhängig sein, um die Forderung nach Neutralität erfüllen zu können. Er darf nicht selber Teil des Systems sein, da der Topmanager einem Mitarbeiter nicht die volle Offenheit entgegenbringen kann.

Folgende Ziele können mit Hilfe von externem Coaching erreicht werden:

→ Besprechen und Analyse von Themen, die die Firma betreffen, mit einem neutralen Fachmann
→ Persönliches Feedback, das kritische Verhaltensweisen des Geschäftsführers aufgreift und thematisiert
→ Betrachtung des Betriebes und der Prozesse im Betrieb mit den Augen eines außenstehenen Fachmannes
→ Nutzung von Erfahrungen, die in anderen Betrieben gemacht werden
→ Stärkung der Selbstkontrolle und der Selbstmotivation durch die persönliche Nähe zu einem akzeptierten Fachmann, der die Firma kennt und der sich engagiert einbringt
→ Information über das Image des Managers, über Gefahren und Entwicklungen, die aus der Distanz gewinnen werden

Individualcoaching von Mitarbeitern und Führungskräften durch einen externen Coach

Diese Möglichkeit wird häufig von Managern aufgegriffen, die sich in einer exponierten Situation befinden und die an der eigenen Entwicklung stark interessiert sind. Oft geht es dabei auch um private Anliegen (Scheidung, Konflikte mit den Kindern) oder um die Vorbereitung eines Berufswechsels.

Wir verstehen unter »Individualcoaching« ein Coaching, das primär der beruflichen und privaten Entwicklung des Mitarbeiters dient und das von einem externen Coach durchgeführt wird. Es wird häufig vom Manager selbst finanziert und der Coach vertritt die persönlichen Interessen des Managers. Es widerspricht nicht dieser Idee, wenn das Unternehmen sich bereit findet, einen Zuschuß zu zahlen, oder den Manager für diese Stunden freistellt. Aber für das Unternehmen ist klar, daß im Coaching primär die Probleme des Mitarbeiters bearbeitet werden und daß es primär seiner Gesundheit und seinen Interessen dienen wird.

Folgende Ziele können mit Hilfe von Individualcoaching erreicht werden:

→ Harmonisierung von beruflichen und privaten Interessen durch Herbeiführen entsprechender beruflicher oder privater Entscheidungen
→ Bessere Wahrnehmung der eigenen Fähigkeiten und Schwächen und damit Steigerung des persönlichen Erfolges
→ Klärung von Unsicherheiten die eigene Position und Berufsrolle im Betrieb betreffend und Lösung von Karriereunsicherheiten
→ Gewinnung von Freude an der Arbeit durch Anpassen des Arbeitsplatzes an die individuellen Fähigkeiten und Neigungen des Mitarbeiters
→ Vermeidung von Fehlleistungen durch ein kontinuierliches Reflektieren von Ergebnissen und Prozessen
→ Besseres Vorhersehen von Konflikte und Fehlentscheidungen und Bearbeitung derselben zu einem Zeitpunkt, in dem noch mehr Handlungsspielraum besteht

Anmerkungen zum Zielkonflikt: »Unternehmensziele – persönliche Ziele« und die Rolle des externen Coaches

Wir haben im Unternehmen stets zwei Interessensstrukturen zu unterscheiden: Die Interessen des Unternehmens und die privaten Interessen der Mitarbeiter. Auf zentralen Gebieten stehen diese beiden Interessenskomplexe miteinander in Widerstreit. Beispiele dafür gibt es viele: Der Mitarbeiter will sich so fortbilden, daß er für andere Betriebe interessant wird und damit bessere Verhandlungschancen mit dem eigenen Betrieb gewinnt; das Unternehmen möchte den Mitarbeiter nur so weit weiterbilden, als es die Ausführung der Arbeit erfordert; die Führungskraft toleriert bei den Untergebenen disziplinarische Unregelmäßigkeiten, um bei den Mitarbeitern beliebt zu sein; das Unternehmen möchte, daß die Mitarbeiter leistungsorientiert geführt werden. Der Coach kann sich daher schnell vor die Frage gestellt sehen: Wer ist der Kunde, das Unternehmen oder der Mitarbeiter? Stehe ich für die Interessen des Mitarbeiters oder für die Interessen des Unternehmens ein?

Die häufige Gepflogenheit, daß die Führungskraft den Coach engagiert, aber das Unternehmen ihn bezahlt, trägt zur weiteren unheilvollen Vermengung der Interessen bei. Setzt sich der Coach für die Interessen des Unternehmens ein, verliert er u. U. den Auftrag, weil ihn die Führungskraft engagiert hat; setzt er sich für die Interessen der Führungskraft ein, beurteilt u. U. das Unternehmen, daß das Engagement des Coaches sich nicht ausgezahlt hat.

Wir treten dafür ein, daß dieser Interessenskonflikt zu Beginn des

Coachingprozesses offengelegt und reflektiert wird. Im regulären Führungscoaching, das vom Unternehmen bezahlt wird, hat der externe Coach – wenn nichts anderes vereinbart wird – die Interessen des Unternehmens wahrzunehmen.

Qualifizierung des Coachingauftrags

Erfolgreiches Coaching gibt es nur dann, wenn die Voraussetzungen stimmen. Deshalb gibt es für das externe Coaching die Regel, erst nach einem eingehenden Gespräch mit dem zu Coachenden zu entscheiden, ob der Auftrag übernommen werden kann oder nicht. Auch die Führungskraft, die sich für die Maßnahme entscheidet, sollte sich dieser Frage stellen und sich erst nach ihrer positiven Beantwortung für Coaching entscheiden.

Diese Regel entspringt der Erfahrung, daß Coaching nicht beliebig delegiert werden kann. Der zu Coachende muß ihm genauso zustimmen wie der Coach. Der Prozeß gründet auf der gegenseitigen Achtung, auf Vertrauen und Offenheit.

Der erfahrene Coach versucht einen Auftrag zunächst am Hintergrund seiner Erfahrungen zu verstehen. Seine Erfahrung insgesamt bildet somit das Vorverständnis.

Die Erfahrung hat ihn aber auch gelehrt, daß zwei Fälle nie gleich sind und daß es gefährlich ist, davon auszugehen, man habe ja schon einen ähnlichen Fall erfolgreich gecoacht. Jeder einzelne Fall ist eine Herausforderung, hat seine eigenen Bedingungen und ist von individuellen Persönlichkeiten bestimmt.

Allgemeine Checkliste zur Qualifizierung der Fragestellung

- → Von wem kommt der Auftrag?
- → Welches Ergebnis des Coachingprozesses wird erwartet?
- → Ist der Auftrag präzisiert in Bezug auf Ziel, Umfang, Qualität, verfügbare Zeit?
- → Ist der Auftrag in Bezug auf Aufwand, Zeit und Qualität realisierbar?
- → Welche Probleme im einzelnen sollen gelöst werden?
- → Welche Annahmen macht der Auftrag und sind diese Annahmen überprüft?
- → Was würde als Lösung akzeptiert werden, was nicht?
- → Wer unterstützt ihn und wer könnte ihn blockieren?
- → Wer alles ist vom Coachingprozeß mit betroffen?
- → Geschieht die Teilnahme freiwillig?
- → Wer hat einen Nutzen vom Coachingprozeß?
- → Worin besteht der Nutzen?
- → Stimmt die »Chemie« zwischen Coach und zu Coachendem?

Struktur des Erstkontaktes für ein Beratungsgespräch durch einen externen Coach

Beim Erstkontakt folgt auf die Kontaktaufnahme die Erhebung der Ausgangssituation, die Klärung der Beratungssituation und die Vereinbarung.

→ Erhebung der Ausgangssituation:
Motiv und Ziel des Ratsuchenden; bisheriges Bemühen; Analyse der Ergebnisse; eingeschätzte Chancen und Risiken.

→ Klärung der Beratungssituation:
Erwartungen an den Berater; Übernahme von Verantwortung durch den Berater; Festlegung des Zeitbudget; einsetzbarer Aufwand; Bezahlung.

→ Vereinbarung:
Formale Annahme des Beraterauftrages und Festlegung von Rechten und Pflichten des Beraters und des Ratsuchenden.

Anforderungen an einen externen Coach

→ **Neutralität.** Der Berater muß sachlich und emotional neutral sein, um im Beratungsprozeß stets das Wohl des Ratsuchenden im Auge behalten zu können. D. h. es werden keine eigenen Interessen berührt und es besteht keine Befangenheit oder Voreingenommenheit.

→ **Offenheit.** Der Berater kann zuhören und er ist in der Lage, kritische Punkte direkt und offen anzusprechen. Er ist auch bereit, Grenzen seiner Beratungskompetenz offenzulegen, damit der Ratsuchende einen weiteren Experten hinzuziehen kann.

→ **Kompetenz.** Der Berater ist auf dem Gebiet, das die Entscheidung betrifft, Experte. Er verfügt über Erfahrung und er kennt den momentanen Wissensstand.

→ **Verschwiegenheit.** Er hält sich konsequent an die Verschwiegenheitsvorschrift. Wollten Dritte vom Coach Informationen einholen, so erfolgt dies nur mit ausdrücklicher Zustimmung des Gecoachten.

Für den externen Coach gilt außerdem:

Keine berufliche Beratung von Personen, zu denen eine außerberufliche Beziehung besteht.

Eine außerberufliche Beziehung kann einerseits durch eine als irreführend erlebte Beratung zerbrechen, andererseits besteht auch die Gefahr, der Ausnutzung einer Beziehung. Die Bedingungen für eine erfolgreiche

Beratung setzen voraus, daß das Beratungsverhältnis reiner Austausch von Wissen und Entlohnung ist. Das gibt dem Ratsuchenden die Freiheit, den Berater zu wechseln, wenn er mit dessen Leistung nicht zufrieden ist oder seinem Rat nicht zu folgen, wenn er von dessen Richtigkeit nicht überzeugt ist. Es gibt dem Berater die Freiheit, ein Beratungsgespräch abzubrechen, wenn er die Voraussetzungen für den Erfolg der Beratung als nicht mehr gegeben ansieht.

Anmerkungen zur Analyse durch einen externen Coach

Während der interne Coach auch andere Informationsquellen als den zu Coachenden hat, ist der externe Coach u. U. völlig auf die Informationsbereitschaft des zu Coachenden angewiesen. Es besteht deshalb immer die Gefahr einer einseitigen Informationsgewinnung.

Für den externen Coach gibt noch einen weiteren Sachverhalt, der die Informationsgewinnung zu einer schwierigen Aufgabe werden läßt. Benutzt der externe Coach Vorgesetzte und Mitarbeiter als Informationsquellen, so macht er u. U. bei ihnen Unzufriedenheit mit der gegenwärtigen Situation bewußt, wie das folgende Beispiel ahnen läßt:

> In einer Abteilung empfanden die Mitarbeiter die Arbeitszeitregelung, die der Abteilungsleiter ohne Mitwirken der Mitarbeiter ausgearbeitet hatte, als »schikanös«. Das wenig offene Klima in der Abteilung hatte aber dazu geführt, daß darüber wenig gesprochen wurde. Die Fragen des Coaches machten jedoch das Problem bewußt, Mitarbeiter sprachen nun miteinander darüber, wodurch sie sich in ihrer Unzufriedenheit noch bestärkten und es entstand ein Klima, in dem das Problem nicht mehr unterdrückt werden konnte. Der Vorgang des Recherchierens hat in diesem Fall einen Prozeß in Gang gesetzt, den beide, Coach und Gecoachter nur noch mit Mühe steuern konnten. Durch Fragen werden Gedanken in Bewegung gesetzt und Kräfte freigesetzt.

Man mag einwenden, daß es ja gut sei, wenn die Unzufriedenheit ausgesprochen und thematisiert wird, weil dann auch bessere Regelungen gefunden werden können.

Das stimmt, aber in diesem Falle wurde dem Coach und dem Gecoachten die Initiative aus der Hand genommen. Nicht sie bestimmten, wann und wie das Thema auf den Tisch kommt. Das kann u. U. dazu führen, daß mehr aufgebrochen wird, als man imstande ist zu regeln. Leicht kann auf diese Weise der Prozeß eskalieren und zu Blockierungen führen, die für das Gesamtergebnis hinderlich sind.

Beim externen Coaching hat sich bewährt, das Problem in einem frühen Stadium im Coachingprozeß anzusprechen und eine Vereinbarung zu treffen, der auch Gegenstand der Coachingvereinbarung sein kann:

→ Der Coach verpflichtet sich, keine Informationen ohne die ausdrückliche Zustimmung durch den Gecoachten von Dritten einzuholen
→ Mit dem Gecoachten wird besprochen, welche Informationsquellen genutzt werden, sowie Ausmaß und Form
→ Auch die eingesetzten Instrumente werden mit dem Gecoachten besprochen, so daß er nicht nur über alle Schritte des Coaches informiert ist, sondern auch stets die Möglichkeit hat, einzugreifen und Recherchen zu verhindern
→ Auch die Informationsnutzung wird mit ihm im Detail besprochen und er allein kann darüber bestimmen, ob Informationen weitergegeben werden oder nicht
→ schließlich hat er jederzeit Zugang zu allen gesammelten Informationen

Solche Regelungen grenzen den Spielraum des Coaches bei der Informationsgewinnung erheblich ein. Aber durch das Vertrauen zum Gecoachten, das er dadurch gewinnt, wird dieser Nachteil mehr als wett gemacht.